Angelika Faas

Intuition – zum rechten Zeitpunkt das Richtige tun

W0174259

HERDER spektrum

Band 5521

Das Buch

Das Richtige tun im richtigen Moment; eine Entscheidung selbstbewußt treffen, die absolut erfolgreich ist; ein plötzliches logisch nicht erklärbares sicheres Gespür dafür haben, daß etwas Böses passiert und rechtzeitig eingreifen können; aus einer verfahrenen Situation spontan einen erlösenden Ausweg finden – das ist Intuition. Es gibt diese Fähigkeit, bei den einen ist sie mehr ausgeprägt als bei anderen. Und sie gilt nicht nur in Ausnahmesituationen, hilft nicht nur in extremen Krisensituationen. Weder Manager noch Mütter können in ihrem Alltag darauf verzichten, diese Fähigkeit einzusetzen, wenn sie wirklich erfolgreich sein wollen. Intuition ist eine Begleiterscheinung emotionaler Kompetenz und die Fähigkeit, Zusammenhänge unmittelbar zu erkennen und daraus für das eigene Handeln die richtigen Schlüsse zu ziehen. Darin liegt ihr Erfolgsgeheimnis. Mit einem Programm, wie man selbst so selbstsicher wird, daß man alle Wahrnehmungkanäle nutzen und die richtigen Schlüsse daraus ziehen kann.

Die Autorin

Angelika Faas, Dr. phil., Diplompsychologin, leitet die Sozialpsychologische Akademie Norddeutschland. Ihre Schwerpunkte sind Familientherapie, Organisationsberatung, Coaching und Führungskräfte-Seminare.

Angelika Faas

Intuition –
zum rechten Zeitpunkt
das Richtige tun

Herder
Freiburg · Basel · Wien

Gedruckt auf umweltfreundlichem,
chlorfrei gebleichtem Papier

Originalausgabe

Alle Rechte vorbehalten – Printed in Germany
© Verlag Herder Freiburg im Breisgau 2000
Satz: Rudolf Kempf, Emmendingen
Herstellung Freiburger Graphische Betriebe
Umschlaggestaltung und Konzeption:
R·M·E München / Roland Eschlbeck, Liana Tuchel
Umschlagmotiv: © Tony Stone
ISBN 3-451-05521-X

Inhalt

VI. Intuition:
Was geht hier vor sich?

I. Intuition: Die Kunst der Wahrnehmung mit allen Sinnen

Vorbemerkung

Das vorliegende Buch berichtet davon, wie man Chancen ergreifen kann – zum Beispiel bei der Liebe auf den ersten Blick, und wie man in Fallen stolpern kann, zum Beispiel bei der Unterzeichnung des Kleingedruckten in einem Vertrag. Die Fallen und Chancen offenbaren sich für denjenigen, der fähig ist, die eigenen Gefühle genauso ernsthaft zu gewichten wie den Verstand. Sie bleiben für denjenigen verborgen, der dazu unfähig ist. Es geht hierbei hauptsächlich um die Kunst der Wahrnehmung mit allen Sinnen.

Das meiste, was man tagtäglich wahrnimmt, scheint einfach, klar und unmißverständlich zu sein. Doch manchmal ist man irritiert. Man mag seinen Augen nicht trauen und ignoriert dann bestimmte Dinge, weil sie zu sehr aus dem Rahmen des Erwarteten fallen. Obwohl man tatsächlich etwas gesehen und gespürt hat, nimmt man es nicht ernst, weil man es vielleicht nicht verstanden hat oder man will es nicht wahrhaben, weil man es nicht richtig einordnen kann.

„Natürlich hätte ich mir denken können, daß man bei so einem Hütchenspiel nicht wirklich gewinnen kann", erzählte zum Beispiel ein Tourist später seinen Freunden zu Hause. Er war auf dem Berliner Ku´damm von einigen jungen Männern um etliche hundert Mark betrogen worden: „Die haben mich ausgenommen wie eine Weihnachtsgans, diese Mistkerle! Und natürlich hatte ich schon auch ein komisches Gefühl dabei, aber irgendwie habe ich nicht geglaubt, daß so eine Schweinerei wirklich auf offener Straße passieren kann! Es sind doch ganz viele Leute vorbeigegangen, die das gesehen haben!"

Wie in diesem Beispiel weiß man manchmal leider erst hinterher, daß ein mulmiges Gefühl in einer bestimmten Situation durchaus berechtigt war. Manchmal aber merkt man sogar augenblicklich, daß man das Opfer eines trickreichen Verwirrers werden könnte, würde man sich nicht rechtzeitig gegen dessen Überredungskünste wehren, wie zum Beispiel bei dem Besuch eines gewieften Versicherungsvertreters, der letztlich doch die wesentlichen Details im Unklaren beläßt. Man ärgert sich später, wenn man ein ungemütliches Gefühl ignorierte und sich zu einem bindenden Abschluß überreden ließ. Wenn man jedoch spontan genau richtig auf die gefühlsmäßigen Schwingungen reagiert hat und beispielsweise den unangenehmen Besucher ohne Rücksicht auf die üblichen Anstandsregeln verabschiedete, gerät man eventuell in einen Erklärungsnotstand, wenn man sein ungewöhnliches Verhalten vor sich selbst oder vor anderen rechtfertigen will. Man spricht dann vielleicht von der „Intuition", von der man sich habe leiten lassen. Doch die weitergehende Erkärung, was unter „Intuition" zu verstehen ist, bleibt meistens recht diffus. Fast jeder, der bei einer wichtigen Entscheidung schon einmal fest auf sein Gefühl vertraute und damit einen sehr guten Erfolg erzielen konnte, ist meistens sehr daran interessiert, herauszufinden, was da eigentlich in ihm vorging. Will man jedoch präzisieren, was sich dabei genau in einem abspielte, gerät man schnell an die Grenzen dessen, was man sich und anderen begreiflich machen kann.

Geheimnisvolle Deutungen, die auf übernatürliche oder transzendente Gründe hinweisen, gibt es in vielfältiger Form in den verschiedensten Zusammenhängen. Besonders bei spektakulären Ereignissen, wie etwa der Rettung aus großer Gefahr, berufen sich viele Menschen auf ihre intuitiven Fähigkeiten. Sensationell aufbereitete Geschichten darüber, wie jemand im letzten Moment ein Flugzeug, das später abstürzte, nicht bestiegen hat oder einen Ferienort, in dem später eine Lawine niederging, vorzeitig verließ, finden sich häufig in den entsprechenden Illustrierten. Diese Berichte beschäftigen sich dann intensiv damit, daß die betreffenden Personen „eine düstere Vorahnung" hatten und daß sie ihrem rettenden Impuls folgten, ohne vernünftige Gründe dafür nennen zu können. Bei der Erklärung für solche Erlebnisse werden oft Andeutungen über hellseherische Fähigkeiten gemacht. Von besonderem Interesse ist es, wenn es sich bei den Beteiligten um prominente Persönlichkeiten handelt wie beispielsweise Shirlcy McLaine, die durch vielerlei Medienberichte bekannt ist für ihre esoterische Grundhaltung.

Aber auch ungewöhnliche Phänomene, wie sie jedem normalen Menschen im Alltagsleben passieren können, verlangen manchmal nach einer einleuchtenden Erklärung, zum Beispiel ein zeitgleiches Zusammentreffen verschiedener Begebenheiten wie etwa der Anruf eines Bekannten, an den man just in der Sekunde vor Beginn des Telefonläutens gedacht hatte. Man kann so etwas als Zufall begreifen oder als Hinweis darauf interpretieren, daß man über eine geheimnisvolle Begabung verfügt. Und man kann sich schließlich damit beschäftigen, wie sich derartige Vorgänge möglicherweise psychologisch erklären lassen.

An dieser Stelle setzen die Überlegungen an, die in diesem Buch dargelegt sind. Sie sollen einen neuen Zugang zum Rätsel Intuition ermöglichen und ihm neue Konturen geben.

Hierzu gehören auch Betrachtungen darüber, ob es spezielle Persönlichkeitsmerkmale und Verhaltensweisen gibt, die jene Menschen charakterisieren, welche sich auf ihre Intuition berufen. Außerdem wäre zu fragen, ob es möglicherweise sogar hauptsächlich eine psychologische Funktion für bestimmte Menschen hat, wenn sie sich auf ihre Intuition berufen, sei es, daß jemand wichtige Entscheidungen überwiegend auf der Grundlage seiner Vorahnungen trifft oder daß er den Verweis auf seine Intuition vornehmlich als Ausrede benutzt. Es sind viele Situationen denkbar, in denen das Vertrauen auf die eigenen inneren Kräfte ein umfassendes Gefühl der Sicherheit erzeugt, so daß man gestärkt die verschiedensten Herausforderungen annehmen kann. Ob man dann von einem intuitiven Impuls, von einer inneren Stimme oder von einem sechsten Sinn spricht, wodurch man zum Erfolg geleitet wird, macht keinen Unterschied, denn es wird einer Kraftquelle vertraut, die aus der eigenen Tiefe kommt, anders als bei dem Vertrauen in einen überirdischen Beistand, wie etwa in einen Schutzengel, der von oben wohlwollend Wache hält.

Um die Entfaltung des intuitiven Potenzials zu fördern, gibt es am Ende des Buches ein Programm mit Anregungen zur Vertiefung der Selbsterkenntnis und zur Steigerung des Selbstvertrauens.

Zur Veranschaulichung der psychologischen Überlegungen werden Geschichten von Menschen erzählt, die auf ganz unterschiedliche Weise mit der Strukturierung ihrer Wahrnehmung und ihrer Aufmerksamkeit umgehen, indem sie entweder ganz vernünftig oder einfach nur „aus dem Bauch heraus" handeln. Diese Geschichten wurden mir im Laufe der Jahre sowohl in meiner umfangreichen psychotherapeutischen Praxis erzählt als auch von Teilnehmerinnen und Teilnehmern aus zahlreichen Selbsterfahrungsgruppen, Seminaren und Coaching-Sitzungen. Zusätzlich habe ich unzählige Briefe – hauptsächlich von Frauen – bekommen, die sich durch meine psychologischen Expertenstatements in Zeitungen und Zeitschriften, im Rundfunk und im Fernsehen dazu angeregt fühlten, mir ihre eigenen Erlebnisse zu schildern.

Die Namen in diesem Buch sind verändert worden, die Geschichten allerdings stammen von realen Personen. Ihre Erfahrungen wurden nach sachlichen Gesichtspunkten systematisiert und in einen thematischen Zusammenhang gestellt.

Ich danke allen ganz herzlich, die in der einen oder anderen Weise ihren Beitrag zum Entstehen dieses Buches geleistet haben. Mein besonderer Dank gilt jedoch Dr. Thomas Krauß für seine fachliche Beratung.

II. Intuition: Die Nutzung hochprozentiger Lebensenergie

„Farbtheorien und wissenschaftliche Ansätze waren nie mein Weg – ich lasse mich vielmehr von meiner Intuition leiten. Auch die veralteten sogenannten ‚Regeln' ignoriere ich." Mit diesen Worten wird eine bekannte und sehr erfolgreiche Wohndesignerin aus England in einer deutschen Dekorationszeitschrift zitiert.

In diesen beiden knappen Sätzen spiegeln sich in aller Deutlichkeit die psychologischen Wegbereiter der Intuition wider. Als Wegbereiter einer so bedeutsamen Lebensenergie wie der Intuition lassen sich genau diejenigen Elemente des Denkens und Handelns beschreiben, die auf einem stabilen Selbstvertrauen beruhen. Wer sich so locker über geballte Autorität hinweg setzen will, wie sie von fundierter Wissenschaft und anerkanntem Regelwerk ausgeht, braucht ein unerschütterliches Bewußtsein über seine eigenen inneren Potenziale, gepaart mit einer enormen Überzeugungskraft – gegenüber sich selbst und gegenüber anderen. Diese Überzeugungskraft ist daher Ursache und Wirkung zugleich. „Nimm einen bestimmten Standpunkt ein, der dir Vorteile bringt, und stelle dir uneingeschränkt und bedenkenlos vor, daß du im Recht bist, dann bist du automatisch im Recht, denn so nimmt es dir jeder unbesehen ab!" Nicht umsonst lautet so eine der grundsätzlichen Lehrformeln in speziellen Trainings für Manager und Führungskräfte, die in Konkurrenz- und Entscheidungssituationen immer wieder vor Herausforderungen gestellt sind, bei denen manchmal schon das geringste Anzeichen von Unsicherheit oder Zögern als Schwäche ausgelegt wird und gnadenlos zum Scheitern führt. Die Basis und der Wegbereiter einer überzeugenden Ausstrahlung ist zwar ein solides Selbstbewußtsein, doch ihre volle Wirkung kann sie nur entfalten, wenn sie zuerst innen gefestigt wird und dann nach außen dringt – danach fließt sie fast automatisch wieder zurück, und so entsteht ein dynamischer Ablauf, der die Basis der speziellen Überzeugung immer mehr verbreitert und damit einen sich selbst stimulierenden Kreislauf in Bewegung setzt.

Wer sich überhaupt auf einen so unsicheren inneren Vorgang wie die Beschäftigung mit seiner Intuition einlassen will, braucht also als Voraussetzung auch ein gehöriges Maß an Vertrauen in die eigene Wahrnehmung. Er muß sicher sein, daß seine persönliche Art der Informationsaufnahme und -verarbeitung in bezug auf die Reize aus seinem Umfeld realitätsgemäß und stimmig ist. Nur so entwickelt sich die notwendige Sensibilität für zarte Schattierungen, Zwischentöne und Nuancen einer Gesamtgestalt. Die Offenheit für das Verständnis diffuser Eindrücke ist auch gebunden an eine Grundüberzeugung, die Unerklärliches gelten läßt, das nicht durch gesichertes Faktenwissen in ein bestehendes System einzuordnen ist.

Ein eindrucksvolles Beispiel dafür ist der anschauliche Bericht eines Marokko-Reisenden, der seine Geschichte offensichtlich nicht zum ersten Mal erzählte. Er schilderte ausführlich, wie er seinerzeit seine eigene Einschätzung massiv gegen die Eindrücke seiner Mitreisenden durchsetzte und dadurch sogar eine akute Lebensgefahr abwendete: „Wir waren einige Stunden zuvor, nach einem längeren Aufenthalt in der Altstadt von Marrakesch, zu einer weiter südlich liegenden Reisestation aufgebrochen. Nach anfänglichem Mitgefühl und naiver Geberlaune waren auch wir schließlich abgestumpft gegen die allgegenwärtigen beschwörenden Gesten einer immer größer werdenden Zahl bettelnder Kinder; irgendwann wollten wir einfach keine Münzen und keine Bonbons mehr verteilen. Die Rolle des reichen Touristen hatte mittlerweile für alle einen sehr negativen Beigeschmack bekommen. Als auf unserer Weiterfahrt am Rande der wenig benutzten Landstraße dann plötzlich eine Schar von etwa zehn heftig winkenden Kindern auftauchte und unseren Wagen zum Halten bringen wollte, stöhnten alle Mitreisenden gereizt. ‚Nicht anhalten! Weiterfahren! Vollgas geben!‘ Das war jetzt die allgemeine Parole. Damit schien der Fall erledigt zu sein – wer konnte uns schon Arroganz vorwerfen. Doch entgegen der allgemeinen Einschätzung irritierte mich irgend etwas an der Situation. Da ich der Fahrer war, lag die Entscheidung bei mir, ob ich lieber anhalten sollte oder nicht. Schon beim Tritt auf die Bremse protestierten meine Freunde lauthals und lästerten über mein unerschütterliches Gutmenschentum. Wie sich jedoch augenblicklich herausstellte, mußten sie mir und den Kindern unendlich dankbar sein. Etwa fünfzig Meter weiter war nämlich eine Brücke eingestürzt, offenbar erst vor kurzem. Wir wären unweigerlich zehn Meter tief in den Abgrund gestürzt, weil die Gefahrenstelle noch überhaupt nicht gekennzeichnet war, und wären nicht die Kinder gewesen … Na, jedenfalls lachten und lärmten sie jetzt und wollten lieber jede Menge Bonbons haben, als das reichlich angebotene Geld! Für Erleichterung, Dankbarkeit und Beschämung blieb uns allerdings sowieso keine Zeit, denn sie drängten uns zur Weiterfahrt, indem sie uns energisch einen versteckten Holperweg zum Flußbett wiesen. Obwohl der Fluß nur noch wenig Wasser führte, schien es Untiefen zu geben. Daher liefen einige Jungen vor unserem Fahrzeug her und zeigten so auf den einzig passierbaren Pfad. Doch erst nachdem wir wohlbehalten das andere Ufer erreicht hatten, begann für uns die eigentliche Dramatik dieser erstaunlichen Rettung. ‚Was für ein glücklicher Zufall!‘ rief der Jüngste der Reisegruppe aus, noch nachträglich erschauernd. ‚Nein! Das nennt man göttliche Fügung! Bestimmung! Es ist alles vorgezeichnet!‘ sagte einer der älteren Freunde im Brustton der Überzeugung, wenn auch mit zitternder Stimme. ‚Ich glaube, wir haben einen Auswählten in unserer Mitte‘, sagte die Älteste mit einem verklärten Blick in meine Richtung, ‚unser Fahrer hat übersinnliche Fähigkeiten!‘

‚Ihr spinnt doch alle!' kicherte die Jüngste, wobei ihre Stimme immer höher wurde und dann in einem nicht enden wollenden Schluchzen endete. Jemand packte sie bei den Schultern und schüttelte sie. ‚Hör endlich auf!' brüllte er und hob die Hand, um ihr ins Gesicht zu schlagen. Sofort wurde er von zwei anderen derart heftig an den Handgelenken gepackt, daß er vor Schmerz laut aufschrie und um sich schlug. Die Situation drohte zu eskalieren. Mir war plötzlich klar, daß in diesem aggressiven Ausbruch die bis dahin unterdrückten Angstgefühle und die Katastrophenphantasien ein Ventil gefunden hatten. Offenbar war ich der Einzige, der die Ruhe bewahren konnte. Ich fühlte mich vermutlich deshalb auch in dieser angespannten Lage so sicher, weil ich meiner eigenen Wahrnehmung vertraut hatte und meinem Impuls zu bremsen gefolgt war. Intuitiv hatte ich trotz gegenteiliger Einstellung und entgegen meinem ursprünglich festen Vorsatz genau das Richtige getan."

Wer dagegen an der Richtigkeit seiner Empfindungen zweifelt, blockiert einen wesentlichen Teil seiner geistig-seelischen Kräfte und beschneidet sich nicht nur in der vollen Entfaltung seiner Phantasie und Kreativität, sondern beeinträchtigt auch seine Ausstrahlung auf andere Menschen. An jedem Arbeitsplatz gibt es beispielsweise unausgesprochene Regeln, wo die empfindliche Grenze zwischen beruflichen und privaten Angelegenheiten verläuft. Sobald ein Übergriff vom einen in den anderen Bereich erfolgt, entsteht bei den Beteiligten ein mulmiges Gefühl, und die gegenseitigen Abhängigkeiten müssen neu verortet werden. Wer bei solch einer Regelverletzung nicht spürt, daß da jemand zu weit gegangen ist, wird von den Kollegen entweder als naiv und harmlos abgestempelt und ausgenutzt oder als eiskalter Karrierist gebrandmarkt und aus der Kollegialität ausgegrenzt.

Die eigene Intuition als hochprozentige Lebensenergie und Inspirationsquelle nutzen zu können, scheint das erklärte Markenzeichen von Künstlern, Trendsettern und Avantgardisten zu sein. Doch auch jeder „normale" Mensch, der keine besonders ausgefeilte künstlerische Begabung hat, ist imstande, sich diese Lebenseinstellung zu eigen und zu nutze zu machen – sei es um seinen persönlichen Erfolg zu steigern, Zivilcourage zu zeigen oder seine Ängste im Zaum zu halten.

Wer sich selbstbewußt auf seine intuitiven Fähigkeiten verläßt und sich im Erfolgsfall öffentlich oder im privaten Kreis darauf beruft, kann sich meist auch eines faszinierten Publikums gewiß sein. Ob die Zuhörerschaft dabei nun bewundernd oder eher skeptisch ist, auf jeden Fall wird das Ergebnis der Intuition auf hinreichende Aufmerksamkeit stoßen. Der Marokko-Reisende hatte seinen Bericht im Laufe der Zeit auch sprachlich immer weiter ausgeschmückt, je mehr Interesse ihm bei seiner Berichterstattung zuteil wurde. „Diese Geschichte hat einen hohen Wiedererzählwert, damit stehe ich ganz schnell im Mittelpunkt jeder Gruppe", gab er zu, „außerdem fühle ich mich selbst immer wieder darin bestätigt, wie richtig es für mich ist, nur auf mich selbst zu hören. Dieses Intuitionserlebnis von damals hat sich nicht nur beruflich ausgewirkt, zweimal habe ich schon nach einem durchaus erfolgreichen Vorstellungsgespräch meine Bewerbung zurück gezogen, weil ich ein mulmiges Gefühl dabei hatte, und meine Bedenken haben sich bei späteren Nachfragen als berechtigt erwiesen. Aber auch im Privatleben ziehe ich Konsequenzen, wenn ich ein ungutes Gefühl habe."

Wenn also ein starkes Selbstbewußtsein ein psychologisch bedeutsamer Wegbereiter ist, um der eigenen Intuition zu vertrauen, so ist wie in dem geschilderten Fall die zumeist garantierte Aufmerksamkeit von anderen ein ebenfalls psychologisch bedeutsamer Begleiter, es findet so nämlich eine narzißtische Aufwertung der Persöhnlichkeit statt. In der Fachsprache der Psychologie ist dann von einer narzißtischen Aufwertung die Rede, wenn jemand, der sich durch auffällig positive Merkmale oder durch besondere Leistungen hervortut, dafür eine entsprechende Anerkennung oder Würdigung erfährt. Dies steigert folgerichtig das Selbstwertgefühl, die Person fühlt sich damit wertvoller, also aufgewertet. Auch in diesem Fall ergibt sich konsequenterweise eine Wechselbeziehung von Ursache und Wirkung: Der Wegbereiter Selbstvertrauen steht am Anfang, sein Begleiter, der narzißtische Zugewinn, stabilisiert und steigert das Selbstvertrauen, wodurch wiederum ein sich selbst stimulierender Kreislauf in Bewegung gerät. Denn je größer das Selbstwertgefühl ist, desto eher kann jemand auf die Signale aus seinem Inneren vertrauen und entsprechend handeln, und er kann als Konsequenz daraus vermutlich noch mehr Erfolge vorweisen, so daß zusätzlich eine gewisse Anerkennung dafür zu erwarten ist.

Intuition läßt sich aus diesem psychologischen Blickwinkel als eine Kraftquelle der Selbstbewußten beschreiben, die zudem durch Bestätigung von außen weiteren Zufluß erhält. Es ist offenkundig, daß jemand, der in dieser Weise von sich selbst überzeugt ist, auch spontaner und flexibler reagieren kann als jemand, der aus Selbstunsicherheit zunächst zögert und sich vor jeder Handlung durch überprüfbare Erkenntnisse absichert.

Allerdings ist zu bedenken, daß dabei auch Verzerrungen und Entgleisungen wie Selbstüberschätzung, Selbstherrlichkeit, Aberglauben und Realitätsverlust auftreten können.

Hierzu paßt das Beispiel eines etwa fünfzigjährigen Filialleiters einer kleinen Sparkasse im Vorort einer Großstadt. Während einer Reihe von Coachingsitzungen berichtete er, seit jeher habe seine Mutter den Ruf einer Frau gehabt, die über den „richtigen Riecher in allen Lebenslagen" verfüge. Er selbst habe ihr daher immer vertraut und alle wichtigen Entscheidungen über seine Lebensführung ihr überlassen. Angefangen bei seiner Berufslaufbahn, die von ihr schon frühzeitig genauestens für ihn vorgezeichnet worden war, über die Auswahl der „richtigen" Freunde bis hin zu seinem vernünftigen Verzicht auf eine „unstandesgemäße" Heirat, hatte die Mutter alles scheinbar bestens für ihn geregelt. Irgendwann allerdings sei ihm der Verdacht gekommen, daß die Mutter dabei weniger sein Wohl als ihr eigenes im Blick gehabt habe. „Ich weiß schließlich genau, was für dich gut ist. Du kannst dich hundertprozentig auf meine Vorahnungen verlassen!" Das war ihr Standardspruch bei jeder Gelegenheit gewesen, die eine Art Scheideweg zu einer größeren Unabhängigkeit seinerseits hätte werden können. Bei allen ihren Einwänden waren immer genügend Körnchen Wahrheit dabei gewesen, um ihn zu überzeugen, etwa als sie heftig gegen den beruflichen Aufstieg, der mit einem Ortswechsel verbunden gewesen wäre, argumentierte. Oder bei der Liaison mit einer geschiedenen Frau, die zwei Kinder hatte, die mit Sicherheit zusätzlich einen großen Teil seiner Aufmerksamkeit beansprucht hätten. Bei fast allen Anlässen, die eine größere Distanzierung von ihr bedeuteten, war sie immer energisch dagegen gewesen. Sie hatte jedes Mal behauptet, intuitiv zu wissen, daß durch eine falsche Entscheidung seine mühsam aufgebaute Existenz vernichtet werden könnte. „Wahrscheinlich hat ihre Intuition sie nur darin nicht betrogen, daß sie immer genau gespürt hat, wann ich ihr entgleiten würde!" sagte er, ein wenig verbittert und doch erleichtert. Dank einer intensiven Auseinandersetzung mit den positiven und negativen Seiten seiner Lebenssituation während einer ernsthaften Bilanzierung innerhalb des Coachingprozesses war ihm der rote Faden aufgefallen, der systematisch alle wichtigen Stationen seiner Biographie durchzog. „Mutters Wünsche standen immer an erster Stelle!" stellte er erstaunt fest, „eigentlich war ich ihr meistens sogar dankbar, wenn sie ihre abergläubischen Berechnungen anstellte, um mich zu beschützen. Trotzdem hatte ich genau so oft ein komisches Gefühl dabei, als ob irgend etwas nicht stimmte mit ihr. Aber sie war so energisch und so überzeugt von ihren beinahe hellseherischen Fähigkeiten, daß ich es nicht wagte, ihr zu widersprechen. Außerdem wollte ich sie ja auch nicht kränken. Sie ist doch meine Mutter! Ich bin ihr einziges Kind! Sie liebt mich doch! Und sie hat niemanden außer mir!" Anlaß für die Teilnahme an den Coaching-Sitzungen war für den Filialleiter die letzte Chance zum beruflichen Aufstieg gewesen. Er hatte sich dazu eine unbefangene Entscheidungshilfe durch die anderen Gruppenmitglieder erhofft. Es erstaunte ihn allerdings, als die anderen ihn darauf hinwiesen, daß er seine Entscheidung doch offenbar schon längst getroffen habe, nämlich indem er die Stellungnahme einer unabhängigen Instanz dem absehbaren Urteil seiner Mutter vorziehen wolle. „Sie kennt sich in der Materie doch nicht genügend aus", versuchte er sie zu verteidigen und traf damit den Nagel auf den Kopf. „Genau!", erwiderte ein jüngerer Teilnehmer, „diesmal war wohl eher Ihre eigene Intuition richtig! Übernehmen Sie endlich selbst die Verantwortung für Ihr Leben! Mit Ihrer Unterwerfung helfen Sie Ihrer Mutter auch nicht aus der Einsamkeit heraus!" Am Ende entschloß sich der Filialleiter tatsächlich zur Übernahme des neuen Postens und begann sogar vorsichtig, eine intime Beziehung zu einer gleichaltrigen Kollegin aufzubauen, trotz aller gewichtigen Vorbehalte seiner Mutter, die noch einmal alle Register gezogen hatte, um seine Schuldgefühle zu nähren. Nicht einmal der Vorwurf, er würde sie jetzt im Alter heimtückisch im Stich lassen, konnte ihn zur Umkehr bewegen.

Wenn jemand ein isoliertes und eigenbrötlerisches Dasein führt, kann er in der Tat unkritisch gegenüber seinem eigenen Egoismus werden, besonders wenn die Konfrontation mit den korrigierenden Wahrnehmungen anderer Menschen aus seinem Umfeld fehlt. Zu sehr kreisen dann die Gefühle und Gedanken um das eigene Selbst, als daß die Andersartigkeit sogar der nächsten Angehörigen überhaupt von Bedeutung wäre. Die bösen Vorahnungen, daß in deren Leben etwas schief gehen könnte, speisen sich dann vorwiegend aus der eigenen unbewußten Angst, verlassen zu werden. „Intuitiv" weiß der Egozentriker ganz genau, wann wirklich die Gefahr droht, daß eine enge Bezugsperson sich distanzieren könnte. Um dem eigenen Machtverlust entgegen zu wirken, kommen – unbewußt – alle Mittel der Einflußnahme zum Einsatz: Warnungen, Drohungen, Schmeicheleien, Versprechungen, Beschwörungen, Erpressungsversuche. Wenn in einer Kleinfamilie Aberglauben und Irrationalität die Atmosphäre prägen, dann sind besonders die Kinder anfällig für Dankbarkeitserwartungen und Schuldgefühle, und es fällt ihnen meistens sehr schwer, sich selbstbewußt den mystischen Verstrickungen zu entziehen, die von den Eltern ausgehen.

Frisch gewagt ist halb gewonnen!

Das bekannte Sprichwort liegt auf der gleichen Ebene wie die sinnverwandte Redensart „Es gibt nichts Gutes, außer man tut es!", die von dem Schriftsteller Erich Kästner geprägt wurde.

Beide Redewendungen zielen in ihrer Konsequenz einerseits auf die Lebenseinstellung selbstbewußter Persönlichkeiten ab, die von ihrem eigenen seelischen oder körperlichen Vermögen überzeugt sind und lieber das Risiko des Scheiterns eingehen, als darüber zu jammern, daß das Schicksal ihnen nicht wohl gesonnen sei oder daß mißgünstige Mitmenschen ihnen Steine in den Weg legen würden. Wer von seiner eigenen Verantwortlichkeit für das „Gute" ausgeht, wird kaum über die Schlechtigkeit der Welt im allgemeinen klagen, sondern wagemutig die Dinge selbst in die Hand nehmen, auch wenn er nicht im vorhinein hundertprozentig sicher sein kann, daß sich auch tatsächlich alles zum „Guten" wenden wird.

Beide Formulierungen enthalten gleichzeitig aber auch eine Ermutigung für die Zögerlichen und Zaudernden. Denn schnelles Handeln verheißt immer dann einen günstigen Verlauf, wenn durch sorgfältiges Abwägen ein folgenschwerer Zeitverlust in Kauf genommen werden müßte, der in außergewöhnlichen Belastungssituationen zu verheerenden Folgen führen kann.

Man denke nur an uneigennützige Hilfestellungen, wie sie zum Beispiel ein verletztes junges Mädchen beim Zugunglück von Eschede anderen Fahrgästen gab, die noch schwerer verletzt waren. Ihre Geschichte ist in etlichen Zeitungsberichten erzählt worden und hat viele Menschen nachdenklich gemacht, und sie hat einige von ihnen mit ihren eigenen inneren Barrieren konfrontiert: „Ich wünschte, ich hätte auch soviel Courage", sagte zum Beispiel eine Krankenschwester während einer Besprechung über sachgemäßes Verhalten im Notfall. Sie hatte voller Selbstzweifel ihre eigenen Reaktionsmuster mit dem Verhalten dieses jungen Mädchens verglichen: „Ich bin meistens wie gelähmt, wenn ich eigentlich zupacken möchte. Ich zögere im Ernstfall zu lange, weil ich erst einmal alles Wenn und Aber bedenke, und im Endeffekt habe ich es dann trotzdem falsch gemacht. Vom Gefühl her wüßte ich vielleicht sogar, was in dem Moment nötig wäre. Aber, wie gesagt, wenn es dann ernst wird, da setzt bei mir so eine Hemmung ein, wie eine Schwelle, die ich nicht überschreiten kann."

Dem eigenen Gefühl zu vertrauen, intuitiv wissen, was in einem bestimmten Augenblick richtig wäre und dann unverzüglich entsprechend zu handeln: der angstfreie Start in solch eine Reaktionskette erscheint vielen Menschen wie eine Grenzüberschreitung. Sie müßten dann nämlich energisch ihre tief verankerten Hemmungen über Bord werfen und später für ihr Verhalten die Verantwortung übernehmen. Möglicherweise würden sie ja auch existenziell bedeutsame Tatsachen schaffen, weil sie dadurch prägend in ein fremdes Schicksal eingreifen würden. Die unterlassene Hilfeleistung ist in Hinblick auf den glücklichen oder unglücklichen Ausgang eines gefährlichen Sachverhaltes dabei allerdings genauso stark zu gewichten wie das rettende Eingreifen. Ob ein Verletzter seelischen Beistand erhält, damit er nicht den Mut verliert und sich selbst aufgibt oder ob er rechtzeitig medizinisch versorgt wird, hängt oftmals von der Bereitschaft eines Umstehenden ab, der sich entschlossen über solch eine Intimitätsgrenze hinweg setzen kann.

Eine derart schicksalhafte Entscheidung für ein aktives Handeln in einer Notsituation verlangt deshalb, zusätzlich zum Selbstvertrauen und zur Verantwortlichkeit, auch nach einer optimistischen Grundhaltung, etwa nach dem Motto: „Auf mich kommt es jetzt an, und ich kann es nur richtig machen!" Das gilt jedoch nicht nur für Extremsituationen wie bei dem tragischen Zugunglück. Jedes Engagement basiert letztlich auf dieser selbstbewußten Basisüberzeugung, wobei das „Gute" nicht als moralische Kategorie zu sehen ist, sondern als eine Erfahrung, die eben nicht nur Dankbarkeit beim Empfänger auslöst, sondern auch Zufriedenheit für das eigene seelische Gleichgewicht schafft. Doch dafür muß man offenbar auch imstande sein, in einem komplexen Geschehen den Überblick zu behalten und die Verhältnismäßigkeit der anzuwendenden Mittel zu erkennen.

Man stelle sich nur einmal vor, welcher Umsicht und welcher Reaktionsschnelligkeit es bedarf, um jemanden am Straßenrand zurückzuhalten, der sonst vielleicht von einem heranrasenden Wagen erfaßt worden wäre. Hier kann das richtige – oder eben auch das falsche – Verhalten in Bruchteilen von Sekunden über Leben und Tod entscheiden. Ein weiteres Beispiel für ein Verhalten, das im Straßenverkehr eine ebensolche Beherztheit erfordert, ist das Ausweichen oder der rasante Spurwechsel in einer unübersichtlichen Bremssituation, um einen Auffahrunfall zu vermeiden. Dort, wo jemand selbst an Leben und Leib Schaden nehmen könnte, wenn dabei auch noch zwangsläufig andere Personen einbezogen sind, ist die schnelle Entscheidungsfindung hoch kompliziert und durch die sich überschneidenden Dringlichkeiten erschwert. Nicht nur mitmenschliche Motive stehen im Vordergrund, sondern auch die eigene Unversehrtheit und Rettung.

Gerade persönliche Erfolgschancen sind oft daran gebunden, daß man seine Handlungsimpulse möglichst rasch umsetzen kann. Diese Fähigkeit gehört einfach zu den grundlegenden Verhaltensmustern, die vor allem in kritischen Konstellationen zum Gelingen führen. Dazu gehören neben den aktuellen Hilfeleistungen im Notfall auch beispielsweise die geistesgegenwärtige Schlagfertigkeit in einer schwierigen Prüfung oder das schnelle Zugreifen bei einer günstigen Gelegenheit, deren Gewinnmöglichkeiten sich nicht nur kurzfristig auf das eigene Leben auswirkt. Doch nicht jeder traut es sich zu, unvermittelt tätig zu werden, ohne weitere soziale, juristische oder finanzielle Konsequenzen zu bedenken. Wer flexibel und risikofreudig auftreten kann, braucht eben auch noch eine gehörige Portion Spontaneität, und psychologisch betrachtet bedeutet dies, sich im Vollbesitz der gesamten eigenen Möglichkeiten zu fühlen und situationsgerecht aus der Vielfalt dieses Repertoires treffsicher die passende Facette zur Verfügung zu haben und sie paßgenau einzusetzen, ohne auf vorgefertigte Muster zurückzugreifen.

Alltägliche Flexibilität

Eigenschaften wie geistige Flexibilität und regionale Mobilität kennzeichnen heute die wesentlichen Voraussetzungen für eine gesellschaftlich und persönlich zufriedenstellende Bewältigung der Herausforderungen im Berufs- und im Privatleben. Es sind genau dies die Schlagworte, die eine Anpassungsleistung beschreiben, wie sie gegenwärtig nötig ist, um in einer Gesellschaft zu überleben, deren Werte sich in kürzester Zeit radikal verändert oder aufgelöst haben. Wer bei Entscheidungen lange nachdenkt, am Bewährten festhält und Risiken möglichst ausschalten will, ist allzu oft damit konfrontiert, daß sich der sichere Boden überkommener Traditionen als Schimäre erweist und nicht mehr trägt. In traditionellen Handwerksberufen zum Beispiel ebenso wie in der modernen Heilkunde ist auf allen Seiten ein Umdenken angesagt: Eine ausgewiesene berufliche Sachkompetenz ist nicht mehr der alleinige Garant für den erfolgreichen und zufriedenstellenden Einsatz des zu Rate gezogenen Experten und schon gar nicht mehr per se respekteinflößend. Denn jeder Laie kann inzwischen mit Hilfe der entsprechenden Fachzeitschriften ein solides Halbwissen auf fast jedem Gebiet erwerben. Welcher Instanz kann man also überhaupt noch vertrauen angesichts der allgemeinen Vermarktung, Verfügbarkeit und Verwässerung spezieller Wissenssegmente, deren Erklärungsreichweite sich durch neuere Erkenntnisse und Errungenschaften sowieso in einem stetigen Veränderungsprozeß befinden? Kein Wunder, wenn es im Zweifelsfall aussichtsreicher erscheint, sich auf seine Intuition zu verlassen, als auf die Aussagekraft veralteter Leitsätze zu bauen.

Gerade in sehr vielen herkömmlichen Arbeitsfeldern ist der Berufsweg nicht mehr von vornherein vorgezeichnet. Die Arbeitsinhalte und -methoden verändern sich rapide, die Ansprüche der Kunden steigen und die Anforderungen des Marktes folgen einer dynamischen und oftmals unvorhersehbaren Entwicklung. Hier ist es – die sorgfältige Analyse der verfügbaren Erkenntnisse vorausgesetzt – häufig ausschlaggebend, den richtigen Riecher für den aktuellen Bedarf zu haben und natürlich ebenfalls für künftige Entwicklungen. Wer sich in dieser Weise in die Bedürfnisse anderer einfühlen kann und sich vielleicht sogar deren spätere Ausweitung vorstellen kann, ist gut beraten, sich bezüglich der Investitionen in die Zukunft auf seine Intuition zu verlassen. Daß sich ein Elektroinstallateur nicht mehr auf die Kenntnisse beschränken kann, die er vor einigen Jahren erworben hat, liegt auf der Hand angesichts der stetig steigenden Produktpalette mit ihren immer ausgefeilteren Finessen. Ein sensibler Geschäftsmann, der die Wünsche seiner Kunden erfassen kann, spürt meistens intuitiv – also ohne plumpe Anbiederung –, wann zusätzliche Ausstattungsvorschläge weitere Begehrlichkeiten wecken und wann sie den Rahmen des Kunden sprengen.

Sogar in einer Arztpraxis, in der hauptsächlich Alltagsbeschwerden behandelt werden, ist mittlerweile ein medizinisches Wissen erforderlich, das weit über das hinausgeht, was das Studium vermitteln kann. Der Arzt braucht hier nicht nur das richtige Fingerspitzengefühl, um die Grenzen seiner heilkundlichen Kunst zu erkennen, er muß ebenso feinfühlig die tiefer liegenden Sorgen und das ängstliche Mißtrauen seiner Patienten erkennen können. Genauso sollte der Patient seine eigenen diffusen Unbehaglichkeitsempfindungen ernst nehmen, wenn er die ärztliche Unsicherheit spürt. Falsche Rücksichtnahme kann in einer solchen Situation schädigende Konsequenzen haben. Der Fortschritt in der Forschung und die überregionale Erfassung von Patientendaten zeigen immer wieder, daß Fehldiagnosen aufgrund der Unkenntnis von größeren Symptomzusammenhängen zu vermeidbaren Folgeerkrankungen und dauerhaften Gesundheitsschäden führen können, beispielsweise bei der unzureichenden Behandlung von Diabetikern und Allergikern.

Auch objektive Tatbestände, wie sie sich etwa durch Abmessen und Abwiegen ergeben, werden von verschiedenen Menschen entsprechend ihrer Lebens- und Berufserfahrung sehr unterschiedlich bewertet. Auch ein eindeutiges Testergebnis läßt mehrere Deutungs- und Therapievorschläge zu. Diese Interpretationsspielräume entstehen aber nicht nur durch persönlichkeitsbedingte Unterschiedlichkeiten, ihnen liegen auch unterschiedliche Interessen zugrunde. Abgesehen von Profitmaximierung und Forschungsfortschritt bei der Pharmaindustrie auf der einen Seite steht dem ärztlichen Verantwortungsgefühl auf der anderen Seite nicht nur die Leidensminimierung, sondern ganz zentral auch die Maximierung der Lebensqualität des Patienten gegenüber. Die innere Welt eines älteren Menschen zum Beispiel beschäftigt sich mit ganz anderen zentralen Sinndimensionen als die eines jüngeren Menschen. Während am Beginn des Erwachsenenlebens der Blick in die Zukunft und eine möglichst noch lange währende Lebensspanne die Psyche beherrscht, steht die Bilanzierung des gelebten Lebens mit seinen Erfolgen und Mißerfolgen in der Mitte und am Ausklang des Lebens im Mittelpunkt. Damit eine Heilbehandlung erfolgreich sein kann, muß der Arzt die unterschiedlichen Motive und Bedürfnisse berücksichtigen, die in den Therapieprozeß einfließen. Weder ein einheitliches Vorgehen noch eine einheitliche Medikation können daher auch bei gleichem Krankheitsbild ein probates Mittel sein. Die Diagnose „Diabetes" zum Beispiel verändert für einen jungen Menschen die Lebenseinstellung und -perspektive mitsamt der Karriereplanung viel gravierender als für einen älteren Menschen. Das gleiche gilt für die Auswirkungen auf das persönliche und soziale Leben bei einer Allergie und natürlich auch bei vielen anderen chronischen sowie akuten Leiden.

Hier bedarf es tatsächlich eines hoch sensiblen Gespürs für das Innenleben des jeweiligen Patienten, um eine effektive therapeutische Hilfe zu leisten, die nicht an den eigentlichen Notwendigkeiten vorbei geht. Auch wenn es bei jeder Erkrankung objektivierbare Kennzeichen und Daten geben mag, ist eben dennoch jeder Patient in seiner individuellen Lebensgeschichte und -phase auch wieder ein Einzelfall. Patient ist also nicht gleich Patient: Das ist zwar eine Binsenweisheit, verlangt dem Arzt für eine wirklich erfolgreiche Behandlung aber trotzdem ein psychologisches Wissen und Einfühlungsvermögen ab, das er vielfach gar nicht erworben haben kann, wo doch gerade in der Arzt-Patient-Beziehung das richtige Wort zum richtigen Zeitpunkt über eine gelungene oder mißglückte Bewältigung einer einschneidenden Krise entscheiden kann[1].

Noch größere Kreise zieht weltweit die richtige oder falsche Aufarbeitung von Umweltzerstörung und Technologiefolgen nach sich. Denn dort hat man auch bei intensivstem Grübeln zuweilen kaum noch eine Gewähr dafür, daß von den interessensgeleiteten Experten tatsächlich der richtige Weg zur Katastrophenverhütung eingeschlagen wird. Selbst scheinbar harte Fakten erweisen sich bei näherem Hinsehen oft als Trugbilder, und man kann sich bei ihrer Bewertung bitter täuschen, wie sich bei den öffentlichen Debatten der Umweltgipfel und der Auseinandersetzungen zwischen Atomkraftgegnern und -befürwortern immer wieder zeigt[2]. Wer sich eine Meinung dazu bilden will, um zu einer sicheren Haltung in diesen Frage zu kommen, kann sich eben kaum auf das Urteil der Fachleute verlassen: deren Bewertungen driften zu sehr auseinander und widersprechen sich sogar in den elementarsten Aussagen. Für die Ausbildung einer eigenen Einstellung bleibt oft nur die intuitive Beurteilung deren persönlicher Glaubwürdigkeit und nicht die rationale Überzeugung aufgrund von wissenschaftlich exakten Zahlen und Statistiken.

Doch auch im Alltag des Normalbürgers gibt es genügend Anlässe, die Expertenglaubwürdigkeit vorsichtig zu beurteilen, wie zum Beispiel beim Abschluß einer Versicherung für einen scheinbar ganz gewöhnlichen Schadensfall, der bei genauerem Hinsehen allerdings kaum jemals alle geforderten Kriterien erfüllen kann, um die Versicherungssumme in voller Höhe zu erbringen. Hätte man wenigstens das Kleingedruckte noch etwas genauer gelesen, sagt man sich hinterher und weiß doch genau, daß man es sowieso nicht verstanden hätte. Das gute Gefühl, für alle Eventualitäten abgesichert zu sein, ist paradoxerweise meistens nur um den Preis zu haben, das ungute Gefühl auszublenden, in seiner Unwissenheit irgendwie ausgenutzt zu werden.

Ein neues Erklärungsmuster

Wenn also der Verstand nicht ausreicht, um in dieser Welt zu überleben, ist man gut beraten, auch die eigenen Gefühle zu Hilfe zu nehmen, um sich einigermaßen sicher zu fühlen, daß man einen Sachverhalt richtig verstanden und bewertet hat oder daß eine bestimmte Entscheidung richtig war. Aber weil sich eben mit Gefühlen und Stimmungen nun einmal keine zuverlässigen Messungen und Berechnungen aufstellen lassen, ergeben sich aus ihnen auch keine hieb- und stichfesten Argumente. Viele Menschen geraten nun in einen krisenhaften Entscheidungsnotstand, weil ihnen eine vertraute, solide Orientierungsgrundlage fehlt, es sei denn, es würde sich ihnen ein neuer, verlockender Orientierungsrahmen zur Verfügung stellen.

Und in dieser kritischen Situation kommt ihnen vielleicht das Zauberwort „Intuition" gerade recht. Mit der Intuition kann man nämlich nicht nur allerlei Unverständliches und Unverstandenes zu erklären versuchen, mit der Intuition läßt es sich auch recht gut belegen, weswegen man offenbar richtigerweise „keine Lust" hatte, genauer nachzudenken.

„Ich hatte dabei so ein komisches Gefühl", das sagt sich beispielsweise in bestimmten Situationen viel leichter als das Bekenntnis: „Der Mann war mir einfach unsympathisch, bei dem mochte ich wirklich kein Auto kaufen, egal wie günstig sein Angebot auch gewesen sein mag."

Ob bei größeren Kaufentscheidungen oder bei kleineren Wortgefechten, oft spielen vermeintlich irrationale Haltungen eine wesentliche Rolle bei den spontanen Reaktionen auf gewisse Anforderungen. „Gesehen – gekauft!", sagte die junge Ehefrau stolz, als sie mit dem spottbilligen Mikrowellengerät nach Hause kam. „Das ist doch genau wie das Modell, das wir schon so lange gesucht haben! Und alles zum halben Preis! Eröffnungsangebot!" Der Einwand des sparsamen Ehemannes („Ein billiges Sonderangebot kann auf lange Sicht sehr viel teurer werden als ein gutes Markengerät mit Garantie") wurde mit dem Hinweis vom Tisch gewischt, daß der neue Laden wirklich einen sehr guten Eindruck gemacht habe und daß sie in Haushaltsdingen sowieso lieber ihrem spontanen Gefühl vertraue und ihrem treffsicheren guten Geschmack, als sich auf umständliche Garantiebedingungen zu verlassen.

Haltungen jenseits der Ratio gelten allerdings meist nicht viel angesichts der Überlegungen eines scheinbar logisch argumentierenden Gesprächspartners. Um sich zu rechtfertigen, sagt es sich auch dann leichter „Ich gehe eben intuitiv vor", als sich mehr oder weniger hilflos stammelnd auf Unlust, Unkenntnis oder Unerfahrenheit berufen zu müssen. Beispielsweise kann im hitzigen Gespräch mit selbstgefälligen Sprücheklopfern manchmal sogar der klügste Kopf nur noch fassungslos verstummen. Um einen Gesichtsverlust auf beiden Seiten zu vermeiden, gibt er dann als der wahrhaft Klügere nach und entschärft den triumphalen Schlußakkord des Streitlustigen. Auf die dabei so gut wie unvermeidliche „Und-nun-kommst-du!"-Variante wirkt der Hinweis auf die Intuition dann wie ein Friedensangebot, auch wenn er durchaus als Retourkutsche gemeint war.

Nun mag es sich inzwischen so anhören, als sei mit dem Bezug auf die „Intuition" allerlei Schindluder zu treiben. Das stimmt natürlich auch, denn mit der Intuition wird reichlich Hokuspokus verbunden und greller Unfug getrieben; in der einschlägigen Literatur finden sich dafür Bestätigungen zuhauf. Man denke nur an das Beispiel selbsternannter Weissager(innen), die Zufallserscheinungen, wie einen Gewinn beim Spiel oder eine unverhoffte Begegnung mit einem alten Bekannten, als Ergebnis ihrer intuitiven Fähigkeiten reklamieren[3]. Da wird sogar versprochen, daß allein das Vertrauen auf die Intuition Berge versetzen und Menschenleben retten kann. Wobei es natürlich unbestritten ist, daß eine gewisse Entschlossenheit und die damit verbundene Risikobereitschaft in manchen Situationen tatsächlich sogar das scheinbar Unmögliche möglich machen kann. Und diese Haltung kann selbstverständlich mit dem Phänomen der Intuition in Verbindung gebracht werden.

Dennoch ist es an der Zeit, gewissermaßen eine Ehrenrettung der „Intuition" zu betreiben. Und zwar deshalb, weil ohne die gelungene Verbindung von Verstand und Gefühl, von Argument und Empfindung keine sinnvolle Handlung und keine sinnvolle Interaktion möglich wäre. Es gibt sehr viele Bereiche unseres Lebens, in denen wir ohne „Intuition" überhaupt nicht auskommen. Zum Beispiel wenn wir jemanden neu kennenlernen, sind wir sehr darauf angewiesen, unseren eigenen ersten Eindruck von dieser Person, einschließlich aller Empfindungen, die sich bei ihrer Betrachtung einstellen, genauso ernst zu nehmen wie all das, was er oder sie über sich erzählt. Selbst nachprüfbare Aussagen, die tatsächlich die Wahrheit des Gesagten belegen, haben für die Einschätzung nicht den gleichen Stellenwert wie Gefühle von Sympathie oder Antipathie, egal wie eng oder wie dauerhaft der Kontakt zu diesem Menschen sich gestalten wird. Noch brisanter wird es in der Liebe und in der Partnerschaft. Kaum jemand käme heutzutage noch auf die Idee, seine Partnerwahl ausschließlich logisch argumentierend damit zu begründen, daß die Liebste einen guten Charakter hat, zum Beispiel weil sie regelmäßig in die Kirche geht oder weil sie ein pünktlicher Mensch ist, der zudem niemals lügt.

All das sind natürlich immer noch mehr oder weniger gewichtige Pluspunkte für das soziale Ansehen einer Person, aber für eine länger dauernde Beziehung kommen dabei noch gänzlich andere Aspekte zum Tragen. Daher wird kaum jemand mitleidig lächeln, wenn die Zärtlichkeit des Geliebten gepriesen wird oder sein Einfühlungsvermögen oder das schlichte Wohlbehagen, das sich einstellt, wenn der Liebste in der Nähe weilt. In diesem Fall ist natürlich die Aussage „Intuitiv wußte ich: Er ist genau der Richtige!" erst recht angebracht.

Aber auch im Verhältnis von Eltern zu ihren Kindern und umgekehrt wird – intuitiv – sehr viel mehr Gewicht auf das Nicht-Gesagte, auf die Zwischentöne und auf die Empfindungen gelegt als auf objektive Richtlinien zur Erziehung, die in irgendwelchen Ratgeberbüchern fixiert wurden. Welche Mutter weiß nicht „intuitiv", wann es ihrem Kind gut geht oder wann es ernsthafte Beschwerden hat, selbst wenn von außen betrachtet eigentlich kein Grund zur Sorge vorhanden ist. Auch der Alltag hält jede Menge Herausforderungen bereit, bei denen man verlassen ist, wenn man sich lediglich auf den Verstand verläßt. Schlichte Einkaufssituationen im Supermarkt, wenn man zum Beispiel ohne nachzudenken weiß, an welcher Warteschlange bei den Kassen man sich besser nicht mehr anstellt, flüchtige Begegnungen mit Unbekannten in einer

schmalen Gasse, wo man mit Sicherheit angerempelt worden
wäre, hätte man nicht geistesgegenwärtig rechtzeitig die richtige Ausweichbewegung gemacht, unübersichtlicher Straßenverkehr zur Rush-Hour, wenn man nur mit geübtem Gespür
davor bewahrt wird, immer auf der falschen Spur zu fahren
oder routinierter Arbeitsalltag, wenn die Kollegin ein falsches
Wort zum Anlaß nimmt, um einem die solidarische Unterstützung aufzukündigen, und selbst harmonische Familien-
feiern geben Anlaß zur Verwirrung, wenn man sich nur auf das
beschränkt, was man sieht, hört und riecht. Hinter der Kulisse scheinbar normaler Abläufe spielen sich im Verborgenen
Vorgänge ab, die man nicht erfassen könnte, würde man sich
nicht auf seine „Intuition" verlassen.

Vorsicht: Tretminen im vertrauten Terrain!

Gerade von der Teilnahme an größeren Familienfesten wird
immer wieder berichtet, daß allenthalben unsichtbare emotionale „Tretminen" ausgelegt sind, die unversehens ihren gefährlichen Sprengstoff entfalten können. Manchmal kann aus
einer harmlos erscheinenden Szene eine bittere Feindseligkeit
entstehen, wie aus dem folgenden Beispiel hervorgeht: „Als
ich im letzten Jahr ziemlich kurzfristig zur Hochzeitsfeier
meiner ältesten Nichte eingeladen wurde, habe ich mich sehr
gefreut", berichtete die Teilnehmerin einer Frauengruppe,
„meine Schwägerin empfing alle ankommenden Gäste an der
Tür, und auch ich streckte ihr erwartungsvoll die Hand hin,
um sie zu begrüßen. Sie aber funkelte mich mit einem sehr
bösen Blick an und fragte beleidigt, ob ich wohl mittlerweile
zu fein dafür sei, sie in den Arm zu nehmen! Na, die hat es sich
erst einmal gründlich mit mir verscherzt!" Durch das Aufrol-
len der Familiengeschichte ergab sich ein klareres Bild, vor
dem die Reaktion der Schwägerin verständlicher wurde: Sie
stammte aus recht einfachen Verhältnissen, anders als die be-

ruflich sehr erfolgreiche Gruppenteilnehmerin, und sie hatte nie eine qualifizierte Ausbildung absolviert; auch deshalb war sie wohl allmählich ganz in ihrer Rolle als Hausfrau und Mutter aufgegangen. Die Einheirat ihrer ältesten Tochter in eine angesehene und wohlhabende Familie schien sie wie einen persönlichen Triumph zu verbuchen, als Krönung ihrer mütterlichen Anstrengungen gewissermaßen. Umgeben von all den honorigen Vertretern der künftigen Schwiegerfamilie hätte sie sich vermutlich gern als innige Vertraute der akademisch gebildeten Familie ihres Mannes dargestellt, um den „Makel" ihrer eigenen einfachen Herkunft auszugleichen. So jedenfalls interpretierten es die anderen Frauen aus der Gruppe. „Ich bin nie auf die Idee gekommen, daß ausgerechnet sie Minderwertigkeitsgefühle haben könnte", wunderte sich daraufhin die Gruppenteilnehmerin, „ich wollte sie jedenfalls nicht beleidigen oder etwa im Stich lassen! Unser Verhältnis ist seitdem ziemlich abgekühlt, und ich weigere mich, auf unnötige Empfindlichkeiten Rücksicht zu nehmen! Schließlich habe ich keinen Standesdünkel, und ich werde mich von dieser blöden Mutterkuh auch nicht als Aushängeschild benutzen lassen!" Die meisten Frauen der Gruppe meinten, sie dagegen hätten mit Sicherheit intuitiv erfaßt, daß die Schwägerin sich einfach nur Unterstützung gewünscht habe. Sie hätten sie großzügigerweise dann auch nicht verweigert, schließlich sei es an diesem Tag ausschließlich um das Glück der Nichte gegangen. Andere Frauen hingegen vertraten die Auffassung, die Schwägerin hätte ihrerseits intuitiv erfassen müssen, daß die Gruppenteilnehmerin durch die offene Zurschaustellung des Mutterglücks schmerzhaft mit ihrer eigenen Kinderlosigkeit konfrontiert worden sei. Nur eine einzige Frau trat dafür ein, sich lediglich auf sichtbare Fakten zu beziehen und bezeichnete das Verhalten der Schwägerin als „schlichte Unverschämtheit". Alles andere verwies sie in den Bereich „wilder Spekulation", wenngleich sie zugab, aus ihrer Familie ähnlich verkrampfte Umgangsformen zu kennen.

Beim Senden und Empfangen der vielfältigen Botschaften im zwischenmenschlichen Geschehen kommen außer nonverbalen Aussagen wie Mimik, Gestik und Geruchsverbreitung auch Doppeldeutigkeiten in Wort und Tat zum Tragen, die es kompetent zu entschlüsseln gilt, wenn man sich in seinem sozialen Umfeld richtig orientieren will. Wenn man aufmerksam beobachten kann, ob jemand zum Beispiel sehr viel emotionaler auf eine Aussage reagiert als man erwartet, dann kann man mit entsprechenden Äußerungen den weiteren Verlauf der Ereignisse aktiv mitgestalten. So läßt sich ein Disput gezielt verschärfen oder abmildern, so kann man jemanden in die Enge treiben oder ihm zur Entkrampfung verhelfen. Wer es nicht auf einen Machtkampf anlegt und nicht in jedem Fall das letzte Wort haben muß, hat das Wesen der Deeskalation verstanden. Es gehört allerdings ein sensibles Gespür dazu, den Aggressionspegel anderer richtig einzuschätzen und zu wissen, wodurch bestimmte Ausdrücke und Verhaltensweisen als Provokation mißverstanden werden können.

Von verunsicherten Eltern und besorgten Lehrern ist immer häufiger zu hören, daß die Gewaltbereitschaft bei Schülern aller Altersstufen enorm gestiegen sei, und auch seriöse Tageszeitungen berichten im Lokalteil vermehrt über furchteinflößende Tätlichkeiten unter Jugendlichen, die auf eine deutliche Herabsetzung der Hemmschwelle hinsichtlich der Gewaltausübung gegenüber Schwächeren schließen läßt. Die geschilderten Vorkommnisse zeigen allerdings auch, daß manchmal die Opfer bei einer besseren Einschätzung der Gefahr ihr Unglück vielleicht hätten abwenden können.

Konfliktverschärfung oder Deeskalation

In einer Supervisionsgruppe von Lehrern aus einer Schule im ländlichen Bereich wurde über eine „regelrechte Prügelorgie" an einem Vierzehnjährigen berichtet, den drei ältere Jungen aus dem Nachbarort auf dem Heimweg nach der Schule scheinbar ohne ersichtlichen Grund gnadenlos in die Mangel genommen hatten. Der Jüngere hatte sich, anscheinend tapfer, gegen die Übermacht der drei Älteren zur Wehr gesetzt und seine Peiniger dabei noch mit derben Kraftausdrücken beschimpft. Erst als er kraftlos am Boden lag, ließen die anderen endlich von ihm ab. Eine Platzwunde an der Stirn und eine blutige Nase sowie ein ausgeschlagener Vorderzahn war als traurige Bilanz des unfairen Kampfes zu verzeichnen.

Spätere Nachforschungen ergaben, daß der Vierzehnjährige die älteren Jungen provoziert hatte, zuerst mit der Enthüllung, er habe sie „unter Beobachtung", dann mit der moralischen Erpressung, sie mögen diverse „krumme Dinger" (kleinere Diebstähle im Supermarkt, Beschädigung einer Telefonzelle und eines PKW), bei denen sie ihm aufgefallen waren, selbst bei der Polizei anzeigen, und schließlich mit der Drohung, sonst werde er seinerseits „die Anzeige tätigen".

Erstaunlicherweise hatte er die Übermacht und die Brutalität der anderen Jungen erheblich unter- und seine eigenen Möglichkeiten maßlos überschätzt. Es war ihm offenbar überhaupt nicht in den Sinn gekommen, daß er sich selbst gefährdete, indem er unbeirrt auf einer moralisch überlegenen Position beharrte. Sein Klassenlehrer wunderte sich daher auch weniger über die ausufernde Roheit der Täter als über die „mangelnde Intuition" des Opfers: „Der Junge hätte doch schon sehr früh merken müssen, daß er die Älteren immer mehr provozierte!"

Eine Situation wie diese gibt Anlaß zum Nachdenken. Die in unserer Gesellschaft allgemein gültigen Tugenden wie Mut, Tapferkeit, Unerschrockenheit oder Zivilcourage verlieren ihre soziale Wirkung, wenn sie weitere Rücksichtslosigkeiten erzeugen. Derjenige, der den emotionalen Zündstoff nicht berücksichtigt, den sein gut gemeintes Verhalten bei anderen auslösen kann, riskiert, selbst in Gefahr zu geraten und später als naiv oder als Mitverursacher seines eigenen Unglücks angesehen zu werden. Das Beispiel zeigt, daß es nicht ausreicht, nur von einer Warte der Empörung aus zu urteilen und zu handeln. Sozial effektives Handeln kann nur unter Beachtung des Gesamtzusammenhanges stattfinden. Hierbei kommt es wesentlich auf das richtige Fingerspitzengefühl an, und das heißt, man muß alle Zeichen und Signale einer komplexen Situation erfassen und in kürzester Zeit so miteinander verknüpfen, daß das Erkannte spontan in eine passende Handlung einfließen kann.

Es gibt ganze Berufszweige, die ohne Intuition überhaupt nicht denkbar wären. Zum Beispiel alle Berufe, in denen es um die Arbeit mit Menschen geht, wie bei Ärzten, Psychologen, Pfarrern und Sozialarbeitern. Das Feld geht natürlich noch viel weiter, denn der Taxifahrer gehört ebenso hierher wie der Vertreter und der Verkäufer, aber auch die Sachbearbeiterin am Telefon oder die Frau an der Tankstelle, ganz zu schweigen von Künstlern und Akrobaten jeder Profession. Personalleiter, Manager, Bankkaufleute: auch sie können sich alle nicht nur auf logische Denkoperationen verlassen, wenn sie in ihrem Beruf erfolgreich sein wollen, selbst wenn es ihre Hauptaufgabe ist, mit großen Zahlenmengen zu jonglieren. Anzeichen intuitiven Verhaltens finden sich in alten Märchen und in Zeitungsberichten über außergewöhnlich kreative Menschen ebenso wie in Schilderungen über banale und besondere Alltagssituationen, wie beim harmlosen Hausputz oder bei großartigen Reisevorbereitungen.

Allerdings findet man bei näherer Beschäftigung mit dem Phänomen der „Intuition" schnell heraus, daß diese Bezeichnung derartig schillernd ist und mit derart unterschiedlichen Bedeutungen verwendet wird, daß sie um so mehr im Begriffsnebel verschwimmt, je mehr man sich ihr annähert. Man gerät in einen richtiggehenden Definitionsschlamassel, wenn man es genau auf den Punkt bringen will, was es mit dieser Wundervokabel auf sich hat.

Das Wort hat sich nicht nur in unserem Alltagssprachgebrauch eingenistet, es gehört auch zum absoluten Lieblingssprachgut von Esoterikern. Die alten und neuen Philosophen haben diesen Terminus fest in ihrem Wortschatz verankert und kommen nicht umhin, ihn als tragendes Element jedweden Erkenntnisgewinns anzuerkennen. Und natürlich kommt auch die Psychologie nicht ohne diesen Begriff aus, zumal ja all das, was sich außerhalb des Verstandes im Bereich des Seelischen abspielt, das angestammte Forschungs- und Wissensgebiet dieser Disziplin ist.

Ohne Intuition geht also offenbar gar nichts in unserem Alltagsleben – weder wenn wir spontanen Handlungsimpulsen folgen noch wenn wir uns und anderen unser unmittelbares Verhalten erklären wollen. Die folgenden Seiten beschäftigen sich intensiv und aus unterschiedlichen Perspektiven mit dem als „Intuition" bezeichneten Phänomen, und es wird dabei mit Hilfe unterschiedlicher Erklärungsmodelle neu konturiert.

III. Was heißt hier Intuition?
Allgemeine Überlegungen

Intuition: Ordnungskriterien wie in einem Kramladen oder wie im Computer?

Wie es auf einem Schreibtisch aussieht, das sagt angeblich eine Menge über die Persönlichkeit des Besitzers aus. Ist es dort beispielsweise auffällig gut aufgeräumt, hat man es demnach vermutlich mit einem klar strukturierten Menschen zu tun, der hier arbeitet, ein bißchen penibel vielleicht, voraussichtlich aber korrekt und zuverlässig. Die Hypothese, hier werde möglicherweise überhaupt nicht gearbeitet, ist allerdings auch nicht von der Hand zu weisen. Sieht man jedoch auf eben diesem Schreibtisch außer einigen Stiften, die fein säuberlich nach Größe und Farbe aufgereiht sind, auch noch rechtwinklig geordnete Papierstapel aufgeschichtet liegen, dann war da mit größter Wahrscheinlichkeit ein Pedant oder ein Perfektionist am Werk – oder vielleicht doch jemand, der sich gelangweilt hat?

Ein chaotisch aussehender Schreibplatz, auf dem sich inmitten von durcheinander gerutschten Papier- und Aktenbergen halbvolle Kaffeebecher, hüllenlose Faserstifte und undefinierbarer Plunder tummeln, verweist dann anscheinend wohl auf ein kreatives Genie, großzügig und unkonventionell im Denken – oder doch eher auf einen schlampigen Faulenzer?

Da also jede der Beobachtungen unterschiedliche Interpretationen zuläßt, ist es aus psychologischer Sicht nicht nur bedeutsam, wie jemand etwas bewertet, sondern auch, wie er es innerlich weiter verarbeitet und in seinem Gedächtnis speichert: Wer gewöhnlich seine Aufmerksamkeit eher diffus im Raum umher schweifen läßt und sich die aufgenommenen Situationen und Bilder entsprechend undifferenziert einprägt, im Sinne eines kramladenähnlichen „Vorratshaltungsprinzips", wird in seinem Verhalten vermutlich selbstbewußter auf rein gefühlsmäßige Impulse und Assoziationen zurückgreifen, als jemand, der seine Aufmerksamkeit zielgerichtet auf bestimmte Aspekte richtet und diese schon nach vorgefertigten Kategorien geordnet in seiner Erinnerung festhält, im Sinne eines computerähnlichen „Ordner- und Dateienprinzips".

Das Computermodell der Erinnerung entspricht der ojektivitätsorientierten Mentalität jener Menschen, deren Entscheidungs- und Verhaltensmodalitäten sich vorwiegend an rational abgesicherten Erkenntnissen ausrichtet. Wie beim inneren Aufbau eines Computers scheinen sie über ein System der inneren „Dateienzuordnung" zu verfügen, in denen ihre Erinnerungsfacetten und deren Deutungsmuster in einer Rangfolge der Bedeutungen sortiert werden, wobei Wichtiges und Unwesentliches zwar voneinander geschieden, aber nur mit dem richtigen Suchbegriff relativ schnell abrufbar ist. Diese Vorgänge des Analysierens, Einordnens, Kategorisierens und Katalogisierens stellen Schachzüge des Intellekts dar, die ein hohes Abstraktionsniveau erfordern und die Fähigkeit zur Übernahme einer Metaperspektive voraussetzen. Es ist unschwer zu sehen, daß hierzu etwas mehr Zeit vonnöten ist, als dem Betroffenen oft in einer Krise oder bei einem Glückstreffer zur Verfügung steht.

Demgegenüber entspricht das „Kramladen"-Modell der Erinnerung der subjektivitätsorientierten Mentalität jener Menschen, deren Entscheidungs- und Verhaltensmodalitäten sich hauptsächlich an emotional erfaßbare Anmutungen anlehnt. Wie bei der Einrichtung eines Kramladens auf dem Lande scheinen sie über ein System der inneren „Lagerhaltung" zu verfügen, in dem ihre Erinnerungsfacetten und deren Deutungsmuster einfach unsortiert angehäuft werden, um für alle denkbaren Fälle mit dem richtigen „Proviant bzw. Handwerkszeug" ausgerüstet zu sein, wobei der suchende Zugriff meistens mit traumwandlerischer Sicherheit erfolgt. Alle Vorräte im Gedächtnisspeicher stehen sozusagen gleichzeitig und ganzheitlich zur Disposition. Diese Vorgänge des Hortens, Ablegens, Aufbewahrens und Inventarisierens lassen kaum mehr als nur eine grobe Einteilung erkennen und stellen Schachzüge der Seele dar, die ein hohes Maß an Gelöstheit erfordern und die Fähigkeit zur Übernahme einer kreativen und spontanen Perspektive voraussetzen.

Es ist offenkundig, daß ein gelassenes Vorgehen den Zugang zur Intuition erleichtert, die sich dennoch erst dann voll entfalten kann, wenn beide Instanzen, Verstand und Gefühl, miteinander im Einklang sind. Es gehört allerdings schon ein ausgeprägtes Selbstbewußtsein dazu, im entscheidenden Moment die eine oder die andere Instanz in seinem Inneren zum Schweigen zu bringen. Wer unter dem Druck steht, es in dieser Beziehung einer übergeordneten Autoritätsperson recht zu machen, gerät leicht in Konfusion, besonders wenn er dabei widersprüchlichen Forderungen ausgesetzt ist.

Ein Beispiel aus einer Familienberatung soll das verdeutlichen: „Und wie soll ich wissen, wann ich verstandesmäßig handeln muß und wann gefühlsmäßig?!" empörte sich ein zwölfjähriger Junge während einer Familienberatungssitzung, „was ist denn überhaupt der Unterschied?!"

Der eigentliche Anlaß, weshalb seine Eltern mit ihm eine psychologische Beratung aufsuchten, waren seine unverständlichen Schwierigkeiten in der Schule. Schwierigkeiten, die hauptsächlich darin bestanden, daß der ansonsten recht begabte Schüler beim Lesen und Schreiben regelmäßig die gröbsten Fehler machte. Die Diagnose „Legasthenie", die ihm einen intensiven Förderunterricht ermöglicht hatte, war bei den Eltern inzwischen zu einem Reizwort geworden, zumal sich die Leistungen kaum verbessert hatten. „Mit dieser hochtrabenden Diagnose wird doch nur seine Faulheit unterstützt", ereiferte sich der Vater, „und sonst gar nichts! Der Junge muß nur seinen Verstand gebrauchen, dann weiß er auch, wie die Worte richtig geschrieben werden. Die deutsche Sprache ist streng logisch aufgebaut! Das hat alles Hand und Fuß! Er muß nur richtig hinhören und ordentlich nachdenken und dann erst losschreiben! Verstandesmäßiges Handeln ist alles, das weiß er doch selbst am besten! Schließlich liegen seine Leistungen in Mathematik weit über dem Durchschnitt! Außerdem kann er schon brillant mit dem Computer umgehen."

„Quatsch!" meinte die Mutter, „Sprache kann man nur gefühlsmäßig erfassen! Das muß von innen kommen. Wenn man erst einmal anfängt, über jedes Wort nachzudenken, dann ist der lebendige Sprachfluß unterbrochen, und man verliert das Gefühl für den Sinn hinter den Worten; nur darauf kommt es an!" Und dann vertrat sie vehement die Meinung, der Zugang zur Sprache sei ähnlich wie der zur Musik ausschließlich intuitiv zu finden. „Man muß mit dem Herzen denken", schwärmte sie, „ähnlich, wie der kleine Prinz in dem Buch von Antoine de Saint-Exupéry."

Selten begegnet man Klischees, die sich in kürzester Zeit derartig bilderbuchhaft entfalten; hier wird nicht nur die vorurteilsgesättigte Behauptung bekräftigt, daß Männer und Frauen in verschiedenen Gefühls- und Verstandeswelten leben, auch die Kernthese der Familientherapie findet hier Bestätigung: Ein Kind versucht oftmals geradezu verzweifelt, die gänzlich widersprüchlichen Erwartungen beider Eltern zu erfüllen. Es gerät innerlich unter einen massiven Druck, und daraus entstehen schließlich Probleme, die für die Eltern besorgniserregend sind. Der Rat an Kinder und Eltern, sich in solch einer schwierigen Verstrickung von Verstand und Gefühl nur auf die Intuition zu verlassen, um die Blockaden aufzulösen, greift hier zu kurz, auch wenn die Intuition derzeit als eine Art Zauberwort in aller Munde zu sein scheint. Und zwar um denjenigen Mut zu machen, die sich im Wildwuchs der diffusen Gefühle und Ahnungen sowie der unausgesprochenen Erwartungen kaum zurechtfinden, indem diese Sprachkonstruktion sich wie ein Rettungsanker in höchster Not anbietet. Dennoch bleibt es weiterhin unklar, was damit eigentlich gemeint ist. Zu groß ist dabei der Interpretationsspielraum, wie bei vielen ähnlichen Ausdrücken, die so sehr von einer mystischen Aura umgeben sind.

Es gibt in unserem Sprachgebrauch für die Intuition sehr viele Ausdrücke, die dieses Phänomen umschreiben, genauer gesagt sind es Synonyme, die sich annähern an den Bedeutungsgehalt. Stellt man diese unterschiedlichen gleichbedeutenden Sprachwendungen einmal nebeneinander, so fällt auf, daß sie zu verschiedenen Abstraktionsebenen gehören bzw. zu verschiedenen Diskursen. Am gebräuchlichsten ist der biologische Diskurs, zum Beispiel wenn vom Instinkt die Rede ist. Fast ebenso häufig werden Begriffe verwendet, die einem theologischen Diskurs entlehnt sind, wie beispielsweise der Hinweis auf einen Schutzengel oder auf den göttlichen Funken. Auf einer physiologischen Ebene spricht man etwa vom sechsten Sinn oder vom richtigen Riecher. Philosophisch wird es beim Geistesblitz, und auf einer psychologischen Ebene befindet man sich, wenn man von einer inneren Stimme spricht, die aus dem Unbewußten kommt.

Bei solch einer beispielhaften Zuordnung der Synonyme für die Intuition zu den unterschiedlichen Abstraktionsebenen wird deutlich, daß man schon mit der Verwendung eines entsprechenden Ausdruckes einen Einblick in das eigene Weltbild gibt, daraus folgt also: Sage mir, mit welchen Begriffen du das Phänomen „Intuition" erklärst, und ich sage dir, wes Geistes Kind du bist . . .

Geschlechtsspezifische Unterschiede?

Als Psychologin und Therapeutin bin ich bei meiner Arbeit häufig damit konfrontiert, daß Menschen sich eben nicht nur auf Fakten berufen, wenn sie ihre Gefühle oder ihr Verhalten beschreiben. Sie greifen dabei oft zu Erklärungsmustern, die außerhalb der üblichen Sachlichkeit liegen und die ein Licht in das Dunkel der seelischen Verwicklungen bringen sollen. Allerdings sind es eher Frauen, die von Anfang an lieber solche Bezeichnungen verwenden, um deutlich zu machen, was sie im Innersten bewegt, als daß sie konkrete Fakten benennen würden, um ihren Aussagen Gewicht zu verleihen. Bei einer groben Zuordnung ließe sich daher das erwähnte „Kramladen-Modell" der Erinnerung und des Handelns vermutlich gut bei den traditionell als weiblich gekennzeichneten Qualitäten ansiedeln. Ihnen wird, trotz voranschreitender Emanzipation, von der allgemeinen gesellschaftlichen Einschätzung her immer noch gern die nahezu ausschließliche Zuständigkeit für Gefühle und Atmosphäre zugewiesen. Frauen sind sensibler, heißt es oft. Sie sollen bei schwierigen zwischenmenschlichen Themen angeblich das bessere Fingerspitzengefühl haben als die vorwiegend rational argumentierenden und lösungsorientierten Männer, wie beispielsweise beim vorsichtig tröstenden Umgang mit Verlust und Trauer oder bei der einfühlsam allparteilichen Vermittlung in Streitfällen. Männern wird daher vermutlich schneller als Frauen das beschriebene „Computer-Modell" der Erinnerung und des Handelns zugeordnet.

Aber gibt es tatsächlich echte Beweise für den geschlechtsspezifischen Unterschied zwischen Gefühls- und Verstandeswelt? Frauen sind nun mal eben emotional veranlagt, deshalb können sie ihren Verstand nicht gebrauchen? Und Männer verlassen sich immer nur auf ihren Verstand, weil sie emotionale Analphabeten sind? Vorsicht vor Verallgemeinerungen! Eher sollte man hier wohl von persönlichkeitsbezogenen Qualitäten und Vorlieben sprechen, denn es gibt mit Sicherheit viele Männer, die hauptsächlich emotional reagieren und ebenso viele Frauen, die vorwiegend kühl rational argumentieren würden. Entsprechende Prägungen finden vermutlich schon in frühester Kindheit statt: wenn zum Beispiel in unserer westlichen Kultur bei kleinen Mädchen ein phantasievoll gestaltetes Poesiealbum „süß" und „bezaubernd" gefunden wird, der kleine Junge aber für seine hochaufragenden Turmbauten aus Legobausteinen staunenden Beifall erntet und eher für ein streng sachliches Vorgehen gelobt wird. Wenn in der Familie solch ein Trend unreflektiert verfestigt wird, setzt er sich in der weiteren Entwicklung automatisch fort.

Außerdem sind die erwachsenen Vorbilder dafür, wie Männer und Frauen in unserer Gesellschaft zu sein haben, äußerst subtil. Während Frauen sich zum Beispiel auch in der Öffentlichkeit ziemlich phantasievoll und kreativ frisieren und kleiden dürfen, ohne besonders aufzufallen oder gar anzuecken, steht bei Männern noch immer das zweckmäßige Outfit im Vordergrund, abgesehen natürlich von der auch gesellschaftlich inzwischen anerkannten Experimentierkultur Jugendlicher und junger Erwachsener. Da die Intuition eng verbunden ist mit einer frei schwingenden Phantasie und einer inneren Grenzüberschreitung, kann sie sich fraglos auch sehr viel besser dort entfalten, wo sie einen vorbereiteten fruchtbaren Boden vorfindet. Und der ist eben am ehesten dort vorhanden, wo die Angst, sich zu blamieren oder sich lächerlich zu machen, wenn man ungewöhnliche Gedanken äußert oder wenn man sich auf seine Gefühle beruft, recht gering ist. Wer also immer wieder erfahren hat, daß seine diffusen Empfindungen als Blödsinn abgetan oder sogar ignoriert wurden, daß aber seine analytisch korrekten Äußerungen interessierte Aufmerksamkeit und beifällige Bemerkungen zur Folge hatten, der wird sich sehr schwer tun, sich mit seiner „Intuition" so anzufreunden, daß er sie in der Öffentlichkeit preisgibt, wenn er sie denn vor sich selbst überhaupt zulassen kann.

Daraus folgt, daß „Intuitionen" zu haben und von „Intuitionen" zu sprechen zweierlei ist. Es kommt nämlich sehr darauf an, wer in welchem sozialen Umfeld eine Aussage darüber macht. Denn wenn von Intuition die Rede ist, denken die meisten Menschen dabei zuerst an eine Form der Erkenntnis, die sich logisch nicht begründen läßt und daher unmännlich ist. Wenn man also eine Eingebung hat und plötzlich genau weiß, was im Moment richtig ist, sollte man sich genau überlegen, wem man dies in welcher Form am besten erzählt. Woher diese sichere Gewißheit kommt, die mit der Eingebung einher geht, kann man hinterher meistens nicht genau erklären. „Es kam mir plötzlich einfach so in den Sinn", sagt man vielleicht; oder man verweist auf eine höhere Macht, die durch einen hindurch den richtigen Weg gewiesen habe. Vielleicht ist man auch klug genug, im nachhinein eine rationale Argumentation zu konstruieren, die das „intuitive" Verhalten auch für faktenorientierte Normalbürger wasserdicht begründen kann. Welche Art der Stellungnahme man favorisiert, wenn man denn tatsächlich danach gefragt würde, hängt sowohl von der eigenen weltanschaulichen Orientierung ab als auch davon, welche Argumentationsmuster in dem betreffenden sozialen Umfeld erwartet und anerkannt werden.

Die konkrete Definitionsfrage: Was ist Intuition wirklich?

Es dürfte ziemlich schwerfallen, sich einfach irgendeine vorfindliche Definition herauszugreifen, ohne zu bedenken, welchem Glaubenssystem man sich damit in die Hände begibt. Entweder tritt man bei esoterisch orientierten Zeitgenossen ins ideologische Fettnäpfchen, wenn man Intuitives allzu psychologisch zu ergründen versucht, oder man tritt den schon erwähnten Faktenmenschen kräftig auf den objektivistischen Schlips, wenn man das Intuitive zu sehr in die Nähe des Spirituellen rückt oder wenn man es überhaupt erwähnt. Auch scheinbar seriöse Ansätze in der Begriffsdefinition zur Intuition erweisen sich bei näherem Hinsehen schon wieder als Wegbereiter ins Lager mystisch angehauchter Sektierer.

Im unübersichtlichen Gestrüpp einschlägiger Kenntnisvermittlung gibt es letztlich keinen verläßlichen Wegweiser, der eine eindeutige Spur vorzeichnen kann, um bei der Beschreibung und Analyse der Intuition einen sicheren Boden unter den Füßen zu gewährleisten. Möglicherweise aber muß es sogar bei der Mehrdeutigkeit dieses Begriffes bleiben, weil man nur so der notwendigen Variationsbreite der Erscheinungsformen Rechnung tragen kann. Daher ist eine umfassende und breit angelegte Annäherung auf der Beobachtungs- und Beschreibungsebene in diesem Fall wohl die beste Form, das Phänomen einzukreisen. Allein schon die bisher festgehaltenen Annahmen, daß die Intuition von innen komme, daß sie eine Kraftquelle der Selbstbewußten darstelle und daß sie sich mit Hilfe einer Entdeckungsreise durch die eigene Innenwelt fördern ließe, beinhalten die Bereitschaft, vorübergehend eine Perspektive einzunehmen, die sich nicht auf handfeste Beweise gründen kann.

Kopf oder Bauch

„Es gibt Dinge zwischen Himmel und Erde, die kann kein Mensch sich vernünftig erklären! In meiner täglichen Praxis bin ich immer wieder fasziniert von Heilungsprozessen, die nach menschlichem Ermessen eigentlich nicht vorgesehen sind. Ich habe gelernt, auf meine Intuition zu vertrauen, wenn ich mit Patienten arbeite und nicht auf die Ergebnisse der Apparate! Oftmals entscheide ich sozusagen aus dem Bauch heraus!"

Dies sagt ein Landarzt, der schon vor vielen Jahren erkannt hat, daß seine ärztliche Kunst nur dann der Unterstützung eines Gesundungsprozesses dienen kann, wenn er den richtigen Zugang zu seinen Patienten findet: „Nur wenn ich meinem Gespür folge, weiß ich, wie ich einem Patienten helfen kann. Meistens erkenne ich intuitiv, was bei dem Kranken oder bei seinen Angehörigen das richtige Wort zur richtigen Zeit ist. Manche wollen einfach nur getröstet werden, andere wollen die medizinischen Fachausdrücke für ihr Leiden wissen, oder sie brauchen eine genaue Aufklärung über die Wirkung der Behandlung, damit sie sich sicher fühlen können."

In unserem durchbürokratisierten Durchschnittsalltag wird die Tragweite von Logik und Verstand überbetont, und es herrscht daher ein gravierender Mangel an Anerkenntnis emotionaler und sinnlicher Geltungsbereiche. Es ist unbestritten, daß naturwissenschaftliche Erkenntnisse, die auf den meß- und zählbaren Resultaten großer nachvollziehbarer und nachprüfbarer Datenmengen beruhen, in öffentlichen Diskussionen mehr gelten als Einsichten, die sich auf Stimmungen und Empfindungen gründen. Allerdings wäre es wohl auch schlecht bestellt um die Verläßlichkeit und Verbindlichkeit in unserem alltäglichen Miteinander, wenn wir uns ausschließlich auf Stimmungen, Empfindungen oder vage Befindlichkeiten beziehen müßten.

Dennoch gibt es Situationen, in denen man verlassen ist, wenn man sich nur auf den Verstand verläßt, zum Beispiel wenn es darum geht, einen Streit unter Freunden zu beurteilen. Verstandesmäßig sollte ein Streit im Normalfall dann ausgestanden sein, wenn beide Parteien ihren jeweiligen Standpunkt korrekt vertreten haben und danach von einer beiderseits akzeptierten Instanz für Gerechtigkeit gesorgt wird. Doch die Wahrheit hat viele Gesichter, wie eine bekannte Redewendung sagt, und da geht es eben oft nicht nur darum, eine objektive, auf klare Fakten bezogene Gerechtigkeit wieder herzustellen, sondern es geht meistens um einen angemessenen Ausgleich für verletzte Gefühle. Da nun jeder Mensch Kränkungen individuell aufnimmt und verarbeitet, kann die Gerechtigkeit im Alltag auch nur dann als wohltuend erlebt werden, wenn sie sich an der subjektiven Welt der Streitenden orientiert. Also braucht die Gerechtigkeit spendende Instanz im alltäglichen Leben nicht nur ein objektives Kriterium für ihren Schlichterspruch, sondern auch einen feinfühligen Zugang zum subjektiven Empfinden der Beteiligten. Ein Meisterstück intuitiven Handelns wäre es also, den Einklang herzustellen zwischen den objektiv nachvollziehbaren Sachverhalten und der subjektiven Zufriedenheit.

Jede wichtige Entscheidung im Leben ist mit starken Gefühlen verbunden, und jeder weiß aus eigener Erfahrung, daß es manchmal nicht nur befriedigender, sondern sogar lebensnotwendig ist, wenn man schnell handelt. Oftmals sind die Ergebnisse äußerst zufriedenstellend und beglückend, wenn man einem Impuls gefolgt ist, und manchmal könnte man sich in den Ellenbogen beißen, wenn man sich über ein unbestimmtes, unbehagliches Gefühl hinweggesetzt hat, nur weil man sein spontanes Verhalten nicht mit guten Argumenten hätte rechtfertigen können. Das gilt in der Partnerschaft, im Freundeskreis und im Berufsleben besonders dann, wenn mit einem spontanen Verhalten eine Weichenstellung für die Zukunft verbunden ist. Nichts ist schlechter zu ertragen als eine verpaßte Chance, denn nicht immer läßt sich eine verstrichene Frist wieder einholen. Wer es in der Partnerschaft versäumt, in einer Krise eine versöhnliche Geste zu zeigen, muß sich oft über lange Zeit mit quälenden Mißverständnissen plagen. Wer es im Freundeskreis versäumt, rechtzeitig zu einem freudigen Ereignis zu gratulieren, muß sich oft über lange Zeit mit unausgesprochenen Vorhaltungen plagen, und wer es im Berufsleben versäumt, die Chance zur Veränderung mutig zu ergreifen, muß sich oft über lange Zeit mit einem stagnierenden Zustand abfinden.

Es gilt in unserer Kultur trotz aller Psychologisierung des öffentlichen Lebens als ein äußerst peinlicher Vorwurf, wenn man sich anhören muß: „Jetzt wirst du aber unsachlich!" Oder gar: „Findest du das nicht reichlich naiv?!" Wer seine Überzeugung oder seine Entscheidungen nicht argumentativ sauber vertreten kann, hat gewöhnlich schlechte Karten, besonders im angestammten Herrschaftsbereich der faktenorientierten Objektivitätsvertreter, der sogenannten „Kopfmenschen". Wer diesem Dilemma mehr oder weniger elegant entgehen möchte, kann sich darauf beziehen, daß es beim Erkenntnisgewinn nicht nur um Wissen und Beweisen geht, sondern auch um Glauben und Erfassen. Psychologische Tests zum Beispiel gelten in entsprechenden Forschungszusammenhängen als ein zuverlässiges Instrument, um bestimmte persönliche Einstellungen der Befragten herauszufinden und Rückschlüsse auf die spezifischen Merkmale ihrer Denk- und Verhaltensmuster zu ziehen. Aus den so gewonnenen Daten können schließlich Statistiken erstellt und im Bedarfsfall Prognosen abgeleitet werden. Doch die Aussagekraft dieses Datenmaterials ist zwangsläufig begrenzt auf oberflächliche und eindimensionale Einschätzungen, weil bei der Auswertung von Testergebnissen nun einmal nicht zwischen den Zeilen gelesen werden kann. Doch gerade in den Zwischentönen und Schattierungen spielt sich meistens erst das pralle Leben ab. Solche Feinheiten erschließen sich jedoch nicht auf einer operationalisierbaren Ebene innerhalb des intellektuellen Raumes, sondern sie sind gewissermaßen nur im Reich der Sinne zu entdecken, also dort, wo die ganze Vielfalt der Sende- und Empfangskanäle sämtlicher Kommunikationsformen zu Hause ist. Doch gerade dort haben gleichzeitig auch die Spekulationen, die Unterstellungen und die Mutmaßungen ihren angestammten Platz, so daß durch den alleinigen Zugriff auf die Sinnlichkeit mit ihren intuitiven Kräften ebenso wenig Zuverlässiges zu erfahren ist wie bei dem objektivierenden Vorgehen in der empirischen Wissenschaft. Nur die Integration der charakteristischen Kräfte des Verstandes- und des Gefühlslebens können wohl ein weitergehendes Verständnis innerseelischer Vorgänge bewirken und vielleicht auch die Kraft der Intuition im Rahmen eines zuverlässigen Erkenntnisgewinnes verstärken.

Seriösere Auskünfte über das Wesen der Intuition als die esoterischen Ansätze versprechen die Definitionen psychologischer und philosophischer Provenienz. Doch auch sie bleiben häufig so sehr im Vagen, daß der Verdacht aufkeimen kann, Intuition sei lediglich ein Konstrukt besonders spitzfindiger Geister, die, wie gesagt, nur keine Lust haben, genauer nachzudenken.

IV. Intuition:
Die Schnittstelle zwischen
Verstand und Gefühl

Intuition – das ist eben nicht nur ein Modewort im esoterischen Sprachgebrauch, das ist auch ein Begriff, der von jeher in
den geisteswissenschaftlichen Disziplinen seinen angestammten Platz hat. Und zwar an der Schnittstelle von rationaler und
emotionaler Erkenntnis. Wissen und Erkennen sind oft gleichzeitige Prozesse des Verstandes und des Gefühls. Der Ausdruck des „intuitiven Erfassens" beschreibt ziemlich genau,
um was es geht, wenn Gefühl und Verstand sich im Moment
des Begreifens kurzfristig überlappen: nämlich um einen schwer
zu erklärenden inneren Vorgang, bei dem eine sinnliche Gewißheit eintritt, daß man ganzheitlich verstanden hat, worum
es geht. Gerade weil es sich dabei um etwas Diffuses und Unerklärliches handelt, eignet sich natürlich ein Ausdruck besonders gut, der sich eben nicht trennscharf von anderen abgrenzen läßt. Um dem gerecht zu werden, was damit beschrieben werden soll, braucht man geradezu einen Terminus, der
ausreichend Spielraum für vielfältige Interpretationen beinhal-
tet. Eine brauchbare Definition sollte nachvollziehbar und
plausibel sein, so daß sie den bezeichneten Sachverhalt über-
zeugend von ähnlichen Erscheinungen abhebt.

Und was macht es dann letztlich so schwer, wenigstens eine einleuchtende Definition für die Intuition zu finden? Liegt
es möglicherweise daran, daß dieser Begriff zu den scheinbar
harmlosen, aber dennoch so vieldeutigen Wörtern gehört, hinter denen sich ganze Weltanschauungen verbergen?

Auch wenn kaum jemand ganz genau zu sagen weiß, was
diese Bezeichnung wirklich bedeutet, scheint aber trotzdem
jeder eine diffuse Vorstellung davon zu haben, was damit ge-

meint ist. Oft fallen auch Begriffe wie „Instinkt" oder „Inspiration", wenn eigentlich die „Intuition" gemeint ist. Die Austauschbarkeit der Begriffe zeigt nicht nur, wie unklar ihre richtige Anwendung ist, sie macht auch deutlich, wie unklar die inneren Abläufe bei diesem Phänomen sind und wie schwer es ist, das Erlebte adäquat zu beschreiben und in vorhandene Orientierungsmuster einzuordnen.

Die Zusammenstellung von Definitionen aus verschiedenen Nachschlagewerken können ein allererster kleiner Schritt zu einer Begriffsklärung sein. Das Wesen eines Sachverhaltes allerdings, der innere Kern seines Prozesses, wird damit meistens überhaupt noch nicht erfaßt.

Immerhin wird an mancher Stelle erläutert, was Intuitionen *nicht* sind. Hier kommt man dann möglicherweise auf dem Weg zu einer Begriffsbestimmung doch noch, wenn auch per Verneinung, einen Schritt weiter. Die gängigen Nachschlagewerke wie Duden und Brockhaus stellen im einzelnen eine erhebliche Bandbreite der Begriffsbestimmung zur Verfügung. Es wird von der Intuition als einer unmittelbar ganzheitlichen Sinneswahrnehmung gesprochen, im Gegensatz zum Beobachten von Einzelteilen. Das Wesen eines Gegenstandes wird demnach in einem Akt ohne Reflexion erkannt, es geht dabei immer wieder um Eingebung und um ahnendes Erfassen. Was und wer nun diese Eingebungen sind, die die Intuition ausmachen oder woher sie kommen, das bleibt in den lexikalischen Definitionen verborgen. Aber was die Unmittelbarkeit, die Anschauung, das Erfassen angeht, all das, was den Intuitionen innewohnen soll, das wird nicht verraten. Auch wird bei der Intuition immer wieder das „unmittelbare, ganzheitliche Erkennen oder Erfahren von Sachverhalten" gekennzeichnet sowie die Abgrenzung gegenüber der durch „Beweis, Erklärung, Definition vermittelten Erkenntnis" herausgestellt. Oder die Intuition wird schlicht eine „geistige Anschauung" oder „Eingebung" bzw. die „unmittelbar gewisse Erkenntnis von Wesenszusammenhängen" genannt.

In spezielleren Texten, wie beispielsweise im Lexikon der Psychologie, wird die Intuition als eine „Handlungsweise der Intelligenz" definiert, und das intuitive Fühlen, Denken und Handeln wird dementsprechend als „deren Produkt" verstanden. Die Intuition bezeichnet in dieser Betrachtungsweise „eine Form der direkten Erkenntnis, die durch ihre Unmittelbarkeit und ihre Plötzlichkeit charakterisiert ist". Die Intuition kann hier, als sogenannte „Sympathie" zum Gegenstand, gewissermaßen eine begriffslose Erkenntnis sein. Sie kann aber auch ein schnelles analytisches Begreifen eines Bezugssystems sein, dessen tatsächliche Analyse das Verständnis langwieriger diskursiver Entwicklungen erfordern würde, das heißt, es werden auf Anhieb die bestimmenden Grundzüge des Gesamtbildes erfaßt. Gegenstand der Intuition ist dabei eine äußerliche, empirische, oder innerlich-methaphorisch empfindbare Erscheinung. Der Wert der Intuition wird hier in ihrer Offensichtlichkeit bzw. in ihrer Evidenz gesehen. Hier wird nun also ausdrücklich betont, daß Intuitionen im Gegensatz zum diskursiven Denken, zur Reflexion und auch im Gegensatz zum Beobachten von Daten stehen.

Doch bei genauerem Hinsehen entpuppt sich auch diese Gedankenspur als vorschnelle Annahme: schließlich wird im gleichen Atemzug erwähnt, daß Intuition als eine Handlungsweise der Intelligenz zu verstehen sei und gleichsam als deren Produkt daherkomme. Doch wenn wir uns auf diese Sichtweise einlassen, sind wir schon wieder in einer logischen Falle: Reflexion und diskursives Denken – nein! Intelligenz – ja? Und wie sollen wir das nun wieder einordnen? Möglicherweise helfen die folgenden Klarstellungen aus einem anderen Diskussionszusammenhang zum besseren Verständnis, formuliert im Lexikon der Psychiatrie[4]: Dort streicht man in der Begriffsbestimmung zur Intuition besonders heraus, daß es ja auch ein nicht-diskursives Denken gibt, dessen Vorgänge im einzelnen nicht bewußt werden, sondern das „in einer Schau plötzlich Zusammenhänge erkennen läßt, die sich auch bei objektiver Nachprüfung als richtig erweisen". Neben dem starken Evidenzerlebnis, das dabei eintritt, wird hier noch betont, daß die Intuition „auf alten Urteilen, Erfahrungen und Erinnerungen, die jedoch momentan nicht bewußt sind", beruht. Intuitionen stehen also im Gegensatz zum Denken und zur Reflexion, sie sind aber dennoch eine Form des Denkens, und zwar andersartig, nämlich nicht-diskursiv. Darüber hinaus und trotzdem, so heißt es, sind sie ein Produkt der Intelligenz.

Die Aura von Geistesferne und Antiintellektualismus, die man im Umfeld der Intuitionsvertreter unterschiedlichster Art antrifft, gehört also nicht notwendigerweise zur Intuition an sich. Sie entfaltet sich offenbar nur in der je unterschiedlichen Begriffswelt derer, die sich der Intuition als geistigen Eigentums bemächtigen, um sie für ihre jeweils aktuelle geistig-mystische Bedürfnisbefriedigung zu benutzen.

Intuition: Die gefährliche Nähe zu Allmachtsphantasien und magischem Denken

Bücher und Ratgeber jeder Couleur, die sich mit der Intuition befassen, haben immer wieder Hochkonjunktur, besonders in Zeiten gesellschaftlicher Krisen wie Massenarbeitslosigkeit oder immer dann, wenn ein außergewöhnliches Ereignis ansteht, wie eine Sonnenfinsternis oder das Auftreten eines Kometen am Himmel. Dann richten sich Heilserwartungen an alle Arten von Wahrheitsverkündern. Es läßt sich daran nicht nur die allgemeine Verunsicherung ablesen, sondern auch, wie groß das allgemeine Bedürfnis ist, sich mit dem Einfluß unbewußter Gefühlswelten auf das bewußte Verhalten auseinanderzusetzen. Vielleicht auch, um damit dem Lauf des Schicksals nicht hilflos und tatenlos ausgeliefert zu sein oder ihn sogar günstig beeinflussen zu können.

Viele der entsprechenden Veröffentlichungen werfen auch ein Licht auf die sehr unterschiedlichen Bedürfnisse und Bedürftigkeiten ihrer Autoren und natürlich auch auf die ihrer Leser! Dabei geht es um die aufsehenerregende Selbstdarstellung und Selbstinszenierung wohl ebenso wie um die ungefährliche Teilhabe am außergewöhnlichen Geschehen, um damit auch ein bißchen von dem strahlenden Glanz zu erhaschen.

Besonders die diversen Vertreter eines esoterischen Weltbildes haben sich der Intuition bemächtigt und sie zum mächtigsten Stützpfeiler ihrer Glaubenslehre gemacht. In der Intuition wird bei ihnen gewissermaßen der Königsweg zur göttlichen Macht gesehen, und zwar als Verbindungsglied vom irdischen Dasein zum Universum, als Kontakt von Mensch zu Gott. Allerdings sind die Ziele, die in diesen Zusammenhängen durch das Training der intuitiven Fähigkeiten erreicht werden sollen, doch eher im Irdischen angesiedelt. Das Credo dieser mystisch Orientierten lautet daher auch sinngemäß: „Mit Intuition geht alles besser!" Vom Gewinn auf der Pferderennbahn bis zur richtigen Diagnose im komplizierten Krankheitsfall ist nach Aussage einiger amerikanischer Autorinnen, wie zum Beispiel Laura Day[5], alles machbar, wenn man sich nur bloß auf den Weg zur inneren Weisheit begibt und die Intuition richtig trainiert. Das erklärte Ziel der entsprechenden Übungen ist es, zukünftige Ereignisse treffsicher vorhersagen zu können, um den Alltag besser zu bewältigen, um einen entscheidenden Karriereschritt zu machen oder gar um den tieferen Sinn des Daseins zu entdecken. Einige Autoren, wie beispielsweise Tepperwein[6], wagen sich mit ihren Kommentaren noch weiter vor und steigern ihre Behauptungen über die Fähigkeit zum Gedankenlesen und zum Vorhersagen künftiger Ereignisse bis hin zu der These, ein intuitiv lebender Mensch gestalte als Mitschöpfer die Schöpfung mit. In diesen Annahmen offenbart sich eine Art Rückschritt in das Paradies einer kindlichen Gefühls- und Gedankenwelt, und das bedeutet eine Wiederbelebung des frühkindlichen Stadiums des sogenannten magischen Denkens.

Magisches Denken[7] beginnt nach den Erkenntnissen des Gründers der Psychoanalyse, Sigmund Freud, in der frühen Entwicklungsphase des Säuglings, und zwar damit, daß sich seine Welt ausschließlich um die eigene Bedürfnisbefriedigung dreht und in ihrem Zentrum die Nahrungsaufnahme steht. Der Säugling hat Hunger, und er macht durch die entsprechenden Lautäußerungen seine Umgebung darauf aufmerksam. In einer gut eingespielten Mutter-Kind-Beziehung, wie sie sich in den meisten Familien sehr schnell herstellt, macht er dann wiederholt die Erfahrung, daß kurz nach seinem Schreien die Milch fließt und sein Hunger gestillt wird. Diese allerersten kindlichen Lernprozesse verknüpfen befriedigende Erlebnisse mit einem diffus-omnipotenten Selbst-Verständnis: Allein die Kraft der Unmutsempfindung und ihrer Äußerung scheint schon ihre Beseitigung zu bewirken, und zwar durch sofortige Wunscherfüllung. Diese verkürzte Wahrnehmung, daß sie nur den Wunsch nach der Befriedigung eines Bedürfnisses verkünden müssen, damit dann unverzüglich seine Erfüllung eintritt, bleibt bei vielen Kindern noch im Vorschulalter erhalten und bei manchen Erwachsenen ein Leben lang. Oft kann man bei kleinen Kindern ein erstes Verständnis von Ursache und Wirkung entdecken, das diesem Muster folgt.

Der vierjährige Florian, Sohn einer alleinerziehenden Mutter aus einer Frauengruppe, zum Beispiel ist felsenfest überzeugt davon, daß er beim Frühstück nur die Augen ganz fest schließen muß, damit mittags sein Lieblingspudding auf dem Tisch steht. Seine Mutter und seine Großmutter finden dieses Verhalten „einfach süß", und sie bestärken diese Phantasie ihres kleinen Jungen dadurch, daß sie prompt die Lieblingsspeise bereitstellen. „Er ist ja noch so klein, und das Leben wird später noch hart genug werden", verteidigen sie ihr heikles Spiel mit der Realitätsverzerrung, vielleicht auch deshalb, weil es die Erinnerung an die schönen Zeiten ihrer eigenen heilen Kinderwelt wieder aufleben läßt. Die meisten Kinder lieben in einem bestimmten Alter heiß und innig Märchen und Trickfilme, die von allmächtigen Fabelwesen, Geistern und Feen bevölkert sind, mit deren Kräften sie sich identifizieren können. Da Kinder ansonsten nur sehr eingeschränkte Möglichkeiten haben, ihr Leben selbst in die Hand zu nehmen, eröffnen sich für sie durch die Einfühlung in die Helden ihrer Phantasiewelten neue Dimensionen der Einflußnahme auf Gut und Böse. Durch dieses intensive Eintauchen in Geheimnisse und Zauberkulte entfalten sich oftmals Empfindungen von wohligem Erschauern und entspannter Glückseligkeit und vermitteln den Eindruck, daß alle Widrigkeiten der Realität durch die Kraft der richtigen Gefühle und Gedanken zu überwinden sind.

Auch Erwachsene lassen sich manchmal gern von der verzaubernden Wirkung gelungener Phantasie-Geschichten mitreißen, man denke nur an den Erfolg der Comic-Abenteuer von Asterix und Obelix. Doch das liegt nur zum Teil an der Erinnerung schöner Momente aus der Kindheit, als die Welt noch in Ordnung war. Es liegt auch daran, daß es bei aller Rationalität und Vernunft, die zum Überleben wichtig ist, einen Fundus an Irrationalem geben muß, damit es so etwas wie eine innere Verbindung zu den Zyklen der Natur überhaupt geben kann. Sonst könnte sich vermutlich niemand als einen lebendigen Teil seiner natürlichen Umwelt begreifen. Diese Sehnsucht nach Teilhabe an der Schöpfung spiegelt sich in den alten Mythen und Legenden und ist Bestandteil jeder religiösen Überzeugung. In der christlichen Religion herrscht eine lebendige Vorstellung von der Existenz des Paradieses, in dem es noch keine Abkehr der Menschen von ihrem Gott gibt, und auch die Vertreibung aus dem Paradies steht nicht nur für den Verlust der Unschuld und für das Leiden an einer grausamen Welt. Die Geschichte dieser Vertreibung stellt auch weiterhin eine Verbindung der Menschen zu Gott dar, denn ihre Vertreibung bedeutet nicht gleichzeitig die Vernichtung des Paradieses, und die Sehnsucht nach Wiedererlangung des paradiesischen Zustandes ist erhalten geblieben. Der Begriff des Paradieses wirkt für viele Menschen wie ein riesiger Projektionsschirm, der alle Hoffnungen, alles Verlangen und alle Träume aufnimmt und zurückspiegelt.

Ähnlich eignet sich auch der Begriff der „Intuition" hervorragend als Projektionsfläche für Sehnsüchte und Phantasien, und die mystisch-religiösen Interpretationen dieses ansonsten durchaus gängigen Alltagsbegriffes enthüllen menschheitsgeschichtlich uralte Sehnsüchte und Allmachtsphantasien: Wer nämlich seine innere Quelle zum Sprudeln bringen kann, eröffnet sich einen direkten Zugang zur göttlichen Kraft und wird in der letzten Konsequenz damit nicht nur gottähnlich, sondern zur göttlichen Kraft selbst, wie es beispielsweise besonders bei Tepperwein nachzulesen ist. Doch geht es hier nicht um den Gott christlicher, islamischer, hinduistischer oder buddhistischer Lehren, es geht weit darüber hinaus: Es geht um das Göttliche Prinzip an sich, um das All-Eins-Sein mit der allumfassenden Macht des Universums.

Genau an dieser Sehnsucht nach Verschmelzung mit dem Kosmos setzen die vielen Intuitionsratgeber mit ihren mystischen Inhalten an. Ihre Versprechungen schließen allerdings nicht nur das Streben nach dem Außergewöhnlichen ein, sie berücksichtigen auch das Anliegen nach der Verhaftung in der Normalität unseres Alltags. Sie suggerieren, daß übersinnliche Fähigkeiten zum täglichen Leben dazu gehören. Jeder habe sie, wird behauptet, und man könne sie sogar im Alltag für allerlei Kleinkram gut gebrauchen, für größere Vorhaben sowieso. Und man braucht keine Angst zu haben, wenn es einem dabei doch irgendwie mulmig zumute werden sollte, denn man verläßt nämlich keineswegs den Boden der Realität. Sogar wenn man sich ziemlich vertrauensselig auf das Höchstunwahrscheinliche einlassen sollte, kann man sich des Beistandes einer gesellschaftlich unangefochtenen, und dadurch oft überbewerteten, Autorität vergewissern.

Die Wissenschaft nämlich hat es schließlich auch schon festgestellt: „Gefühle im Bauch haben eine wissenschaftliche

Grundlage." Die Vertreter dieser Auffassung, wie zum Beispiel Contino[8], befinden sich aber offenbar in einer Art Beweisnot. Denn dort, wo sie die Überflüssigkeit präzisen Denkens, also der Wissenschaftlichkeit, aufzeigen wollen, bemühen sie als Beleg die Wissenschaft selbst. Gleichzeitig verlassen sie dort, wo sie die Wissenschaftlichkeit ihrer Aussagen belegen wollen, den Boden der wissenschaftlichen Beweisführung.

Es offenbart sich damit ebenso der narzißtische wie der mystisch-spirituelle Hintergrund: Die Intuition verbindet den Menschen mit dem Göttlichen. In einer derart beschworenen Selbstverständlichkeit des Übersinnlichen liegt allerdings die größte Gefahr für einfältige oder verzweifelte Menschen. Sie können leicht den Kontakt zur Realität verlieren und der Wahnvorstellung anheim fallen, daß sich allein durch die Kraft ihrer Gefühle und Gedanken alles zum Guten oder zum Schlechten wenden könne. Sie überschätzen damit nicht nur das Ausmaß der eigenen Einflußnahme, sie laden damit zuweilen auch ein Übermaß an Verantwortung für den Lauf der Dinge auf sich. Sie zerbrechen innerlich an der Last der selbst gesetzten Aufgabe, und es ist oft nur noch ein kleiner Schritt zur akuten Selbstmordgefährdung.

Ein durchaus nicht ungewöhnliches Beispiel ist die Geschichte einer fast siebzigjährigen Patientin, die sich jahrelang unkritisch von den anderen Mitgliedern eines spirituellen Zirkels beeinflussen ließ. Bei den regelmäßigen Zusammenkünften der drei Männer und der fünf Frauen im privaten Rahmen umfaßte der Themenkreis ihrer gemeinsamen Beschäftigung hauptsächlich die Magie und die Hellseherei. Vorherrschend war die Vorstellung, daß durch die möglichst genaue Vorhersage zukünftiger Ereignisse eine glücksbringende Einflußnahme auf das eigene Leben und das der nächsten Angehörigen erfolgen würde. Die Mitglieder des Zirkels steigerten sich gegenseitig immer mehr in gemeinsame Wahnvorstellungen hinein. Zufällige Ereignisse brachten sie unbedacht in einen ursächlichen Zusammenhang mit der Macht ihrer eigenen

Gedanken, und jeder setzte sich unter Druck, beim nächsten Treffen von einer erfolgreichen Vorhersage berichten zu können. Die betagte Patientin fühlte sich der Last der Verantwortung nicht mehr gewachsen, als sie den lebensgefährlichen Unfall ihres zehnjährigen Enkels auf ihr eigenes Versagen zurückführte: „Ich hätte ihn warnen müssen, ich hätte das Unglück doch voraussehen können, wenn ich nicht so unachtsam gewesen wäre!" Sie befand sich zum Zeitpunkt des schrecklichen Ereignisses übrigens mehrere hundert Kilometer vom Ort des Geschehens entfernt. „In Gedanken war ich doch immer bei ihm, ich verstehe nicht, wie das passieren konnte!" Sie war völlig verstrickt in ihre wahnhaft verzerrte Wahrnehmung und führte unaufhörlich einen „Beweis" nach dem anderen an, wie sehr sie dem Kind schon geholfen hatte. Von seiner unkomplizierten Geburt bis zu seinen späteren guten Schulnoten führte sie alles auf ihren Einfluß zurück: „Jeden Abend habe ich meinen Segensspruch für ihn in den Himmel geschickt, und dann habe ich in Gedanken einen schützenden Kreis um ihn gezogen. Für alle meine Lieben habe ich das getan!" Nach dem vermeintlichen Zusammenbruch ihrer Kräfte drehten sich ihre Gedanken nur noch um eine gerechte Strafe für ihr Versäumnis. Sie hielt sich für wertlos und traute sich nicht mehr, ihren alten Zirkel aufzusuchen. Daß sie statt dessen in einer psychologischen Beratung Hilfe suchte, spricht dafür, daß sogar bei dieser Frau noch ein verborgener Rest von Zweifeln an den gefährlichen Gedankenspielen vorhanden war. Nach einer Reihe von Sitzungen hatte sie sich im wahrsten Sinne des Wortes von ihren Selbstbestrafungsphantasien „freigesprochen". Unterstützt wurde der Prozeß allerdings ganz wesentlich durch die vollständige Gesundung ihres Enkels. Die alte Dame kehrte ihrem alten Bekanntenkreis entschieden den Rücken.

Intuition: Eine Verwandte von Instinkt und Inspiration?

„Kopf hätte abgehackt sein können" titelte der Reporter im Lokalteil einer Tageszeitung (EJZ, 31.8. 99). Im Text heißt es dann, ein junger Mann sei mit seinem Cabriolet unterwegs im ländlichen Raum gewesen und ein entgegenkommender Heuwender habe das Dach des Wagens aufgeschlitzt. Der junge Mann habe sich gerade noch rechtzeitig zur Seite beugen können, und nur durch seine blitzschnelle Reaktion sei er der Gefahr einer Enthauptung entgangen. Der Reporter deutet die glückliche Rettung als Werk eines Schutzengels, der wohl auf dem Beifahrersitz gesessen habe. „So etwas geht doch ganz automatisch", meinte ein Leser des kurzen Artikels, „rein instinktiv macht man so etwas!" „Sage ich doch", ergänzte seine Tischnachbarin im örtlichen Eiscafé, „jeder Mensch weicht schließlich intuitiv einer Gefahr aus!"

Wer davon hört, daß jemand eine unausweichliche Gefahr in letzter Minute abwenden und sich selbst damit vor einem tragischen Unfall retten konnte, scheint nach einer einleuchtenden Erklärung suchen zu müssen, um das Unglaubliche einordnen und verarbeiten zu können. Wer in solch einer Situation vom puren Zufall spricht, der für Rettung verantwortlich ist, der sieht sich vermutlich als Teil einer Welt, in der lediglich die Beliebigkeit herrscht, einer Welt, in der nichts einem geheimen göttlichen Plan folgt, hinter dem ein verborgener Sinn liegen könnte. Wer dagegen von Schicksal oder Bestimmung spricht, wenn er sich solch eine Rettung zu erklären versucht, der fühlt sich eingebunden in einen größeren Sinnzusammenhang, bei dem eine göttliche Macht die Fäden zieht, einem verborgenen Plan folgend. Und er fühlt sich diesem Plan ausgeliefert. Ohne daß er Einfluß auf den Verlauf der Dinge nehmen könnte, weiß er nicht, ob es gut oder schlecht für ihn ist, wie es dann letztlich kommt. Wer allerdings von einem Schutzengel spricht, der für die Rettung sorgt, der fühlt sich zwar auch eingebunden in einen großen göttlich Plan, aber er fühlt sich nicht schutzlos ausgeliefert, sondern ist sicher, daß sich für ihn alles zum Guten wenden wird.

Eine ganz andere innere Haltung scheint bei denjenigen vorzuherrschen, die sich auf Ihren Instinkt berufen. Sie fühlen sich offenbar ausgestattet mit einer inneren Instanz, die sie automatisch retten kann, ähnlich wie ein lebenswichtiges Körperorgan, dessen Funktion man zwar nicht willentlich beeinflussen kann, das aber für die Gesundheit und den Lebenserhalt sorgt wie etwa die Bauchspeicheldrüse.

Und diejenigen, die auf ihre Intuition vertrauen, wenn sie sich die Rettung aus höchster Gefahr erklären, die müssen zwangsläufig auch von der Existenz einer inneren Instanz ausgehen, aber sie kommen nicht umhin, einen kleinen Unterschied zum Wirken des Instinkts anzunehmen. Der Instinkt wirkt bloß automatisch, die Intuition dagegen sendet Signale aus, die man wahrnehmen können muß, um auf sie zu hören und entsprechend zu handeln, wenn auch in Bruchteilen von Sekunden.

Instinkt: Der genetische Code

Wer also von Intuition spricht, muß sich auch mit dem Begriff des Instinkts beschäftigen, der gemeinhin allerdings eher im Verhaltenskanon des Tierreiches angesiedelt ist als im Knigge der Zivilisation. Und er muß das Spezifische der Intuition vom Instinkt abgrenzen. Als instinktiv gilt ein Verhalten schließlich ja auch genau dann, wenn es spontan und ohne nachzudenken erfolgt. Insofern gibt es also in der Ausführung der betreffenden Reaktionen keinen sichtbaren Unterschied. Ebenso ist der wache Instinkt und seine daraus folgende schnelle Handlungsfähigkeit eine Notwendigkeit zum Überleben, eben nicht nur in der Wildnis, sondern auch im undurchdringlichen Dschungel der modernen Großstadt. Instinkte beziehen sich auf angeborene Fertigkeiten, die seit Millionen von Jahren genetisch vorprogrammiert sind, also einem starren Schema folgen. Allerdings gründen sich die Überlebenschancen des Menschen von jeher gerade auf seine enormen Anpassungsleistungen, die eben nicht in eine vorgefertigte Schablone einzupassen sind. Daher gilt der Mensch als ein instinktreduziertes Wesen[9]. Im Gegensatz zum Instinkt kann man also die Intuition als eine Begabung bezeichnen, die sich dynamisch weiterentwickelt.

Das Beispiel von der Beinahe-Enthauptung soll an dieser Stelle zweierlei verdeutlichen: Auf den ersten Blick ist zu erkennen, wie allein die Information, daß jemand bei einer harmlosen abendlichen Autofahrt unverschuldet auf eine derart grausige Weise sein Leben hätte verlieren können, bei anderen Menschen eigene Vernichtungsängste auslöst, die für einen Moment lang den geordneten Lauf ihrer alltäglichen Sorgen und Freuden unterbrechen. Jeden anderen könnte schließlich genauso schuldlos ein unerwartetes Unheil treffen, niemand ist davor gefeit, dagegen ist man einfach machtlos. Doch wer sich solcher Ängste ständig bewußt wäre, der könnte vor lauter Vorsichts- und Vermeidungshandlungen gar nicht überleben. Deshalb muß die Todesangst gebannt werden. Und zwar durch eine wirksame Instanz, die Sicherheit und Schutz bieten kann.

Daß der junge Mann nun auf eine so wundersame Weise vor dem tragischen Tod bewahrt wurde, beweist offenkundig die Existenz einer solchen Schutzinstanz, auf die man sich verlassen kann. Und jetzt wird es psychologisch interessant: Es offenbart sich nämlich erst auf den zweiten Blick, daß der jeweilige Erklärungsansatz, der für die Rettung herangezogen wird, offenbar die zentrale Lebenseinstellung unterschiedlicher Persönlichkeiten widerspiegeln kann.

Entlang der bereits angedeuteten Rückschlüsse vom favorisierten Erklärungsmuster auf personale Eigenheiten kann also folgendes zusammenfassend festgehalten werden:

- Wer sich vorwiegend auf das Zufällige beruft, wenn er Glück oder Unglück hat, der fühlt sich ungeschützt und ohne Einfluß auf den Lauf der Dinge der Beliebigkeit allen Geschehens ausgesetzt; er ist damit aber auch der Verantwortung für den Ausgang der Ereignisse enthoben.

● . Wer sich im Falle von Glück oder Unglück auf ein vorbestimmtes Schicksal beruft, muß zwar selbst ebenfalls nicht die Verantwortung für den Lauf der Dinge übernehmen, sieht sich aber eingebunden in einen größeren Plan, für dessen Ablauf immerhin eine höhere Instanz die Verantwortung hat, die seinem eigenen Entscheidungsrahmen übergeordnet ist.

● Wer sich im Glücksfall von einem Schutzengel behütet fühlt, kann ebenfalls die Verantwortung für Wohl oder Wehe außerhalb der eigenen Person ansiedeln, ist allerdings in dieser Obhut geborgen und sicher aufgehoben.

● Auch die Berufung auf das Wirken des Instinkts enthebt denjenigen, der sich mit Glück oder Unglück konfrontiert sieht, der bewußten Verantwortlichkeit für den Ablauf der Ereignisse. Der eigene Spielraum ist schließlich vorprogrammiert, wenn auch nicht durch ein gnädiges oder ungnädiges Schicksal, sondern durch einen artspezifischen genetischen Code.

● Wer auf die eigene Intuition vertraut, wenn es um die Glück oder Unglück bringende Lenkung des Geschehens geht, ist im Kontext dieser Überlegungen allerdings selbst verantwortlich für den Fortgang der Ereignisse, wenn auch der Spielraum in den meisten Fällen nur den Bruchteil von Sekunden umfaßt.

Nur dort, wo man davon ausgeht, daß in einer dramatischen Gefahrensituation der richtigen Reaktion in Sekundenschnelle noch ein minimaler Entscheidungsspielraum voraus geht, kann man von einem Prozeß sprechen, in welchem durchaus noch verschiedene Handlungsalternativen möglich sind, von denen man intuitiv die richtige auswählen kann.

Würde man den Vorgang des Intuitiven in dieser Weise verstehen, so läge dem die Vorstellung eines handlungsfähigen

Individuums zugrunde, das sich seiner Verantwortung für das eigene Wohlergehen in höchstem Maße bewußt wäre und damit der inneren Freiheit ein großes Stück näher als ein instinktgeleitetes Geschöpf.

Inspiration: Der Kuß der Muse

Auch wenn sich durch den Einsatz des bewußten Verstandes die Freiheitsgrade des Individuums immer mehr vergrößern, gibt es dennoch Fälle, in denen jedes Nachdenken die Erkenntnis behindert. Manchmal scheint eine Erleuchtung zum Greifen nah, und doch gestaltet sich das Projekt, mit dem man gerade beschäftigt ist, als undurchsichtig und verworren. Je mehr man grübelt und sich den Kopf zermartert, desto schlechter stellen sich neue Ideen ein, oder man sieht den Wald vor lauter Bäumen nicht. Es fehlen einem zum Beispiel die richtigen Worte, wenn man einem Trauernden mehr als nur ein paar höfliche Beileidsfloskeln sagen möchte, oder man weiß nicht, wie man einem geliebten Menschen eine unangenehme Wahrheit ohne Mißverständnisse vermitteln soll. Und wer an seinem Computer tüftelt, um ein neues Programm auszuprobieren, kennt die gedanklichen Kapriolen und Knoten, die sich mit zunehmender Verbissenheit einstellen.

Manche Einsicht kommt dann erst später wie aus heiterem Himmel daher. Oftmals hat man gerade in dem Moment ein sogenanntes „Aha-Erlebnis", eine Spontanerkenntnis, wenn man sich überhaupt nicht mit dem Objekt seiner Wissensbegierde befaßt. Man geht vielleicht gerade gedankenverloren spazieren, oder man betrachtet entspannt ein paar alte Photos, und plötzlich verknüpfen sich ungezielt die verschiedensten Gedankenelemente miteinander und es entsteht ein neuer Blickwinkel auf einen alten Sachverhalt. Mit einem Mal versteht man schlagartig, wo der Fehler in der letzten Kassenabrechnung lag, worin die Lösung eines Rätsels besteht oder weshalb die albernen Witze bei der Skatrunde am Vorabend so urkomisch waren.

Der Geistesblitz ist wie ein leuchtender Strahl, der alle Sinne erhellt und die Denkfähigkeit schärft. Diese innere Erleuchtung und Hellsichtigkeit steht oft im Zusammenhang mit bahnbrechenden naturwissenschaftlichen Erkenntnissen, wie etwa in dem bekannten Beispiel über den englischen Physiker Isaac Newton, der zentrale Einsichten über das Wesen der Schwerkraft just in dem Moment gewann, als er einen Apfel vom Baum fallen sah.

Die Inspiration hebt sich deutlich vom Instinkt und von der Intuition ab, weil sie nicht an Raum und Zeit gebunden ist, und sie wird oft im Zusammenhang mit der Entstehung künstlerischer Werke genannt. Sie findet ihren Weg durch Assoziationen, die sich über die Empfangskanäle aller Sinne entfalten oder über ungewöhnliche Gedankenverbindungen. Das Wesen der Kreativität steht damit in enger Verbindung. Man sieht die Inspiration gewissermaßen als das Ergebnis einer anregenden Wirkung, die sich durch das Zusammensein mit interessanten Zeitgenossen oder Liebespartnern entfaltet, wie beispielsweise das geniale Zusammenwirken des spanischen Malers Salvatore Dalì und seiner „Muse" Gala.

Auch Musiker, Dichter und Poeten fühlen sich „von der Muse geküßt", wenn ihnen eine begnadete Sequenz gelingt oder ein brillanter Einfall kommt. Beim Vorgang des Inspirativen funkt quasi von außen etwas in die Persönlichkeit hinein, doch anders als bei der Vorstellung eines Schutzengels ist hier nicht eine überirdische Macht im Spiel, sondern ein wertvoller Schatz, der dicht unter der Oberfläche des Bewußtseins schlummert und erweckt wird. Auch hier liegt die Vorstellung eines Individuums zugrunde, das aus sich selbst heraus schöpferisch tätig wird.

Intuition und sozialer Perspektivenwechsel: Emotionale Intelligenz

Ein sehr ausdrucksstarkes Schlagwort hat sich mittlerweile fest im deutschen Sprachraum eingenistet. Seit ein amerikanischer Bestseller mit dem gleichnamigen Titel[10] den internationalen Buchmarkt eroberte, spricht man von „emotionaler Intelligenz", wenn man beschreiben will, daß jemand sich in vielen Situationen des Alltags angemessen verhalten kann. Und seitdem gibt es neben dem seit langem bekannten und beliebten IQ, dem Intelligenzquotienten, der angeblich das logische Denkvermögen eines Menschen treffsicher bestimmen kann, nun auch einen sogenannten EQ, die etwas vage Maßeinheit für die „Emotionale Intelligenz" oder auch für die Beherrschung des „emotionalen Alphabets". Gemeint ist damit die übergeordnete Fähigkeit eines jeden Menschen, neben den üblichen sichtbar, hörbar und geruchsmäßig zu erfassenden Informationen, die andere Menschen von sich geben, auch noch deren subtilere Signale entschlüsseln zu können. Diese Signale umfassen sowohl vage angedeutete Botschaften als auch unausgesprochene. Dazu gehört nicht nur die Ausstrahlung des Gegenübers, es gehören auch die eigenen Gefühle auf einer hoch differenzierten Skala von Wohlbehagen bis Mißempfinden dazu, die in der Gegenwart eines anderen spürbar werden. Jeder kennt vermutlich jenes Empfinden von Unbehagen einerseits oder Entspanntheit auf der anderen Seite, das einen in bestimmten Situationen anfliegt und für das es im Grunde überhaupt keine vernünftigen Anhaltspunkte gibt.

Wer sich im Vollbesitz seiner emotionalen Intelligenz in die Begegnung mit anderen Menschen begibt, kann sowohl deren Befindlichkeit richtig erkennen als auch seine eigenen Regungen dementsprechend einordnen. Das ermöglicht ein engagiertes Handeln im privaten Interesse unter weitestgehender Berücksichtigung der Bedürfnisse des anderen. Bei jeder Zufallsbegegnung werden feinste Hinweise ausgetauscht, die unterhalb der Bewußtseinsschwelle liegen und die dennoch einen hohen Kommunikations- und Erkenntniswert haben. Dieses Einfühlungsvermögen ist die Fähigkeit zum Mitschwingen in eine fremdseelische Welt. Es gewährleistet einen wichtigen Beitrag zur besseren Orientierung in einer komplexen unübersichtlichen Umgebung.

Das Nachvollziehen der Gedankengänge eines anderen fällt manchmal deshalb schwer, weil kaum jemand Botschaften senden kann, die in ihrer Eindeutigkeit absolut klar und widerspruchsfrei sind. Das heißt, die meisten Empfindungen und Gedanken sind von Ambivalenzen begleitet, es gibt äußerst selten nur schwarz oder weiß bzw. ja oder nein. Die Zwischentöne sind oft das Wichtigste, und eine ausgewogene Haltung, die alle wesentlichen Faktoren berücksichtigt, läßt zwangsläufig immer einen gewissen Interpretationsspielraum offen. Auch wenn jemand eindeutige Worte spricht, ist in seiner Mimik oder Gestik oder in seiner Körperhaltung häufig noch eine andere Botschaft zu erkennen. „Ich werde künftig keine Unpünktlichkeit mehr dulden!", sagte der Institutsleiter in einer Konferenz zu den Dozenten, „wer demnächst nicht rechtzeitig zu unserer Besprechung erscheint, bekommt eine Abmahnung!" Dabei lächelte er freundlich wie immer und zwinkert den liebenswerten Chaoten zu. Zwar lautet in diesem Fall die verbale Botschaft (Abmahnung): „Ich werde jetzt hart durchgreifen!", die nonverbale Botschaft (Lächeln, Zwinkern) vermittelt jedoch: „Ich bin ein netter Kerl, zwingt mich bitte nicht, daß ich meine eigene Drohung ernst nehmen muß!" Das ist ein klassisches Beispiel für eine sogenannte doppelte Botschaft: Der Inhalt der einen Aussage wird durch den Gehalt einer anderen Aussage wieder eingeschränkt oder ganz aufgehoben.

Wer also zwischen den Zeilen liest, kann in der lächelnd und mit Augenzwinkern vorgetragenen strengen Ankündigung des Institutsleiters dessen innere Zerrissenheit gespiegelt sehen. Dieser Mann stellt sich als ein Mensch dar, der zwar die Anforderungen an seine berufliche Rolle kennt, indem er die damit verbundene Weisungs- und Kontrollfunktion übernimmt, als Person steht er offensichtlich jedoch nicht voller Überzeugung hinter dieser Rollenanforderung und versucht auf einer anderen Ebene, die Härte seiner Worte abzumildern, wahrscheinlich sogar unbeabsichtigt. Wer im beruflichen Umgang mit ihm seine „Emotionale Intelligenz" walten ließe, würde sich fragen müssen, ob dieser Mann im Ernstfall wirklich einen klaren Standpunkt vertreten, ob er bei einem Krisenfall einem Dozenten Rückendeckung geben und ob man sich wirklich auf seine Zusagen verlassen könnte. Wer derartige Zweifel ernst nimmt, müßte den Institutsleiter also in verschiedenen ähnlichen Situationen beobachten, entweder um die Zweifel zu erhärten oder um sie auszuräumen. Gerade bei Personen, die in einer leitenden Funktion sind, muß die Übereinstimmung, von Absicht, Aussage und Konsequenz gewährleistet sein. Für die Aufarbeitung diesbezüglicher Schwächen ist ein Leiter selbst zuständig, und dafür gibt es spezielle professionelle Angebote, zum Beispiel Supervision oder Coaching.

Um das Gesagte noch weiter zu verdeutlichen, mag ein Beispiel aus der Praxis einer Beraterin dienen, die in Coachingsitzungen Kollegen in Führungspositionen zur Selbstreflexion anleitet und sie durch die eiskalten Gefilde der Einsamkeit in ihrer Leitungsfunktion begleitet. Hierbei soll es um die Erfahrungen einer Kollegin gehen, die gezielt auf der Suche nach einer ungewöhnlichen beruflichen Herausforderung war. Das Beispiel schildert neben den verwirrenden Eindrücken, die die Kollegin im Gespräch mit den Mitgliedern der Einstellungskommission sammelte, auch den Zusammenhang, in dem sie auf das Angebot der Organisation gestoßen war:

Das attraktive Stellenangebot war in keiner überregionalen Zeitung ausgeschrieben worden; die Geschäftsleitung hatte lediglich in einem Rundschreiben an alle Mitarbeiter des bundesweit operierenden Vereines mitgeteilt, daß man für die Leitung des neu geschaffenen Arbeitsbereiches eine Persönlichkeit suche, die neben den üblichen Qualifikationen auch ein großes Maß an Risikobereitschaft und Eigeninitiative und, besonders hervorgehoben, den Mut zu unbequemen Entscheidungen mitbringen müsse. Betriebsinterne Bewerbungen seien erwünscht, aber man fordere die Mitarbeiter ausdrücklich auf, entsprechende Hinweise an betriebsfremde Kollegen aus vergleichbaren Arbeitsfeldern zu streuen, besonders sei dabei natürlich an eine fähige Fachfrau gedacht. Auf diese Weise erfuhr die achtunddreißigjährige Gunda, ausgebildete Biologin und als Quereinsteigerin bislang im Finanzmanagement einer großen Forschungseinrichtung sehr erfolgreich tätig, von dem unüblichen Ausschreibungsprocedere der bekannten Organisation. Gerade das ganze ungewöhnliche Drumherum reizte Gunda dazu, sich zu bewerben, obwohl sie mit ihrem derzeitigen Job ganz zufrieden war, abgesehen von langweiligen Routinearbeiten, die sich in letzter Zeit zu häufen schienen. Es fehlte ihr einfach immer mehr der provokative Kick, der sie bei verzwickten Fragestellungen zu Hochform auflaufen ließ. Doch das Bewerbungsgespräch stellte sogar ihre abenteuerlichsten Mutmaßungen in den Schatten. Das Gremium war mit den sieben entscheidungsbefugten Personen, sechs Männern und einer Frau, eigentlich nicht zu groß, um sich schnell einen Eindruck von deren Vorstellungen über das Kandidatenprofil zu verschaffen. Doch selbst Gunda, die sich sonst nicht so leicht ins Bockshorn jagen ließ, war von der aufgeladenen Stimmung in dem Sitzungsraum zunächst völlig irritiert: „Ich fühlte mich, als würde ich zwischen allen Stühlen sitzen", sagte Gunda später zu ihrer Beraterin, „irgendwie schien jeder etwas anderes zu wollen, ohne sich klar auszudrücken. Die Luft war zum Schneiden dick, ich kriegte selbst kaum Luft, obwohl ich doch gar nichts zu befürchten hatte." Nachdem sie mehrmals tief durchgeatmet hatte und ihr wieder bewußt geworden war, daß sie ja wirklich überhaupt nichts zu verlieren hatte, wenn sie sich falsch verhalten sollte, nahm sie gewissermaßen den Fehdehandschuh auf. Ihr war jedenfalls klar geworden, daß zwischen den anwesenden Personen hinter der angestrengt freundlichen Fassade unterschwellig ein unerbittlicher Machtkampf toben mußte, bei dem offenbar jeder aufs Ganze ging. Es hing ein fundamentaler Widerspruch im Raum, und in der Zusammensetzung der Vorstandsetage schien der Wurm drin zu sein. „Wenn wir den Posten mit einer Frau besetzen würden", sagte der Oberboß gedehnt, „dann müßte natürlich gewährleistet sein, daß die Dame familiär ungebunden ist und auch vorhätte, es zu bleiben!" Er grinste dabei eine Spur zu anzüglich, denn die mindestens ebenso wichtige Vorstandsdame schlug energisch mit der flachen Hand auf den Konferenztisch. „Erst einmal wird hier über Qualifikation verhandelt und sonst gar nichts!" versuchte sie eindeutig klarzustellen. Daraufhin assistierten zwei etwas bläßlichere Herren ihrem Vorredner: „Wir müssen doch darauf hinweisen, daß bei uns die Firma grundsätzlich an erster Stelle steht. Eine Frau mit Familie könnte das doch gar nicht leisten!" Gunda erinnerte sich an ein Stichwort aus der Vorinformation, das sie besonders gereizt hatte, nämlich der geforderte Mut zu unbequemen Entscheidungen. „Ich habe den Eindruck, daß Sie sich noch gar nicht so richtig einig sind über ihre genauen Vorstellungen", sagte sie ruhig und freundlich, „deshalb bin ich etwas verwirrt von ihren Äußerungen. Ich möchte mir gern ein klareres Bild machen können von dem Arbeitsbereich, den Sie ganz neu einrichten wollen." Sie machte eine Pause und sah ihre Gesprächspartner prüfend an, um ihre Reaktionen einschätzen zu können, doch alle hatten jetzt ein undurchsichtiges Pokerface aufgesetzt. „Ich habe in dieser Runde ein äußerst mulmiges Gefühl", sagte Gunda mutig, „vielleicht ändert sich das, wenn Sie mir erst einmal darlegen könnten, wozu ihre Organisation diese neue Stelle überhaupt braucht. Dann können wir gern ganz offen über meine Qualifikationen und über meine Einsatzbereitschaft reden." Als Gunda eine Pause einlegte, schlug ihr die geballte Feinseligkeit der Gruppe in Form demonstrativen Schweigens entgegen. Doch Gunda hatte sich inzwischen ausreichend gewappnet: „Ich entnehme ihrer stummen Reaktion den Hinweis, daß sie wahrscheinlich einen Sündenbock suchen, auf dessen Rücken sie ihre Rivalitätsprobleme austragen können, ohne selbst in die Schlußlinie zu geraten. Dieser Verdacht gefällt mir nicht, und deshalb möchte ich das Gespräch an dieser Stelle beenden."

„Nein!" Die Vorstandsdame schlug wieder mit der flachen Hand auf den polierten Holztisch. „Nein! Bleiben Sie!" herrschte sie Gunda mit einem durchdringenden Blick aus ihren glühenden Augen an. Gunda mußte lachen. „Was erwarten Sie eigentlich von mir?!" fragte sie gelassen. „Bitte!" lenkte die Dame sofort in einem etwas verbindlicherem Ton ein, „bitte, bleiben Sie! Ich meine es wirklich ernst! Hören Sie mir zu, Sie haben den Nagel auf den Kopf getroffen! Es ist genau so, wie Sie es sagen! Sie sind genau die Frau, die uns jetzt vielleicht noch helfen könnte! Hier gönnt keiner dem anderen die Butter auf dem Brot, bildlich gesprochen natürlich", setzte sie trotzig hinzu.

„Gut", sagte Gunda, „wenn Sie es wirklich ernst meinen und Ihre Herren auch, dann brauchen Sie keinen Sündenbock, dann brauchen Sie ein hochkarätiges Coaching, jeder einzeln oder alle zusammen. Doch das wird teuer! Aber dafür brauchen Sie dann auch keinen neuen Arbeitsbereich mehr, und außerdem können Sie das Salär für eine weitere hochdotierte Führungskraft einsparen." An dem Mienenspiel der Herrenriege sah Gunda noch einmal ganz deutlich, daß sie wirklich ins Schwarze getroffen hatte. „Wenn Sie für ihre Probleme ernsthaft fachkundige Hilfe in Anspruch nehmen wollen, dann können Sie sich gern an mich wenden, ich hätte da eine Empfehlung für Sie . . .". Erleichtert und selbstbewußt konnte Gunda den Raum verlassen.

In diesem Beispiel zeigen sich die Eckpfeiler Emotionaler Intelligenz fast in Reinkultur:

- Die Bewerberin kann sich trotz der inneren Anspannung auf ihre eigenen Gefühle konzentrieren und sie ernst nehmen.
- Sie hat ebenfalls die Reaktionen ihrer Gesprächspartner im Blick und kann sie reflektieren.
- Sie spürt das verborgene Interaktionsklima in der Gruppe,
- und sie entdeckt die Widersprüche, die in den mehrdeutigen Botschaften stecken;
- außerdem erkennt sie den fundamentalen inhaltlichen und interaktionalen Widerspruch in der Gruppe, der schon in der Art der Stellenausschreibung zutage getreten war,
- und sie entdeckt treffsicher seine Bedeutung sowie die Funktion, die daraus für die anzutretende Stelle resultiert.
- Die Hauptsache jedoch ist, daß sie ihre eigenen Gefühle und Eindrücke in angemessener Form benennen kann, und daß sie eine klare nachvollziehbare Entscheidung trifft.
- Die Art, wie sie sich in der Situation verhält, zeigt aber auch, daß ihre Selbsteinschätzung richtig war: Sie wäre absolut die geeignete Kandidatin, die mit dieser Vorstandsgruppierung angemessen umgehen könnte; das bringt sie auch dadurch zum Ausdruck, daß sie am Schluß die Definitionsmacht über den weiteren Verlauf in die Hand nimmt und klarstellt, wer hier von wem profitieren könnte.

In der Arbeitswelt werden derartige persönliche Stärken im Interaktionsgeschehen, die hier als „Emotionale Intelligenz" beschrieben werden, auch als sogenannte Schlüsselqualifikationen bezeichnet. Das sind die persönlichen Fähigkeiten im zwischenmenschlichen Bereich, die über die rein beruflichen Fachkompetenzen hinausgehen. Wer über ein besonders anspruchsvolles berufliches Eignungsprofil verfügt, kann sich von anderen Mitbewerbern, die ähnliche gute fachliche Referenzen haben, über das geforderte Fachniveau hinaus eben nur noch durch soziale, emotionale und empathische Kompetenzen abheben.

Und die innere Qualität dieser Fähigkeiten hängt wiederum sehr eng zusammen mit der Intuition. Hier überschneiden sich ihre charakteristischen Merkmale. Emotional intelligentes Verhalten speist sich aus genau derselben Quelle des spontanen Wissens um die richtige Geste und das richtige Wort zur richtigen Zeit wie die Intuition auch. Diese Quelle entspringt nicht nur dem kompakten Erfahrungs- und Wissensschatz einer Person, sie entspringt auch ihrem Überlebenswillen und ist somit bei jedem Menschen abrufbar und ausbaufähig, gleichgültig, wie alt er ist und welche gesellschaftliche Stellung er innehat. Die Gesamtheit der sichtbaren Verhaltensformen findet dann ihren Niederschlag in den Schlüsselqualifikationen. Nicht nur im sozialen Bereich, wo es ganz wesentlich um Fürsorge und Bindungsfähigkeit geht, auch im Management kleiner und großer Unternehmen, wo es zentral um Wettbewerbsfähigkeit und wirtschaftlichen Erfolg geht, wird der „Emotionalen Intelligenz" inzwischen ein hoher Stellenwert beigemessen.

Für einige Autoren der Literatur über Management- und Führungskräftetrainings gilt die Intuition denn auch als eine der tragenden Säulen für die „Emotionale Intelligenz".

Intuition und gesellschaftliche Rollenerwartungen: Soziale Kompetenz

Ein anderes Phänomen, das im Zusammenhang mit gelungenen zwischenmenschlichen Begegnungen offenbar wird, heißt „soziale Kompetenz". Im wesentlichen ist hier zwar das gleiche gemeint wie bei der Emotionalen Intelligenz auch, nämlich das Vermögen, sich situationsangemessen verhalten zu können, doch der Ausdruck umfaßt zusätzlich die Fähigkeit, den Erwartungen, die von anderen Menschen ausgehen, in angemessener Weise entsprechen zu können. Hierbei geht es zunächst einmal allerdings weniger um das spontane Verhalten, sondern vielmehr darum, die kulturell vorgegebenen Rollen in der Familie, im Beruf, in der Gesellschaft und in der Öffentlichkeit gebührend auszufüllen. Das setzt nicht nur die Kenntnis spezieller Normen, Regeln und Umgangsformen voraus, die in einem bestimmten Bezugsrahmen als verbindlich und schicklich gelten, das setzt auch ein Fingerspitzengefühl dafür voraus, genau zu wissen oder zu erspüren, wann und wie es angebracht ist, gewisse Regeln zu brechen.

Für dieses Gespür zur Regelverletzung kann es jedoch zugleich keine verbindlichen Regeln mehr geben, und so ist man beim Erwerb und bei der Entfaltung der sozialen Kompetenz auf seine Intuition angewiesen, beziehungsweise auf seine Emotionale Intelligenz.

Gerade dieses geistreiche Fingerspitzengefühl, auch Takt oder Diplomatie genannt, macht den Charme eines Menschen aus. Wer geschickt das Situationsmanagment übernehmen kann, wenn in einer verzwickten Konstellation der Ereignisse die Kontrolle zu entgleiten droht, kann für die Beteiligten nicht nur Peinlichkeit und Scham vermindern, sondern auch entscheidend dazu beitragen, daß aus einem befürchteten Desaster letztlich ein Erfolg wird.

Gute Gastgeber kalkulieren zwar erwartbare Mißgeschicke oft in ihre Festplanung gleich mit ein und versuchen, sich innerlich dagegen zu wappnen, indem sie sich schon vorher prophylaktisch eine geeignete Krisenintervention zurechtlegen. Aber dennoch kann sich niemand wirklich für alle Eventualitäten vorsorglich rüsten. Deshalb ist in jedem Fall das Vertrauen auf die Intuition für das richtige Wort und die richtige Geste zur richtigen Zeit der beste Schutz gegen Blamagen und Kommunikationsunfälle, und es ist damit die beste Entkrampfung für gelungene Begegnungen. Ein Zuviel an starrer Planung und genormter Reaktion im Krisenfall wirkt meistens selbst eher peinlich als weltgewandt, getreu der bekannten Redensart: „Man merkt die Absicht und ist verstimmt." Das folgende Beispiel mag dies verdeutlichen:

Um die besondere Feinfühligkeit und die menschliche Größe einer Frau von Welt zu demonstrieren, wird immer wieder gern in Artikeln von Frauenzeitschriften ein ganz spezielles Szenario entworfen. Darin ist von einer feinen Tischgesellschaft die Rede. Die Hauptrollen spielen ein besonders prächtiges Tischtuch von zunächst noch unschuldigem Weiß, ein besonders wichtiger Gast mit zunächst noch kaschierter Ungeschicklichkeit und eine besonders vollendete Gastgeberin mit zunächst noch unentfalteter Herzensgüte. Auf der Bühne des bedeutungsvollen Gastmahls sind alle Requisiten in bester Anordnung bereitgestellt, es fehlt in der gediegenen Dekoration weder an traditionsreichem Porzellan noch an edlem Kristall, goldenen und floralen Kostbarkeiten sowie an Auserlesenem aus Küche, Keller und Konversation. Man erwartet Hochkarätiges sowohl diskret plaziert an den Körpern der Damen als auch pointiert ausgeschwitzt aus den Denkerstirnen der Herren, zweckdienlich für Gesellschaftliches und Geschäftliches. Der Erfolg der Aufführung erscheint nach menschlichem Ermessen vorprogammiert, vorhersehbar und garantiert, solange niemand aus der Rolle fällt. Doch kaum daß man beginnt, sich gegenseitig mit launigen Trinksprüchen zu unterhalten, greift aus heiterem Himmel ein gänzlich unwillkommener Regisseur ein und stellt das ganze schöne Drehbuch auf den Kopf, indem er schnell noch einen weiteren Akt mit drei zusätzlichen Handlungselementen inszeniert: Markanter Auftritt der Ungeschicklichkeit, der Peinlichkeit und der Herzensgüte. Leider ist es der besonders wichtige Gast, dem der Regisseur Zufall den Part der Ungeschicklichkeit zuspielt: Mit großer Geste erhebt sich jener von seinem Stuhl, um seiner Ergriffenheit ob der ihm zugeprosteten Dankeswortes geistreich Ausdruck zu verleihen – doch just in diesem Moment passiert das Unglaubliche. Der gewichtige Gast verheddert sich im Saum des Tischtuches und fällt vornüber auf die Tischplatte und mit ihm sein gefülltes Rotweinglas. Dieses ergießt sein glutrotes Bukett in einem munter sprudelndem Bächlein recht undekorativ über das unschuldige Weiß des Damastes. Ungewohnt spontan und ungewohnt solidarisch

teilen sich die anderen Gäste die Attitüde peinlichen Berührt-
seins. Einige Damen stoßen schrille Schreie des Entsetzens
aus, einige Herren räuspern sich betreten. Nicht so die Dame
des Hauses! Sie entfaltet getreu der Regie-Vorgabe des schick-
salhaften Zufalls ihre Herzensgüte zu voller Blüte. Wie selbstverständlich ergreift sie ihrerseits das vor ihr stehende Glas
mit der rubinroten Flüssigkeit und tut es dem unglückseligen
Gast gleich. Fröhlich vereinen sich zwei sprudelnde rote Rinn-
sale auf reinweißem Untergrund. So soll es sein! Man erhebe
das peinliche Mißgeschick eines geschätzten Gastes zu einer
Art selbstverständlicher Geste des allgemeinen Tischrituals,
damit sich zur Peinlichkeit die Verblüffung geselle und nun
ungehindert in dankbar anerkennende Blicke hinüber zur
Hausfrau fließen möge.

Soweit, so gut, und so steht es schwarz auf weiß oder zwischen den Zeilen in vielen Ratgebern der Gastlichkeit oder es
wird von Mund zu Mund von Generation zu Generation weitergegeben. Doch was passiert, wenn an dieser Stelle die Intuition versagt? Wenn der Gast sich nicht entlastet fühlt und
wenn die anderen Gäste für das mutige Situationsmanagement nicht dankbar Anerkennung zollen? Wenn auch nur ein
Mitglied der Tischgesellschaft sich veralbert fühlt? Der Grat
zwischen Erfolg und Desaster ist schmal, und einen Knigge für
die Intuition gibt es leider nicht.

Was es jedoch gibt, das ist die Möglichkeit, gelungene Beispiele für emotional intelligentes, sozial kompetentes oder intuitiv gestaltetes Handeln im Gedächtnis zu speichern. Dann
kann man sich bei passender Gelegenheit die Erfahrungen
noch einmal in aller Ruhe durch den Kopf gehen lassen. Dabei
wird einem vielleicht klar, wieso man selber oder jemand anderes, den man beobachtet hat, damals ohne großartig zu überlegen tatsächlich genau das Richtige tun konnte.

Intuitives Handeln wird immer dann wirksam, wenn es gelingt, in einer unübersichtlichen Situation blitzschnell bestimmte Elemente aus dem Gesamtkontext heraus zu filtern,

die dem Ganzen eine vorteilhafte Kontur geben. Dann erst ist es möglich, treffsicher einzugreifen und der Angelegenheit eine positive Wendung zu geben, wie in dem Beispiel die Peinlichkeit oder Scham zu minimieren oder auch die Entschärfung eines Konfliktes zu erreichen.

Irgendwann entdeckt man vielleicht sogar gewisse Spielregeln, wie Intuition funktionieren kann. Sie begrenzt sich nämlich nicht nur auf Ausnahmesituationen oder auf bedeutsame Ereignisse, sie hat überall ihren Platz, und sie wird uns auch überall vorgeführt. Sobald man genauer hinhört oder hinschaut, entdeckt man sogar in modernen Werbespots vielerlei Anspielungen auf die Möglichkeiten intuitiven Lebens, ganz zu schweigen von der Berichterstattung über prominente Persönlichkeiten und über ungewöhnliche Vorfälle. Auch altbekannte Märchen enthalten offenkundige Hinweise auf die Wirksamkeit des intuitiven Vorgehens. Die Inhalte sind zwar sehr unterschiedlich und auch die Zusammenhänge, in denen die Auswirkungen der Intuition eine Rolle spielen, aber jedes Mal wird dabei ein Wunschdenken angerührt, das tief in unserem Inneren schlummert, nämlich die Sehnsucht danach, im Leben das Richtige zu tun und die Energie nicht sinnlos zu vergeuden, sondern für die eigenen Interessen und zum Nutzen für andere einzusetzen.

Intuition: Die heikle Nähe zu Vorahnungen, Zuschreibungen und Scheinkorrelationen

Wenn in Zeitungen und Illustrierten von der Macht der Intuition die Rede ist, sind es meistens Geschichten, die aus der schillernden Welt der Prominenten von mehr oder weniger ausgefallenen Begebenheiten erzählen.

So wird auch immer wieder Neues über die Schauspielerin Shirley McLaine berichtet, die schon seit jeher ihren Vorahnungen ein ganz besonderes Gewicht beimißt und auf ihre „innere Stimme" hört. Einen unschlagbaren Beweis, daß es richtig war, dieser Instanz zu vertrauen, gibt es natürlich dann, wenn darauf ein spektakuläres Ereignis folgt. Bei Shirley McLaine traf das ungute Gefühl, das sie damals an einem Januarabend spontan zum Verlassen einer Party in Los Angeles veranlaßte, zeitlich genau mit dem dortigen schlimmen Erdbeben zusammen. Sie hatte sich seinerzeit unverzüglich nach New York begeben und erlebte somit die Naturkatastrophe in sicherer Distanz.

Angesichts solch eindrucksvoller Berichte über die Abwendung einer schlimmen persönlichen Katastrophe ist jedoch immer auch Vorsicht geboten. Natürlich ist es nicht von der Hand zu weisen, daß in diesem speziellen Fall die unguten Gefühle sozusagen ein gutes Werk getan haben. Hätte die – einschlägig bekannte – Schauspielerin ihre mulmigen Gefühle damals nicht zum Anlaß genommen, die erdbebengefährdete Region sofort zu verlassen, wäre sie vermutlich zu Schaden gekommen. Doch ohne den medienwirksamen Zufall des zeitlichen Zusammentreffens von Gefühl und Naturkatastrophe und ohne den hohen Bekanntheitsgrad dieses Menschen bliebe die private Befindlichkeit einer Durchschnittsfrau unerwähnt und wäre keinem Journalisten der Welt auch nur eine einzige Zeile wert gewesen.

Die unheilvolle Wucht der Naturgewalten ist auch in unserer modernen Zeit noch immer unkalkulierbar, und zum großen Teil ist auch ihre Zerstörungskraft nicht auszuschalten. Dadurch können bei jedem Menschen all jene Urängste wieder aufleben, die normalerweise fast überall auf der Erde durch die Institutionen der Zivilisation und der damit einhergehenden Kontrolle weitgehend gebändigt werden. Man liest Berichte über Vorahnungen von Katastrophen und den dadurch bedingten glücklichen Ausgang des Schicksals deshalb so gern, weil man selbst von einem ähnlichen Unglück verschont geblieben ist und weil man sich nun im sicheren Wohnzimmer hinter der Zeitung oder vor dem Fernsehgerät an der eigenen körperlichen und materiellen Unversehrtheit in besonderem Maße erfreuen kann. Doch nicht nur deshalb beruhigt und erleichtert die Kunde von einem Menschen, der für sich persönlich ein drohendes Unheil abwenden konnte, weil er auf eine innere Stimme hörte, die ihn davor warnte. Mit so einem Menschen kann man sich sehr gut identifizieren, denn wenn jemand uns vormacht, daß sich das Schicksal allein durch die Kraft des Gefühls gnädig beeinflussen läßt und daß man den Naturgewalten nicht notwendigerweise schutzlos ausgeliefert sein muß, dann sind auch tiefliegende Ängste vor Vernichtung und Tod für einen kurzen Moment ausgeschaltet, so daß das normale Leben weitergehen kann. Durch weitere Katastrophenmeldungen allerdings sind sie sofort wieder entflammbar. Und deshalb hört man auch immer gern den Menschen zu, die von ähnlichen Erlebnissen berichten, auch wenn man eigentlich ganz genau weiß, daß es schließlich für jeden leicht ist, hinterher zu behaupten, daß er es schon vorher gewußt hätte.

Man sieht dabei auch gern über offenkundige sogenannte Scheinkorrelationen hinweg. So wird das zeitliche Zusammentreffen von Geschehnissen genannt, die in der Realität überhaupt nichts miteinander zu tun haben. Es ist eine Binsenweisheit, daß hübschen und freundlichen Menschen im allgemeinen mehr Herzensgüte und damit auch mehr Erfolg bei ihren Mitmenschen nachgesagt wird als unansehnlichen Zeitgenossen, die zu allem Übel auch noch griesgrämig dreinschauen. Auch einige wissenschaftliche Untersuchungen kommen zu dem Schluß, daß Gutaussehende in der Beurteilung ihrer Charakterzüge sehr viel besser abschneiden als äußerlich weniger Begünstigte. Den schöneren Menschen wird interessanterweise insgesamt und auf allen Ebenen des Handelns und Verhandelns mehr zugetraut als den anderen. Bei der Begegnung mit einer schönen Frau oder mit einem gutaussehenden Mann kann man also „intuitiv" zu der durch nichts begründeten Einschätzung kommen, einen guten Menschen vor sich zu haben. Man unterstellt ihrem oder seinem Verhalten oftmals automatisch reine und edle Motive, während man bei den anderen häufig ganz unbedacht davon ausgeht, daß sie es „nötig" hätten Gutes zu tun, etwa um ihr Selbstwertgefühl aufzupolieren oder um ein schlechtes Gewissen zu beruhigen oder vielleicht sogar, um eine Untat wiedergutzumachen.

Gefährlich wird der Umkehrschluß, und auch dafür gibt es neben den alltäglichen Erfahrungen etliche wissenschaftliche Untersuchungsergebnisse. Häßlichen, armen oder verwahrlost aussehenden Menschen trauen viele Mitbürger sehr viel schneller ein Verbrechen zu als den Schönen und Reichen. Der Erfolg von Halsabschneidern und Betrügern gründet immer wieder auf dieser eklatanten Fehleinschätzung. Intuitiv meinen die Opfer zu erfassen, daß ein gutaussehender Mensch auch ein gutes Herz habe, und sie meinen genau zu wissen, daß sie einen schlechten Menschen vor sich haben, wenn jemand ihnen nur einen finsteren Blick zuwirft oder wenn er einfach nur fremdartig aussieht. Dieses Phänomen macht sich nicht nur die Werbung im positiven Sinne zunutze, dieser Zuordnungsmechanismus liegt auch der Wirksamkeit mancher polizeilichen Fahndungsphotos zugrunde. „Schau dir bloß mal diese Verbrechervisage an!" heißt es dann nicht nur am Stammtisch. Oder andersherum wird oft gesagt: „Komisch, so etwas traut man dem eigentlich gar nicht zu, so nett wie der aussieht!" Die Lebenserfahrung allerdings zeigt, daß es keinen geburtsbedingten oder ursächlichen Zusammenhang gibt zwischen dem guten oder schlechten Aussehen einerseits und einem guten oder schlechten Charakter andererseits – das ist wirklich nur eine Scheinkorrelation und hat mit dem intuitiven Wissen über die wahren Motive einer anderen Person überhaupt nichts zu tun. Auch die Wirksamkeit der Intuition gründet sich nicht nur auf die Erkenntnisse, die auf den ersten Blick zu erfassen sind, sie gründet sich auch wesentlich auf den Blick hinter die Fassade.

Intuition und Herzensbildung:
Die schöne Prinzessin und die häßlichen Medien

Von Lady Diana, der Prinzessin von Wales, genannt die „Königin der Herzen", wurde immer wieder berichtet, daß sie offenbar besonders gut mit Kindern umgehen konnte, daß sie deren Herzen im Sturm eroberte, und zwar mit einer scheinbar einfachen Geste. Sie beugte sich – intuitiv – zu ihnen hinunter, wenn sie mit ihnen sprechen wollte. So begab sie sich mit den Kleinen auf die gleiche Augenhöhe. Damit signalisierte sie ohne große Worte, daß sie sich auf der gleichen Ebene mit ihnen treffen wollte, daß sie die Kinder ernst nahm und nicht von oben herab als Respektsperson auftrat. Die Kinder empfingen anscheinend das ehrlich gemeinte Signal: Ihr seid mir wichtig, ich lasse mich jetzt und für diesen Moment ganz und gar auf euch ein.

Auf diese Art stellte sie für einen kleinen Augenblick offenbar einen direkten menschlichen Kontakt her, der wohl auch für sie selbst wichtig war. Ebenso intuitiv wußte sie sich allerdings mit genau dieser Haltung in der Öffentlichkeit in Szene zu setzen, um bewußt oder unbewußt den Medien das anrührende Bild von einem menschlichen Wesen aus den distanzierten Kreisen der Königsfamilie zu zeigen. Auf diese Weise konnte sie der Welt und wohl auch gleichzeitig sich selbst beweisen, daß sie eine Frau aus Fleisch und Blut war, die sich ebenso sehr nach der Wärme und Zuneigung sehnte, die sie so demonstrativ anderen Bedürftigen zuteil werden lassen konnte. Prinzessin Diana sicherte sich damit ihrerseits möglicherweise ihr eigenes seelisches Überleben in der Einsamkeit ihrer Palastwohnung.

Das Beispiel zeigt, wie sehr das Verhalten der Prinzessin von sehr einfachen intuitiven Elementen durchdrungen ist, die aber dennoch der Komplexität des Lebens eher gerecht werden als einseitig auf Einsicht und Verstand zielende Operationen. Intuitives Handeln zeigt sich oft tatsächlich in den ganz harmlosen Gesten wie beim Hinunterbeugen zu jemand Kleinerem oder in direktem Blickkontakt. Es spricht dadurch vielen anderen Menschen, die dieses beobachten, aus der Seele und rührt sie geradezu in ihrem tiefsten Inneren an. Offenkundig wird hier ein allgemeiner Mangelzustand an Würdigung und Respekt auf unspektakuläre Weise ausgeglichen.

Und was hat es nun bei dieser modernen Märchenprinzessin mit dem „intuitiven" Wissen um das richtige Wort und die richtige Geste zur richtigen Zeit auf sich? War es nur ihr weibliches Einfühlungsvermögen, wenn sie in ihrer Stellung für einen kurzen Moment in Kontakt mit einfachen Bürgern trat oder wenn sie sich um die Ärmsten der Armen kümmerte? War es strategisches Kalkül, um den gestelzten Verhaltensnormen des streng protokollorientierten Königshauses ein lebendiges menschliches Antlitz gegenüberzustellen, um in der Öffentlichkeit Unterstützung zu finden? Oder war es ein geschicktes Spiel der Medien, die ein sehnsüchtiges und effekthungriges Publikum mit Bildern voller Menschlichkeit und Nächstenliebe bedienten, um ihren Profit zu steigern? Oder ist es etwa tatsächlich schlicht und einfach nur ein Abbild der echten Wahrheit gewesen, das Bildnis einer gefühlvollen Frau, die einfach der Stimme ihres Herzens folgte?

Intuitives Verhalten hat im wesentlichen damit zu tun, daß man einen Sinn dafür hat, was andere Menschen ausstrahlen, was sie erwarten und was sie sich wünschen, und daß man ebenso gut weiß, was man selbst braucht und was man verwirklichen möchte. Hinzu kommen muß allerdings auch die Fähigkeit, diese Handlungsimpulse spontan in die Tat umzusetzen. Und genau für diese Spontaneität ist die Haltung der Prinzessin Diana ein gutes Beispiel, besonders auch deshalb, weil diese Herzensbildung, die sich in der Hinwendung zu Hilfsbedürftigen ausdrückt, zu einer Art Markenzeichen für sie geworden ist.

Für den Normalbürger dagegen ist es oft schwer, einen ungewöhnlichen Handlungsimpuls in die Tat umzusetzen, besonders dann, wenn ihm oder ihr kein plausibles Erklärungsmuster zur Verfügung steht und wenn durch ein auffälliges Verhalten Hohn und Spott droht. Manchmal allerdings wird der innere Druck zur Handlung derartig stark, daß man durchaus eine mögliche Blamage riskiert, weil die Angst vor dem Gesichtsverlust doch nicht so stark ist wie der mögliche persönliche Vorteil, der daraus entstehen könnte.

Intuitionen sind nicht an bestimmte Inhalte oder Tageszeiten oder an bestimmte innere und äußere Umstände gebunden. Sie können immer auftreten, besonders wenn die Vielfalt der Sinneseindrücke und die Gedankenfülle nicht blockiert sind, entweder durch die Bearbeitung einer fesselnden Aufgabe oder durch eine innere Zensur, die Wahrnehmungsverbote auferlegt. Auch die diffuse innere Beschäftigung mit sogenannten Tagesresten, das sind unvollständig oder unerledigt gebliebene Aufgaben und Interaktionssequenzen, setzen manchmal das intuitive Potenzial frei. Der Rat, bei einer schwierigen Angelegenheit „erst einmal eine Nacht darüber zu schlafen", zielt auf die Entfaltung neuer Konfigurationen ab, wenn der wache Verstand ruht. Das Gespür für das Richtige allein reicht allerdings nicht aus, um die Intuition wirken zu lassen, wichtig ist vor jedem Schritt der Umsetzung in die entsprechende Handlung das Ernstnehmen der aufkommenden Impulse.

Die Wirksamkeit von Intuitionen ist allerdings nur in den konkreten Situationen sichtbar, in denen durch das spontane Handeln auch ein bestimmter positiver Effekt erzielt wird. Aufsehenerregend sind in diesem Zusammenhang die Schilderungen einer Frauenzeitschrift über die lebensrettende Wirkung unguter Gefühle. Hier wird von Frauen berichtet, deren entschiedenes Ernstnehmen der Signale aus ihrem Inneren sie und ihre Familie letztlich vor einem schrecklichen Unheil bewahrte.

Intuition als Retterin in der Not: Spontane Flucht

Von einer Urlauberin aus Berlin wird erzählt, daß sie es bei dem Ferienaufenthalt mit ihrer Familie plötzlich auf dem Campingplatz in Spanien nicht mehr aushielt. Sie drängte verzweifelt zum sofortigen Aufbruch. Einen vernünftigen Grund konnte sie damals nicht dafür angeben. Trotz eines heftigen Streites mit ihrem Ehemann setzte sie dennoch die vorzeitige Abreise durch. Wenig später wurde der Platz unter einer Schlammlawine begraben, und viele hilflose Menschen starben bei dem Unglück. Die Frau saß mit ihrem Mann und ihrem Sohn derweil sicher im Auto. „Es war plötzlich, als würde mich der Platz krank machen. Ich konnte meinem Mann meine Bedenken nicht logisch erklären. Deshalb kam es zum Streit", erzählt sie später der Presse und fügt hinzu: „Mein Mann hat inzwischen mächtigen Respekt vor mir."

Hier zeigt sich wieder im nachhinein, daß es absolut richtig war, das ungute Gefühl ernst zu nehmen und dem spontanen Impuls zu folgen, das Gelände sofort zu verlassen. Und wieder scheint der Fortgang der Ereignisse bei diesem Beispiel einen unschlagbaren Beweis für die Existenz und für die Wirksamkeit der Vorahnung zu liefern, die hier mit der Intuition gleichgesetzt wird.

Ähnlich ist es bei einem anderen Fall. Dabei steht ebenfalls die Geschichte einer Frau im Mittelpunkt, die ihre unguten Gefühle ernst genommen hatte. Sie stornierte ohne ersichtlichen Grund kurz vor Abflug den längst gebuchten Platz in einem Flugzeug, das sie und ihre Tochter von der Dominikanischen Republik nach Deutschland bringen sollte. Es handelte sich um die Unglückmaschine der Birgenair, die mit fast zweihundert Passagieren an Bord ins Meer stürzte. Diese Frau wird zwar in dem, was sie den Reportern berichtet, sehr viel deutlicher und konkreter als andere Menschen, bleibt bei ihrer Schilderung der Vorahnung jedoch letztlich auch eher im Vagen: „Ich habe die Katastrophe die ganze Zeit vorher gespürt.

Es gab unzählige Anzeichen, die ich deutlich spürte. Vor allem aber war meine Tochter die ganze Nacht vorher so unruhig." Der unschlagbare Beweis für das Funktionieren dessen, was sie Intuition nennt, wird ebenfalls wieder durch den Fortgang der realen Ereignisse geliefert. Und welche zuverlässige Schlußfolgerung ergibt sich nun aus den genannten Beispielen? Doch wohl am ehesten diejenige, daß es in jedem Fall absolut richtig war, dem Impuls, der zunächst logisch nicht begründbar war, entschieden und energisch zu folgen! Nicht weniger und nicht mehr, gibt es doch tagtäglich und tausendfach genügend Beispiele, in denen die spontane Reaktion auf ein ungutes Gefühl keinerlei dramatische Konsequenzen hat und kaum des Wiedererzählens wert ist.

Diese Beispiele zeigen deutlich, daß eine gehörige Portion Selbstvertrauen und Mut nötig ist, damit man sich über innere Blockaden und äußere Hürden hinweg setzen kann. Vielleicht ist auch eine große Portion Angst mit im Spiel, und sei sie noch so diffus und schlecht erklärbar. Jedenfalls ist es für viele Menschen ungeheuer schwer, der eigenen Wahrnehmung wirklich zu vertrauen und gemäß ihrer Interpretation der Situation angemessen zu handeln. Sie fürchten sich oft insgeheim davor, daß sie mit dieser Wahrnehmung ganz allein dastehen würden und daß niemand sie mehr ernst nehmen könnte, wenn sie darüber sprechen oder wenn sie sogar danach handeln würden.

Das bekannte Märchen, das von „des Kaisers neuen Kleidern" berichtet, verweist darauf, daß dieses Phänomen offenbar schon eine lange Tradition hat. Nur wer die gesellschaftliche Blamage nicht fürchten muß wie in dieser Geschichte, der kann es sich leisten, gegebenenfalls dumm dazustehen.

Intuition als Korrektiv der Wahrnehmung:
Widersprüchliche Informationen
und Deutungsangebote

Doch nicht nur Feigheit oder mangelnde Zivilcourage hindert einzelne Menschen oder ein ganzes Volk daran, der eigenen Wahrnehmung der Wirklichkeit zu trauen. Gerade diejenigen, die ihre Zweifel an der Wahrhaftigkeit eines Bildes ernst nehmen, spüren intuitiv, daß sie in die Gefahr geraten, sich vom Mainstream zu isolieren, wenn sie ihre eigene Meinung laut äußern würden. Sie wollen sich nicht der Gefahr aussetzen, den Schutz zu verlieren, den die große Masse bietet. Doch nicht nur die existenzielle Angst vor einer Gefahr ist der Motor dafür, an einem schönen Bild festzuhalten, das man sich einmal gemacht hat. Der dringende Wunsch, die äußere Harmonie sowie den inneren Einklang mit dem eigenen Selbstbild aufrecht zu erhalten, führt zu solchen Wahrnehmungsverzerrungen. Diese innere Zwangslage läßt sich für viele Menschen am ehesten dadurch auflösen, daß die Wahrnehmung der störenden Elemente in dem schönen Bild unterdrückt wird.

Doch auch die Überflutung mit einer unglaublichen Vielzahl an widersprüchlichen Informationen und gesellschaftlich angebotenen Deutungsmustern führt dazu, daß man einige Sinneseindrücke einfach ausblendet oder nicht zur Kenntnis nimmt. Nur so scheint man sich in einer unübersichtlichen Welt überhaupt noch zurechtzufinden. Um in dieser hoch komplizierten Vielschichtigkeit einigermaßen unbeschadet überleben zu können, blendet man daher am ehesten diejenigen Eindrücke aus, die für einen selbst unangenehme Konsequenzen nach sich ziehen könnten. Dieser innere Prozeß folgt nicht der Logik des Verstandes, sondern der Logik der Psyche, und daher liegt er intuitiven Vorgängen näher als rationalen.

Möglicherweise würde man dann plötzlich für etwas Verantwortung übernehmen müssen oder stünde hilflos vor einer ungewohnten Entscheidung. Aber noch schlimmer wäre es wohl, wenn man auf einmal feststellen würde, daß man sich jahrelang etwas vorgemacht hat, daß man den falschen Vorstellungen hinterhergelaufen ist. Lieber verschließt man also oftmals Augen und Ohren, als daß man sein bewährtes Weltbild in Frage stellt oder gar sein Leben verändert.

Außerdem ist es eine zivilisatorische und kulturell bedeutsame Errungenschaft, daß man seine Impulse kontrollieren kann und daß man nicht jede Idee sofort in eine Handlung umsetzt. Deshalb braucht man ja auch einen inneren Filter, eine verinnerlichte Instanz sozusagen, die es einem ermöglicht, alle Vor- und Nachteile gewissenhaft abzuwägen, bevor man etwas Bestimmtes tut. Diese Instanz muß allerdings auch „wissen", wann das Abwägen schädlich ist und wo die Intuition ihren Platz hat oder besser gesagt, wann eine spontane Reaktion erfolgen darf und muß. Nicht zuletzt liefern die vielschichtigen Normen und Werte, die den Moralkodex einer Gesellschaft bilden, ihrerseits eine Vielzahl widersprüchlicher Deutungsangebote für die Einschätzung der Wirklichkeit, so daß man sich nicht unreflektiert an ihnen orientieren kann.

Intuition oder der Sechste Sinn:
Der kleine Unterschied

Im Zusammenhang mit dem Thema der Intuition muß auch der Begriff des Sechsten Sinns erörtert werden. Der Begriff wird oftmals gleichbedeutend mit dem Schutzengel und dem Instinkt verwendet.

Der sechste Sinn wird im allgemeinen als eine geglückte Kombination der Eindrücke aus den übrigen fünf Sinnen verstanden, wobei es dabei nicht um deren schlichte Summierung geht, sondern um die Fähigkeit einer Verknüpfung, die ohne Zutun der Ratio neue Einsichten schaffen kann. Wenn aber nun neben die naturwissenschaftlich nachweisbaren fünf Sinne, nämlich sehen, hören, riechen, schmecken und tasten, begrifflich ein sechster Sinn gestellt wird, dann hat man es gewissermaßen mit einem Ausdruck zu tun, der einem psycho-physiologischen Denkansatz entspringt. Diese Denkfigur bedient sich der Vorstellung eines physiologischen Apparates, der mechanisch funktioniert, weil eine genetische Programmierung vorliegt. Im Lichte dieser Überlegungen gibt es begrifflich die größten Überschneidungen zum Ausdruck des Instinktes. Demgegenüber entstammt die Annahme vom Wirken eines Schutzengels der Vorstellung einer mystischen Weltsicht, und die Annahme von der Existenz der Intuition geht einher mit der Vorstellung von einem sich seiner selbst bewußten Individuum.

An der Universität Bern gibt es das Forschungsprojekt „Grundlagen intuitiver Urteile und Entscheide", und dort wird ein begrifflicher Übergang von rationalem und intuitivem Vorgehen geschaffen.

Man hat hier in verschiedenen kognitionspsychologischen Experimenten herausgefunden, daß sehr viele Menschen in der Lage sind, bei schwierigen Schätz- und Wahrnehmungsaufgaben zutreffende Antworten zu geben, obwohl sie die Problemlage rational nicht erfaßt haben. Daraus schlußfolgert man, daß offenbar schon Bruchstücke des Erkennens genügen, um die richtige Lösung unbewußt zu erahnen. Der Leiter des Projektes vertritt allerdings die Auffassung, daß das intuitive Urteilen auch seine Tücken habe, es sei anfällig für Manipulation, das hätten auch die Experimente gezeigt. Dennoch halten sich seiner Meinung nach die Vor- und die Nachteile die Waage beim rational-analytischen Verarbeitungsstil sowie beim intuitiv-ganzheitlichen Stil. Auf der rational-analytischen Ebene hat man den Vorteil, daß man ein Ergebnis genau begründen kann, weil man mit der Logik des Verstandes eine saubere Abwägung aller verfügbaren Fakten vornehmen konnte. Dies jedoch dauert meistens ziemlich lange, und in diesem Zeitfaktor liegt denn auch der Nachteil. Demgegenüber ist man auf der intuitiv-ganzheitlichen Ebene des Erkennens wesentlich schneller, auch weil man recht viele Informationselemente auf einmal verarbeiten kann, die auf sehr unterschiedlichen Ebenen liegen und nicht nach den Kriterien der Verstandeslogik geordnet werden müssen. Das ist natürlich ein großer Vorteil, wenn die Schnelligkeit der Reaktion gefordert ist. Der Nachteil liegt häufig darin, daß ein auf dieser Grundlage entstandenes Urteil rationalen Argumenten eben gerade nicht standhalten kann. Um die Vorteile beider Erkenntniszugänge und Urteilsbildungsprozesse voll auszuschöpfen, bietet es sich an, jeweils der Situation angepaßt vorzugehen: Immer dann, wenn es zügig und gezielt vorangehen soll, wähle man den intuitiven Weg, zum Beispiel bei Kaufentscheidungen im Supermarkt oder beim Überholvorgang im Straßenverkehr. Wenn es um weitreichendere Entscheidungen geht, bei denen viel auf dem Spiel steht, wähle man die Kombinationsmethode: erst einmal rational alle Umstände prüfen und dann intuitiv die subtilen Merkmale der Gesamtheit der Informationen erfassen. Das ist bei großen Entscheidungen, zum Beispiel einer Firmenfusion, ganz besonders zentral.

Interessanterweise haben wir es hier offenbar im Kern der Begriffsbestimmung mit einer hauptsächlich vernunftsorientierten Variante der Intuition zu tun, denn letztlich ist es in diesem Konzept der Verstand, die rationale Analyse, die zur ausschlaggebenden Ordnungsinstanz erhoben wird, die darüber entscheidet, welcher Erkenntnismodus für welchen Fall zuständig ist. Und damit ginge der Intuition genau jene Unmittelbarkeit und Spontaneität verloren, die gerade ihr eigentliches Wesen ausmacht.

Intuition: Die warnende innere Stimme

Nun gibt es allerdings auch zahlreiche Veröffentlichungen, die sich darum bemühen, die Wirksamkeit intuitiver Kräfte für den Alltag nachvollziehbar darzustellen. So wird in einem Artikel in der Fachzeitschrift „Psychologie heute" dafür plädiert, nicht nur auf Warnsignale, die von einem Fremden ausgehen, zu achten, sondern auch die eigenen Körpersignale für ein diffuses Gefahrenpotenzial ernst zu nehmen. Wenn also zum Beispiel bei einer Fahrt im Aufzug plötzlich das Herz vor Furcht zu pochen beginnt, sei es, weil ein Mitfahrer sehr merkwürdig zu einem herüberschaut, sei es, weil ein bestimmter Geruch in einem Verwirrung auslöst, dann sollte man solche Empfindungen als innere Alarmsignale verstehen und auch den Fluchtimpuls ernstnehmen. Fatal kann es nämlich durchaus einmal werden, wenn man sich mit verharmlosenden Selbstgesprächen beruhigt, getreu dem Leitspruch „Stell' dich nicht so an". Das Motto des Autors lautet denn auch „Erspüre die Gefahr!" und es soll vor allem vor Verbrechen schützen oder einen möglichen Angriff erfolgreich abwenden. Wie problematisch, ja geradezu lebensgefährlich es werden kann, das zu verleugnen, was man sieht, hört und empfindet, belegt ein eindrucksvolles Beispiel, das die Erlebnisse eines Vergewaltigungsopfers schildert:

Eine junge Frau kommt nach Hause, beladen mit schweren Einkaufstüten. Auf dem Weg in die vierte Etage hinauf zu ihrer Wohnung reißt eine der Tüten auf, und eine Dose rollt die Stufen hinunter. Ein unbekannter Mann, der vorher nicht zu sehen war, hebt sie auf und bietet seine Hilfe beim weiteren Hinauftragen an. Die junge Frau fühlt sich äußerst unbehaglich und lehnt dankend ab. Er läßt sich jedoch nicht beirren und ergreift mit Bestimmtheit eine der Plastiktaschen. Er verwickelt sie in ein vertrauliches Gespräch und überhört ihre Einwände. Dann folgt er ihr trotz ihres, wenn auch zögerlichen, Protestes in ihre Wohnung und verspricht beschwichtigend, gleich wieder zu verschwinden. Natürlich verschwindet er nicht, sondern bedroht sie und zwingt sie mehrfach zum Geschlechtsverkehr. Als er dann auf einmal hektisch ein bis dahin unbemerkt offenstehendes Fenster abriegelt, begreift sie endlich, daß sie in Lebensgefahr schwebt und flieht mit letzter Kraft in das Treppenhaus.

An diesem Beispiel läßt sich recht deutlich ablesen, an welchen Schnittpunkten der Interaktion die junge Frau ihre eigenen Empfindungen offenbar nicht ernst genommen hat und daher auch nicht entschieden genug reagieren konnte. So ist sie gleich am Anfang der Begegnung über ihr Unbehagen hinweggegangen, und sie hat sich weder gegen das Ergreifen ihrer Einkaufstasche richtig gewehrt noch hat sie es als Zeichen unmißverständlicher Respektlosigkeit, sozusagen als eine interaktive Vergewaltigung, deuten können, daß er ihre Einwände gegen das unangemessen vertrauliche Gespräch schlichtweg überhörte. Als er schließlich gegen ihren Willen die Wohnung betritt, ist sie ihm ausgeliefert, bis die Todesangst angesichts des geschlossenen Fenster ihr endlich den richtigen, lebensrettenden Fluchtimpuls eingibt. Intuitiv hatte sie anscheinend durchaus das Befremdliche und Respektlose im Verhalten des Unbekannten gespürt, sie hatte es aber für sich nicht richtig übersetzen können, und so blockierte sie sich selbst.

Daraus folgt auch, daß es in kritischen Situationen durchaus sinnvoll ist, die allgemein üblichen Höflichkeitsformen über Bord zu werfen und lieber ein Hilfsangebot entschieden abzulehnen, als sich in die Gewalt eines anderen Menschen zu begeben.

V. Intuition: Erscheinungsformen und psychische Funktionen

Synchronizität: Der termingerechte Zufall

Manchmal scheint es einen direkten Zusammenhang zwischen verschiedenen Geschehnissen zu geben, die auf den ersten Blick gar nichts miteinander zu tun haben. Dann ist man konfrontiert mit einem mehr oder weniger zufälligen zeitlichen Zusammentreffen von Ereignissen. Die Zufälligkeit des Zusammentreffens ist sofort für jeden sichtbar und nachvollziehbar, wenn es sich um so einfache Erlebnisse handelt, wie wenn man zum Beispiel aus dem Auto steigt, die Tür hinter sich zuschlägt und genau im selben Moment die Kirchturmglocke zu läuten beginnt. Niemand wird auf die Idee kommen, einen ursächlichen Zusammenhang zwischen dem Zuschlagen der Autotür und dem Beginn des Kirchengeläutes herzustellen. Es ist offensichtlich, daß dieses sekundengenaue Zusammentreffen der beiden Vorkommnisse ein reiner Zufall ist, eine Synchronizität der Ereignisse ohne tiefere Bedeutung und ohne irgendwelche Konsequenzen.

Ganz anders sähe dasselbe Beispiel aus, wenn es sich in diesem Fall um ein gestohlenes Fahrzeug handeln würde, und wenn der Dieb die Autotür hinter sich zuschlüge. Sollte dann im selben Moment die Kirchenglocke ihr lautes Geläut ertönen lassen, könnte sich der mögliche Dieb in flagranti ertappt fühlen und sehr wohl einen ursächlichen Zusammenhang für sich und seine Tat vermuten nach dem Motto: „Der liebe Gott sieht alles!" Die tiefere Bedeutung des Glockenläutens zu diesem speziellen Zeitpunkt würde sich also zunächst lediglich im Inneren dieses bestimmten Menschen herstellen. Sollte er jedoch auch noch ein schlechtes Gewissen haben und befürchten, daß ihn jemand beobachten könnte, dann sind sogar weitreichendere Konsequenzen denkbar. Man kann sich vorstellen, daß jemand, der das Glockenläuten auf sich selbst bezieht, sich daraufhin irgendwie auffällig verhält. Möglicherweise schaut er sich mehrfach mißtrauisch um und macht damit andere Passanten besonders auf sich aufmerksam. Die Geschichte ließe sich jetzt noch weiter ausspinnen, und am Ende könnte der Dieb mehr oder weniger zufällig bei einer Fahrzeugkontrolle durch die Polizei gefaßt werden. Und hinterher könnte er behaupten, „intuitiv" habe er spätestens seit dem Glockenläuten gewußt, daß „das Ding schiefgehen" würde.

Ein anderes Alltagsbeispiel ist fast schon ein Klassiker unter den Beweisen für die Existenz und die Wirksamkeit der Intuition: Man stelle sich vor, zu Hause klingelt das Telefon. Spontan denkt man an eine ganz bestimmte Person, die einen vermutlich jetzt gerade anrufen wird – nennen wir sie beispielsweise Eva. Und tatsächlich: Es ist Eva! Man hat wochenlang nicht an Eva gedacht, und plötzlich ruft sie an, aus heiterem Himmel, und Sekunden vorher hat man es „intuitiv" gewußt! Gedankenübertragung, treffsichere Vorhersage des Zukünftigen oder ein schlagender Beweis dafür, daß man im Kontakt mit der Allmacht des Universums steht?

Dieses beliebte Beispiel des plötzlichen Telefonanrufs, bei dem man „intuitiv" schon Sekunden vorher weiß, wer gleich am anderen Ende der Leitung spricht, wird oft und gern verwendet, um die Wirksamkeit der Intuition im Alltag zu belegen. Gerade weil dieses Telefonbeispiel sehr vielen Menschen aus eigener Erfahrung vertraut ist, lohnt es, sich die möglichen Umstände eines solchen Telefonates unter dem Aspekt psychologischer Erkenntnisse genauer zu vergegenwärtigen.

Wer freilich zur Mystifizierung solcher Ereignisse neigt, um ein Gegengewicht zum ansonsten durchbürokratisierten Alltag zu schaffen, kann – und sollte! – es dabei belassen. Andere, die zwar fasziniert von dem Phänomen dieses Zutreffens der spontanen Vorhersage sind, aber dennoch der Sache auf den Grund gehen wollen, forschen vielleicht mit detektivischer Neugier nach: „Warum hat Eva eigentlich gerade jetzt angerufen? Womit hat sie sich wohl zum Zeitpunkt des Anrufes sonst noch beschäftigt?" Vielleicht bitten sie Eva, die Umstände zu beschreiben, die sie zur Wahl unserer Telefonnummer bewogen haben. Oder sie fragen nach deren Assoziationen zu dem Zusammenhang, in dem das Telefongespräch stand. Auf jeden Fall sollten sie sich selbst befragen: „Wieso kam mir eigentlich ausgerechnet Eva in den Sinn? Womit war ich denn in dem Moment sonst noch beschäftigt?" Und siehe da, das besagte Telefon klingelte vielleicht gerade in dem Augenblick, als man – zufälligerweise? – ein beliebtes Musikstück im Radio hörte, welches man früher oft und gern mit Eva zusammen gehört hatte. Und Eva hatte zur selben Zeit den selben Sender eingeschaltet . . .

Nun ist man um eine Erkenntnis reicher und um eine Illusion ärmer. Schade – oder? Ja und nein zugleich. Auf die Illusion, daß man vielleicht doch mit übersinnlichen Fähigkeiten ausgestattet sei, kann man als gleichermaßen logisch denkender *und* emotional reagierender Mensch getrost verzichten. Aber die Erkenntnis, daß es sich lohnt, den komplexen, vielschichtigen Abläufen des eigenen innerseelischen Geschehens nachzuspüren, bereichert das Leben sehr.

Das intuitive Potenzial gehört vermutlich zur Grundausstattung jeder menschlichen Wahrnehmung. Seine Entfaltung allerdings bedarf eines intensiven Trainings für diejenigen, die sich nicht trauen, ihre spontanen Handlungsimpulse in die Tat umzusetzen. Schließlich gibt es selbst in unserem zivilisatorisch gut gesicherten Alltagsleben der westlichen Industrieländer immer noch eine Menge unübersichtliche Situationen, in denen nur blitzschnelles Handeln das Überleben sichern kann. Manchmal reicht im Dschungel der großen und kleinen Städte die Zeit einfach nicht aus, um langwierige Überlegungen anzustellen, bevor man reagiert. Wollte man da erst einmal sorgsam abwägen, was im einzelnen ein sachgemäßes Situationsmanagement sei, wäre meistens schon alles zu spät: Längst wäre der Zug abgefahren, das Baby vom Wickeltisch gefallen oder die Tür vor der Nase zugeschlagen, hätte man nicht geistesgegenwärtig und gerade noch rechtzeitig gehandelt. In vielen Zusammenhängen des modernen Lebens ist man darauf angewiesen, daß man schon bei der allerersten Wahrnehmung, die man von einem Menschen oder von der Atmosphäre einer Begegnung hat, richtig reagiert. Deshalb müssen bei fast jedem Zusammentreffen mit Unbekannten die Antennen für alle Sinneswahrnehmungen hochsensibel eingestellt sein und paßgenau funktionieren.

Der erste Eindruck, den wir von jemandem haben, ist deshalb meistens so treffsicher und bleibt in der Regel deswegen unauslöschlich in unserem Gedächtnis verhaftet, weil hier alle unsere Sinne gleichermaßen auf Empfang programmiert sind. Dabei wird ein Wahrnehmungsmechanismus wirksam, der sich entscheidend abhebt von der Leistung des Verstandes, der viel zeitaufwendiger arbeiten muß, weil er die Informationen erst einmal analysiert und dann zwar strategisch sinnvoll in eine Handlung übersetzt, sich aber zuweilen durch ein Zuviel an kalkulierendem Abwägen bremsen läßt.

Hinweise auf die Wirksamkeit intuitiver Potenziale begegnen uns überall im Alltag, und das nicht nur da, wo Menschen miteinander umgehen, sondern auch überall dort, wo jemand sich mit einer bestimmten Aufgabe beschäftigt oder einer bestimmten Tätigkeit nachgeht, die sein Geschick oder seinen Intellekt fordert. Und dann kommt es darauf an, welche inneren Ressourcen mobilisiert werden können. Dabei ist man dann letztlich ganz mit sich selbst beschäftigt, mit der eigenen Sicht der Welt, mit der Vorstellung von der eigenen Position anderen Menschen gegenüber und mit der eigenen Perspektive auf komplizierte Sachverhalte. Man ist dabei auch immer mit dem eigenen inneren Bild von sich selbst konfrontiert, und das heißt, man beschäftigt sich letztlich mit der Selbstwahrnehmung. Und genau an diesem „inneren Ort" haben dann auch die Intuitionen ihren Platz.

Routinierte Alltagsbewältigung: Der erste Eindruck und die Bedeutung der Intuition

Intuitionen sind nicht nur den ganz exklusiven Lebenssituationen vorbehalten, ihre Wirksamkeit steht vor allem im Dienste der normalen Alltagsbewältigung. Man kann bei jedem Umgang mit anderen Menschen letztlich von einer Kommunikation mit nahezu allen Sinnen sprechen, wobei die Kommunikationstheorie davon ausgeht, daß man circa zehntausend Sinneseindrücke in jeder Sekunde aus seinem inneren und äußeren Milieu erhält[11]. Menschen registrieren sehr viel mehr, als nur das gesprochene Wort oder die sichtbaren äußeren Merkmale wie die Kleidung und die Körperhaltung beispielsweise. Der Geruch im Raum spielt eine Rolle, oft wird die Beschaffenheit der Sitzmöbel, ihr Komfort und ihre Oberfläche, wahrgenommen und beeinflussen die Stimmung, die ja auch entscheidend an der Beurteilung einer Gesamtsituation beteiligt ist. Hinzu kommt vielleicht noch die Eigenart der Atemluft, die entweder würzig, trocken oder staubig „schmecken" kann. Auch sie hat Einfluß darauf, wie das Urteil über die Begegnung ausfällt. Doch zentral sind die vielen Ungereimtheiten, die ein Urteil vervollständigen, wie beispielsweise der Zustand der Kleidung des anderen oder seine Ausdrucksweise, sein sprachlicher Dialekt und seine körperliche Verfassung. Zusätzlich wird das Urteil von Empfindungen mitgeprägt, die von Eindrücken herrühren, die mit den aktuell aufgenommenen Sinneseindrücken überhaupt nichts zu tun haben müssen. Das sind Erinnerungen an frühere Erfahrungen, die durch Assoziationen wiederbelebt werden. Latente Vorurteile können plötzlich an die Oberfläche des Bewußtseins kommen, oder man hat ein sogenanntes Dejàvue-Erlebnis und fühlt sich an einem fremden Ort oder mit einer fremden Person erstaunlich vertraut. In einem intuitiven Schnellverfahren wird dann abgecheckt: Ist mein Gesamteindruck stimmig oder brüchig? Soll ich flüchten oder standhalten? Das ist besonders dann der Fall, wenn die allererste Begegnung stattfindet und sich der erste Eindruck vermittelt. Nehmen wir an, ein Mensch fühlt sich allein, vielleicht sogar einsam. ER oder SIE möchte viele nette Leute kennenlernen, um vielleicht angenehme Freizeitaktivitäten mit ihnen zu gestalten oder etwa um ein größeres Arbeitsprojekt gemeinsam zu verwirklichen, wobei spätere Liebesbeziehungen nicht ausgeschlossen werden. Wie wird ER oder SIE es anstellen, auch wirklich die richtigen netten Leute kennenzulernen? Wie wird ER oder SIE es vermeiden können, in schlechte Gesellschaft zu geraten, ausgenutzt oder enttäuscht und gekränkt zu werden? Macht man sich in einem solchen Fall eine detaillierte innere Check-Liste mit den entsprechenden Eigenschaften? Läßt man es auf schlechte Erfahrungen ankommen, geht man bewußt ein Risiko ein nach der bewährten Methode „Versuch und Irrtum"? Oder geht man „intuitiv" vor, horcht man in sich hinein, läßt man sich von „Instinkten" leiten? Was ist das sicherste Vorgehen?

Vermutlich ist man gut beraten, wenn man sich alle möglichen Elemente seines eigenen inneren Suchrasters für die Beurteilung anderer Menschen vergegenwärtigt – um im entscheidenden Moment, im Ernstfall sozusagen, bei der ersten Begegnung alles wieder zu vergessen, weil man ungewollt in einem atemberaubenden Tempo sämtliche logischen Argumente außer acht läßt und der Macht des ersten Eindrucks erliegt. Der prägt in den meisten Fällen die Wirkung von Anziehung oder Ablehnung so nachhaltig, daß in Sekundenschnelle über Freundschaft bis hin zur Liebe oder über Feindschaft bis zum Haß entschieden wird. Denn es findet offenbar schon beim allerersten Augenschein bei einer Begegnung mit Fremden eine Kommunikation mit allen Sinnen und auf allen

Ebenen statt, damit blitzschnell Klarheit herrscht über die zentralen Fragen: Freund oder Feind? Kampf oder Flucht? Anbändeln oder Rückzug, Liebe oder Haß?

Der erste Eindruck, den wir von einem Menschen haben, entscheidet in der Regel in Bruchteilen von Sekunden über länger dauernde Zu- oder Abneigung. Mit traumwandlerischer Sicherheit werden bei nahezu jeder noch so zufälligen Begegnung unter Fremden spontane Sinneseindrücke mit schlummernden Erinnerungen und Sehnsüchten verknüpft und rufen Sympathie oder Befremden hervor. Eine Vielzahl rätselhafter Informationen überschwemmt uns und bestimmt mit, wen wir „nett" oder „unerträglich" finden.

Meistens kann man den ersten Eindruck im nachhinein mit überzeugenden Argumenten leicht begründen, doch manchmal ist man durch eine Reihe von guten oder schlechten Erfahrungen, je nach dem, geradezu gezwungen, die erste Euphorie oder die erste Skepsis zu revidieren.

Wenn wir unsere Gedanken und unsere Gefühle im Einklang erleben, sind wir oft von der unerschütterlichen Gewißheit erfüllt, das richtige Urteil gefällt zu haben. Um so schlimmer kann die Erfahrung sein, wenn man das Unbehagen, das durch das Auftauchen einer fremden Person entstanden ist, nicht ernst genommen hat, wenn man aufkeimende Zweifel beiseite geschoben hat, um nicht unhöflich zu sein oder weil man seine eigene Angst nicht wahrhaben wollte. Vielleicht weil man meinte, in jeder Situation Stärke zeigen zu müssen. Damit blockiert man sich selbst und verhindert es zum Beispiel, einem rettenden Fluchtimpuls intuitiv zu folgen.

Doch auch in jeder Situation des Alltags kann es wichtig werden, kleinste Signale des Unbehagens und der Verwirrung zu beachten. Hierzu gehört es, mit offenen Sinnen in eine Situation hineinzugehen und sich dabei keine innere Zensur zu verordnen, sondern alle Wahrnehmungen möglichst ungefiltert an sich herankommen zu lassen. Auch scheinbar Nebensächliches hat dann eine Bedeutung, ein bestimmter Geruch zum Beispiel oder die Geräuschkulisse oder einfach ein gewisses Erspüren atmosphärischer Schwingungen. Sobald man sich die innere Freiheit gestattet, der eigenen Wahrnehmung zu trauen, auch wenn sie gänzlich neue Eindrücke vermittelt, entstehen plötzlich auch neue Handlungsimpulse. Dann reagiert man vielleicht spontan ganz anders, als man es sich vorgenommen hatte. Möglicherweise ist man sogar völlig verblüfft über sich selbst. Häufig stellt sich überdies eine nie gekannte Zufriedenheit über die eigene Handlungsweise ein. Und das ist immer dann der Fall, wenn man eine Übereinstimmung erlebt zwischen den Gefühlen, den Gedanken und der spontanen Reaktion.

Ein kurzes Alltagsbeispiel soll das verdeutlichen: Hubert H., ein nicht mehr ganz junger Mann, hatte sich nach reiflicher Überlegung dazu entschlossen, sich endlich einen Neuwagen zu leisten, zum ersten Mal in seinem Leben. Obwohl er sich vorher alles genau überlegt hatte, war er sehr aufgeregt, als der Chefverkäufer des größten Autohauses vor Ort am Telefon persönlich ein Kundengespräch mit ihm vereinbarte. Hubert H. war ein leidenschaftlicher Autofahrer, er hatte an seinen verschiedenen Gebrauchtwagen bislang fast alle Reparaturen selbst durchgeführt und kannte sich bestens aus mit den technischen Details und den Fahreigenschaften des Modells, das er nun kaufen wollte. Als er trotz aller seiner Fachkenntnisse etwas verunsichert das Autohaus betrat, wurde er an der Annahmestelle sehr freundlich von einer jungen Frau begrüßt und in das Büro des Verkäufers geführt. Der saß hinter einem eindrucksvollen Schreibtisch mit Computer und zwei Telefonen darauf und erhob sich kurz. Dann verwickelte er seinen neuen Kunden sehr bald geschickt in ein intensives Fachgespräch. Hubert H. fühlte sich nicht nur mit seinem Kaufanliegen ernst genommen, er fühlte sich auch als Fachmann anerkannt. Sobald jedoch die Finanzierungsfragen besprochen wurden, geriet Hubert H. ins Schwitzen. Er war verwirrt von den Angaben über Grundpreis und Endpreis, ganz zu schweigen von dem Unterschied bezüglich Brutto- und Nettosumme. Dennoch lächelte er sein Gegenüber weiterhin höflich an, auch als dieser bei jeder neuen Nachfrage zunehmend ungeduldiger reagierte. Hubert H. wäre am liebsten wortlos aufgestanden und einfach aus dem Laden gegangen. Aber er traute sich nicht. Er dachte, daß er sich besser hätte informieren müssen. So stand er jetzt ganz schön dumm da. Er hatte sich völlig falsche Vorstellungen darüber gemacht, wieviel sein Traumwagen am Ende wirklich kosten würde. Stumm und in sich zusammengesunken saß er nun dem Verkäufer gegenüber, scheinbar ohne jeden Widerspruchsgeist. Plötzlich lag ein Vertragsformular auf dem Tisch. „Sie müssen hier unterschreiben", sagte der Mann vom Autohaus und schob seinen Zeigefinger auf eine leere Stelle in der Mitte des Blattes, „das ist nur das Bestellformular, eigentlich noch völlig unverbindlich für Sie!" Hubert H. sah sich erschrocken um, damit hatte er nicht gerechnet. Der andere Mann war inzwischen aufgestanden und um den Tisch herum gegangen. Er schob seinen Finger nervös auf dem Formular hin und her. „Hier!" sagte er immer wieder. Hubert H. betrachtete den Finger genauer. Er sah, daß der Nagel abgebissen und daß die Haut darum herum gelblich braun verfärbt war, offenbar vom Rauchen. Dann schaute er sich den Mann zum ersten Mal von oben bis unten an, und was er nun feststellte, gefiel ihm gar nicht. Der teure Maßanzug war an den Ärmeln schon etwas abgewetzt, und die Schuhe paßten überhaupt nicht dazu. Der Mann beugte sich jetzt über ihn. „Und? Was ist nun mit der Unterschrift?" Wie in Trance schob Hubert H. das Formular beiseite und hörte sich plötzlich laut sagen: „Ich möchte erst noch einmal woanders Vergleichsangebote einholen!" Dann stand er auf und ging mit schnellem Schritt auf den Ausgang zu. Ohne zu zögern nickte er im Vorbeigehen noch der jungen Frau zu, die ihn begrüßt hatte. Draußen vor der Tür sog er die frische Luft ein und fühlte sich wie neugeboren. Wenig später kaufte er einen Jahreswagen zu sehr günstigen Bedingungen. Und einige Wochen danach las er im Lokalteil der

Tageszeitung, daß der Autohändler sein Geschäft hatte schließen müssen, und zwar wegen des Verdachts auf Veruntreuung von Kundengeldern. Seitdem schwört Hubert H. auf spontane Reaktionen und ist stolz auf seine Intuition.

Vermutlich hat jeder schon einmal eine ähnliche Situation erlebt: Hubert H. läßt sich zunächst noch ganz bereitwillig darauf ein, daß der Verkäufer ihn, taktisch sehr geschickt, in ein fachliches Gespräch verwickelt. Er fühlt sich als Kenner der Materie ernst genommen, und damit ist vorübergehend jeder kritische Impuls ausgeschaltet. Durch die freudige Einstimmung auf das Traumauto, das schon lange die Vorstellung beherrscht, sind zusätzlich in dieser Situation kurzfristig viele Wahrnehmungskanäle blockiert. Unbehagliche Empfindungen und mißtrauische Gedanken sind überlagert davon, daß das lang ersehnte Ziel zum Greifen nah ist. Hubert H. wacht erst dann schlagartig aus seinem Traum auf, als sich die einzelnen Sinneswahrnehmungen zu einem unangenehmen Gesamtbild verdichten. Erst die in einen erlebbaren Zusammenhang gebrachten Eindrücke, wie die sichtbaren Mängel in der Kleidung und die ungepflegten Hände, die akustischen Irritationen wie der barsche Ton oder das Überschreiten einer unsichtbaren Distanzgrenze, lassen bei Hubert H. eine Art intuitiver Diagnose entstehen. Nun erst kann ihm diese Kombination aus ästhetischen, moralischen und sozialen Kriterien die Absurdität des Verkaufsgesprächs zeigen. Er erkennt gerade noch rechtzeitig, wie stark der Wunsch nach dem Traumauto kurzfristig seine Wahrnehmung eindimensional bestimmte.

Doppelbödigkeit und Ambivalenz: Rückzug ohne Gesichtsverlust

Man kann nicht *nicht* kommunizieren, so lautet ein bekannter Grundsatz der Kommunikationspsychologie, weil nämlich jedwedes Verhalten eines Lebewesens einen kommunikativen

Gehalt hat[12]. Dem liegt zugrunde, daß man sich gleichermaßen nicht *nicht* verhalten kann. Jede Regung enthält eine oder mehrere Botschaften über den Betreffenden, der sie von sich gibt. Und da sich diese Aussagen eben nicht nur durch das gesprochene Wort übermitteln, enthalten sie eine Vielzahl von inhaltlichen Facetten, die sich vom Empfänger spontan nicht immer eindeutig und nicht immer richtig entschlüsseln lassen. Erschwerend kommt hinzu, daß die Botschaften auch nicht immer ganz eindeutig sind. Jeder Mensch weiß von sich selbst, daß die eigenen Gefühle und Gedanken selten eine ganz klare und übersichtliche Einheit darstellen. Häufig haben all die Dinge des Lebens, mit denen man sich beschäftigt, mindestens zwei Seiten, wenn nicht noch mehr. Leider, oder auch zum Glück, fehlt die Zeit, alle verschiedenen Aspekte und Gefühle in Ruhe zu berücksichtigen, weil die Fülle der Anforderungen einfach zu groß ist. Übrig bleibt ein mehr oder weniger vorläufig geordneter innerer Rest, aus dem bei Bedarf die entsprechenden Inhalte abgerufen werden können. Das führt dazu, daß Widersprüche nicht aufgelöst werden. Und dann nistet sich in den Gefühlen und Gedanken Zwiespältigkeit ein.

„Wasch mich, aber mach mich nicht naß!" sagt der Volksmund, wenn jemand sich dringend eine Veränderung seiner Lebensumstände wünscht, aber gleichzeitig eben diese Veränderung verhindert, weil sie ihm entweder zuviel Angst einjagt oder weil sie ihn zwingen würde, andere liebgewordene Eigenheiten konsequent aufzugeben.

Wie kann man also eine eindeutige Botschaft aussenden, wenn man selbst voller Ambivalenzen steckt? Und wie schwer ist es erst, eindeutig zu sein, wenn es zum täglichen Leben dazu gehört, mit Doppelbödigkeiten umzugehen. Es kommt also darauf an, mit welcher momentanen inneren Haltung man die verschiedenen Teilaspekte des Wahrgenommenen jeweils bewertet, das heißt, was man im Augenblick für das höher zu bewertende Gut hält.

So kann es geschehen, daß man nicht weiß, ob man lachen oder weinen soll, wenn beispielsweise die Nachricht über einen kleinen Lottogewinn zur gleichen Zeit ins Haus flattert wie der Bescheid vom Finanzamt über eine Lohnsteuernachzahlung und wenn sich dadurch der Kontostand sofort wieder bei Plus-minus-null einpegelt oder wenn dadurch noch nicht einmal die Schulden gedeckt werden. Doch auch ohne Lottoglück und Steuerpech fällt es einem oft genug schwer, die Gleichzeitigkeit von Freude und Streß auszuhalten. Üblicherweise freut man sich über eine Einladung zum Essen, die man von guten Freunden bekommt. „Wollt ihr nicht auch irgendwann einmal wieder bei uns vorbeikommen? Ich könnte vielleicht etwas Leckeres zum Essen machen", fragt möglicherweise die Freundin eines Abends bei einem Telefongespräch. Doch manchmal erscheint sogar solch eine Verabredung wie ein lästiger Zusatztermin im ohnehin hektischen Alltag. Man überlegt vielleicht sogar, ob die einladenden Freunde sich nur zu einer fälligen Gegeneinladung verpflichtet fühlen. Das hängt auch davon ab, in welcher Form die Anfrage formuliert wurde. So erwidert man gegebenenfalls zähneknirschend: „Danke! Das ist wirklich eine gute Idee!" und überlegt sich gleichzeitig schon eine glaubwürdige Ausrede, mit der man dann später entspannt zu Hause bleiben kann, ohne die Freunde zu kränken. Mit Sicherheit hört auch die Einladende nicht nur das Dankeschön, sondern auch das Zähneknirschen in der Antwort gleich mit. Jetzt ist sie vermutlich in einem ähnlichen Dilemma wie die „Zähneknirscherin", weil beide eine sogenannte doppelte Botschaft von sich gegeben haben. Keine von beiden kann genau wissen, welcher Teil dessen, was sie gehört haben, der „wahre" Gehalt der Aussage ist. Wenn es nämlich so ist, daß es sich sogar bei jeder von den beiden Freundinnen um eine echte Ambivalenz handelt, dann haben alle Facetten der vielschichtigen Kommentare ihre Berechtigung und einen ernstzunehmenden Wahrheitsgehalt. Die Einladung ihrerseits könnte schon doppelbödig sein und sowohl die Lust auf ein Wiedersehen mit den Freunden beinhalten als auch den uneingestandenen Druck, einer lästigen Verpflichtung Folge leisten zu müssen. Das Dankeschön seinerseits dürfte gleichfalls doppelbödig sein und auch sowohl die Lust auf ein Wiedersehen mit den Freunden enthalten als ebenso den mehr oder weniger uneingestandenen Druck, einer lästigen Verpflichtung Folge leisten zu müssen. Obwohl beide Kommunikationspartnerinnen sich gefühlsmäßig damit eigentlich auf demselben Niveau befinden, sind sie dennoch nicht „quitt" miteinander. Nicht nur, weil der jeweilige Schwerpunkt und das Ausmaß der Gefühlsintensität eines der gegensätzlichen Pole, Freude oder Streß, bei beiden sehr unterschiedlich ausgeprägt sein können, sondern auch weil die jeweilige Empfängerin, bedingt durch persönliche Prägung, besonders hellhörig für eine bestimmte Seite der doppelten Botschaft ist. Obwohl wir es hier mit einem recht einfachen Kommunikationsgeschehen zu tun haben, wird es dennoch schon reichlich kompliziert, die wesentlichen Aspekte zu analysieren und aufzuklären.

Ist man aktuell in solch ein Gespräch verstrickt, ist man kaum in der Lage, die Komplexität der Gefühle in den wenigen kurzen Worten zu entdecken, geschweige denn, sie zu entschlüsseln. Vieles läuft dabei über Kreuz, und es gehört ein hoch sensibles Fingerspitzengefühl dazu, um sich offen und ehrlich zu verständigen. Interessanterweise neigt man dazu, sich plötzlich entschieden auf jene Seite eines ambivalenten Gefühls zu begeben, die von dem anderen Gesprächspartner gerade vernachlässigt wird. Sagt also die Freundin beispielsweise: „Ich habe den Eindruck, daß dir die Einladung im Moment ziemlich ungelegen kommt", spürt die andere vermutlich ihren Wunsch, die Freundin wiederzusehen, besonders stark, ein Wunsch, der die ganze Zeit wahrscheinlich durchaus latent vorhanden war. Sie besteht nun deshalb sehr nachdrücklich darauf, die Einladung anzunehmen. Vielleicht wird der Wiedersehenswunsch auch gerade deshalb noch mehr verstärkt, weil die Freundin so einfühlsam die andere Seite der Ambivalenz benennen konnte. Man kann nur hoffen, daß eine von beiden entweder „intuitiv" richtig reagiert oder wenigstens bei sich selbst deutlicher spüren kann, welcher der Impulse stärker ist: der des Wiedersehenwollens oder der des entspannt Zuhausebleibenwollens.

Um es hier noch einmal aufzugreifen: Bei dem Beispiel des Neuwageninteressenten Hubert H. ist ja auch eine deutliche Ambivalenz aufgezeigt, nämlich das Hin- und Hergerissensein zwischen dringender Wunscherfüllung und wachsender Skepsis gegenüber dem Verlauf des Verkaufsgesprächs. Je nachdrücklicher auf der einen Seite der Verkäufer die Dringlichkeit betont, den Kauf zum Abschluß zu bringen, desto zögerlicher und skeptischer wird auf der anderen Seite der Kunde und kann schließlich seine Aufmerksamkeit vom Objekt seiner Begierde abziehen und sie auf den Gesamtkontext richten. Danach kann er die offenbar schon längst „intuitiv" erfaßte Widersprüchlichkeit im Verhalten und in der Erscheinung des Verkäufers bewußt wahrnehmen und konsequent von seinem Kaufwunsch zurücktreten.

Zum Verständnis ist es notwendig, auch die Hintergründe zu entschlüsseln, die das spezifische Verhalten des Verkäufers hervorrufen. Auch er kann seinerseits von unaufgelösten Ambivalenzen durchdrungen sein, die sich auf sein Verkaufsgebaren auswirken: Es ist denkbar, daß die Verhinderung des Autokaufs unbewußt von ihm selbst mit bedingt ist, vielleicht weil er entweder seinem Job als Verkäufer innerlich kritisch gegenüber steht und viel lieber eine ganz andere Position innehaben würde oder weil er unbewußt eine Boykotthaltung eingenommen hat, die das Geschäft in den Ruin treiben soll. Unbewußt wären sich dann Käufer und Verkäufer in diesem intra- und interindividuellen Ambivalenzgemisch vermutlich sogar sehr einig gewesen.

Allerdings liegt das gekonnte Spiel mit Ambivalenzen, Doppelbödigkeit und Facettenvielfalt auch allen Erscheinungsformen von Humor, Witz, Ironie und Satire zugrunde, und es gehört eine gute Portion Intuition dazu, um den vielschichtigen Gehalt des manchmal nur angedeuteten Inhaltes „richtig" zu verstehen. In diesem Zusammenhang die Kategorie richtig oder falsch zu verwenden, ist allerdings unangebracht, denn es geht ja gerade darum, daß der Sender fast akrobatisch mit den Deutungsmustern des Empfängers spielt, ihn auf eine verschlungene Fährte lockt und ihn mit dem Entschlüsseln der verzwickten Angebote allein läßt. Der Sender selbst kann sich jederzeit ohne Gesichtsverlust auf eine gänzlich unschuldige Position zurückziehen und behaupten, er habe das alles nicht so gemeint, schließlich spiele sich die Auflösung der kommunikativen Verwicklung allein im Kopf des Empfängers ab.

Das Spiel mit Ambivalenzen, Andeutungen und Angeboten findet sich in fast jeder Interaktionssituation, in der Menschen täglich zusammenkommen. Eine spielerische Form der Begegnung, die sich immer dann spontan ergeben kann, wenn man gute Laune hat und den grauen Alltag etwas aufhellen möchte, ist das Flirten. Dabei kommt es naturgemäß sehr darauf an, „intuitiv" zu erfassen, was die ausgetauschten Botschaften alles beinhalten können.

Für Angehörige desselben kulturellen Zusammenhanges erschließt sich ein angedeuteter Hintersinn natürlich sehr viel schneller, als wenn jemand mit dem speziellen Humor oder mit den speziellen Feinheiten einer fremden Kultur konfrontiert wird. Doch auch innerhalb desselben kulturellen Kreises gibt es in den jeweiligen Subkulturen enorme Unterschiede, was den Gebrauch spezieller Sprachklauseln oder spezieller Gesten und Verhaltensweisen betrifft. Wer sich in einer bestimmen Szene bewegt, weiß normalerweise genau, was gemeint ist, wenn Andeutungen in Form von Wortwahl, mimisch-gestischem Ausdruck, Betonung oder Nähe und Distanz gemacht werden. Mitglieder der jeweiligen Gruppierungen können intime Kenntnisse über die Interna und ihre Zugehörigkeit zum „Club" spontan dadurch zeigen, daß sie an den „richtigen" Stellen lachen oder Betroffenheit ausdrücken. Nur wer nicht dazu gehört, ist auf sein Fingerspitzengefühl angewiesen, um zu erkennen, was eigentlich gemeint ist. Wer sich in solch einer Situation nicht auf seine intuitiven Fähigkeiten verlassen kann, fällt leichter einem Mißverständnis zum Opfer als jemand, der seine situativen Beobachtungen schnell mit verschiedenen Interpretationsmöglichkeiten verknüpfen und sich intuitiv „richtig" verhalten kann. Da sich die verschiedenen Subkulturen immer mehr überschneiden und zum Teil kaum voneinander abzugrenzen sind, ist es für einen souveränen Umgang mit den unterschiedlichsten sozialen Anforderungen ungeheuer wichtig geworden, das eigene intuitive Potenzial zur Entfaltung zu bringen. Hilfreich hierfür ist es, sich selbst besser auf die Schliche zu kommen und auch die weltanschaulichen Maßstäbe unter die Lupe zu nehmen, durch die man geprägt ist und denen man sich innerlich verpflichtet fühlt.

Zu jeder ideologisch geprägten Einheit, sei es ein ganzer Kulturkreis oder ein kleiner subkultureller Zirkel, gehört eben auch eine große Anzahl von Überzeugungen, die durch die gemeinsamen Erfahrungen der Mitglieder geprägt sind und an die neu Hinzukommenden weitergegeben werden. In diesem Pool von Überzeugungen finden sich die allgemein gültigen Wertmaßstäbe, die allerdings auch von Vorurteilen durchdrungen sind. Vorurteile beinhalten sowohl Befürchtungen als auch Sehnsüchte, und sie entspringen einer Mischung aus gesammelten Erfahrungen, Tatsachenberichten, Ängsten, Hoffnungen und Phantasien. Heikel werden die Handlungskonsequenzen, die aus solch einer Mischung erfolgen, aber erst dann, wenn die entsprechenden Handlungsimpulse, die der Tat vorausgehen, für die jeweilige Person noch nicht oder nicht mehr reflektierbar sind. Das heißt, wenn Phantasien mit Fakten gleichgestellt und von diffusen Gefühlen begleitet und verfestigt werden. In solch einem Fall werden Vorurteile oft gleichgesetzt mit Intuitionen, weil sich der Auslöser eines Handlungsimpulses nicht auf sein ursprüngliches Moment hin zurückverfolgen läßt. Ohne sich von seinen inneren Verstrickungen frei zu machen, kann man kaum zu einer souveränen Haltung gelangen.

Das Spiel mit den Möglichkeiten:
Flirten und sich erobern lassen

In vielen Situationen im Umgang mit anderen Menschen ist es dringend erforderlich, mit dem nötigen Fingerspitzengefühl vorzugehen, wenn man den Kontakt vertiefen möchte. Sonst entsteht durch eine Ungeschicklichkeit leicht ein psychosoziales Mißverständnis, wenn man bei bestimmten Leuten beispielsweise ungeniert nach dem Lebensalter oder nach dem Einkommen fragt. Vorsicht ist auch geboten, wenn es um die ungeschützte Äußerung von politischen und weltanschaulichen Dingen geht. Die meisten Menschen sind leicht kränkbar, wenn sie ihr Weltbild in Frage gestellt sehen. Da alle Beteiligten sich am Anfang möglichst nur im besten Licht darstellen möchten, ist es wichtig, die unsichtbare Zumutbarkeitsgrenze zu erkennen. Erst wenn alle von der Begegnung profitieren können, ist der Grundstein für weitere befriedigende Kontakte gelegt, weil jeder sich in den positiven Seiten seines Selbstbildes bestätigt fühlt. Doch auch in sehr kurzen Begegnungen, die zunächst nicht auf Wiederholung und Vertiefung angelegt sind, ist die Bestätigung der positiven Seiten der Persönlichkeit das wichtigste Element des Kontaktes. Wenn man dabei sich und andere Personen brillant in Szene setzen kann, muß man den Balanceakt zwischen Bescheidenheit und Übertreibung gut beherrschen.

Bei einem Flirt zum Beispiel gelingt das meistens recht gut, weil in diesem Fall selten jemand jedes Wort auf die Goldwaage legt, besonders wenn verschiedene Töne angeschlagen werden, um auszuprobieren, was beim Objekt des spielerischen Interesses am besten ankommt. Und wer gern flirtet oder wer gern auf ein Flirtangebot eingeht, weiß, wie heikel die Gratwanderung ist zwischen Natürlichkeit und Plumpheit und wie sehr man dabei auf sein Gespür für die Empfindlichkeit des anderen angewiesen ist. Ein falsches Wort, ein falscher Blick oder eine zudringlich wirkende Geste können das unverbindliche Prickeln leicht in eine peinliche Belästigung umkippen lassen. Nicht nur die sinnlichen Potenziale der emotionalen Intelligenz oder der sozialen Kompetenz kommen hier zum Einsatz, es sind ganz besonders die sensiblen Antennen der Intuition gefragt. Deshalb läßt sich hier eben auch sehr gut verdeutlichen, wie wichtig es ist, dem inneren Gefühl zu vertrauen, wie weit man bei einem zu nichts verpflichtenden Flirt gehen darf, ohne ins Fettnäpfchen zu treten und die schöne Stimmung zu verderben.

Flirten ist aber nicht nur ein spielerisches Experimentieren mit den Möglichkeiten und mit den Grenzen eines entstehenden Kontaktes, Flirten ist auch eine ernsthafte Übung auf der Klaviatur der Einfühlung in die momentane Befindlichkeit des anderen. Jeder möchte dabei zwar eine möglichst gute Figur machen und nimmt die fließenden Übergänge zur Hochstapelei und zur Prahlerei manchmal nicht allzu genau. Aber man muß doch – intuitiv – wissen, wann und wie man beginnt und noch wichtiger: man muß wissen, wann und wie man wieder aufhört, das heißt, man muß ein Gespür dafür haben, wann es ernst wird. Sonst kann es zu gefährlichen Mißverständnissen kommen, nämlich dann, wenn die Flirtpartner aneinander vorbeireden, ohne es zu merken. Dann werden unter Umständen im fortgeschrittenern Stadium des Aneinander-Herantastens vermeintliche Antworten „gehört" auf Fragen, die überhaupt nicht gestellt wurden. Im Klartext heißt das, jemand setzt womöglich das Einverständnis zu intimeren Handlungen voraus, obwohl der andere damit nichts im Sinn hat. Versprachlicht hieße dieser „Kommunikationsunfall" sinngemäß: „Und ich dachte, wenn du mein strahlendes Lächeln erwiderst, heißt das, daß du auch mit mir ins Bett gehen willst!"

Oder: „Und ich dachte, wenn du so kurze Röcke trägst, bist du leicht zu haben!"

Oder: „Und ich dachte, wenn du freundlich zu mir bist, dann hast du ein echtes Interesse an mir!"

Aus dem „Unfall" in der Kommunikation kann leicht eine echte Katastrophe werden, wenn nicht einer von beiden über das richtige Gespür dafür verfügt, wo die Grenze des Erträglichen beim jeweils anderen erreicht ist. Hier kommt es entscheidend auf die Intuition an, um aus der Vielfalt der Reaktionsmöglichkeiten unverzüglich herausfiltern zu können, welches nun das richtige Wort oder die richtige Geste ist, um dem Dilemma zu entkommen, ohne das Gesicht zu verlieren. Der geringste psychische und physische Schaden wäre dabei ein unbefriedigender Kontaktabbruch für beide Seiten. Ein weitaus größerer Schaden wäre allerdings zu befürchten, wenn einer der beiden eine persönliche Niederlage nicht verkraften könnte und meinte, sich auf Kosten des anderen einen zweifelhaften Sieg verschaffen zu müssen, um sein Selbstwertgefühl aufrecht erhalten zu können. Dies kann brisant werden und im Extremfall zu Vergewaltigung und Mißhandlung führen.

Wer sich jemals in solch einer konfliktbehafteten Lage befunden hat, weiß, wie wichtig es ist, für künftige Situationen innerlich besser gerüstet zu sein, um nicht von den eigenen Impulsen überflutet und von den Reaktionen des anderen überrumpelt zu werden. Das beste Rüstzeug dafür ist tatsächlich die Kenntnis der eigenen inneren Muster und das Vertrauen auf das eigene Gespür für die angemessene Reaktion. Dann kann man eine Eskalation stoppen oder eine Blockade auflösen. Da hierbei fast immer die Schnelligkeit des Handelns der wesentliche Aspekt der Bewältigung innerhalb eines komplexen Ablaufes ist, müssen zum intuitiven Erfassen und zum Handlungsimpuls noch weitere Komponenten hinzu kommen: die Courage, der Mut, die Risikobereitschaft, die Bereitschaft, blitzschnell eine Hemmschwelle zu überwinden. Diese Hemmschwelle verhindert es normalerweise, daß Gefühle überhand nehmen und den Verstand außer Kraft setzen. Sie stellt eine psychische und eine soziale Barriere dar, die einen zivilisierten Umgang miteinander ermöglicht, weil sie dem Verlust der Impulskontrolle vorbeugt.

Manchmal allerdings ist genau diese vorübergehende Aufhebung bestimmter Kontrollfunktionen ausschlaggebend für die Verhinderung einer Katastrophe, zum Beispiel im Straßenverkehr.

Reaktionsschnelligkeit: Wenn aus Spiel Ernst wird

Nicht nur die Vermeidung von Entgleisungen in der Kommunikation ist also durch intuitives Erfassen und Verhalten möglich, auch reale Unfälle im Straßenverkehr werden damit verhindert. Intuitionen stehen daher auch im Dienste der Sicherheit im alltäglichen Leben. Jeder, der sich im Straßenverkehr bewegt, weiß, daß er seine Wahrnehmungsantennen auf alle Eventualitäten einstellen muß, um nicht Opfer oder Verursacher eines Unfalles zu werden. Eine beliebte Fernsehsendung zur Verbesserung der Sicherheit für Fußgänger und Autofahrer beschäftigt sich intensiv mit der Schärfung der Wahrnehmung und spielt typische Szenen ein, in denen alltäglich wiederkehrende hochkomplexe Konstellationen zu sehen sind. Das Konzept der Sendung zielt genau darauf ab, auch intuitive Elemente ernst zu nehmen, weil ohne diese spontane innere Reaktionstauglichkeit jede Teilnahme am öffentlichen Leben zur tödlichen Falle werden könnte. Genau dieses intuitive Potenzial soll trainiert werden, und zwar mit Hilfe verschiedener Beispielsituationen, in denen es kritisch zu werden droht. Die Sendung spielt darauf an, daß in unübersichtlichen Verkehrslagen neben der Funktionsfähigkeit der sinnlichen

Wahrnehmung, hier vorwiegend der optischen und der akustischen, und der Wachheit des Verstandes eine weitere Fähigkeit vorhanden sein muß, die das Erfassen, das Begreifen, die Vorausschau, die Umsichtigkeit, die Angemessenheit und die Risikobereitschaft zu einer Reaktionseinheit zusammenschweißt, mit der ein Autofahrer bzw. letztlich jeder Verkehrsteilnehmer, blitzschnell unfallverhütend eingreifen können müßte.

Die Sendereihe hat bezeichnenderweise den Titel „Der Siebte Sinn", das heißt, die Autoren verlangen die Ausbildung einer Art spezieller Intuition für Autofahrer. Der sogenannte siebte Sinn kennzeichnet in diesem Verständnis die Eckpfeiler solch einer Reaktionseinheit. Für den Straßenverkehr ist damit insgesamt aber nicht nur die Fähigkeit zur Wahrnehmung, Speicherung und Abrufbereitschaft einer Vielzahl ungeordneter Informationen gemeint, deren Bedeutsamkeit zunächst überhaupt nicht zur Debatte steht. Damit dieser siebte Sinn zum rettenden Einsatz kommen kann, ist zusätzlich die Bereitschaft erforderlich, das noch undifferenzierte Gespür überhaupt erst einmal ernst zu nehmen und nicht als „Hirngespinst" zu entwerten.

Und an dieser Stelle kann ein intensives Training ansetzen, bei dem es hauptsächlich um die Auseinandersetzung mit der eigenen Innenwelt geht, also mit den Gefühlen, Gedanken, Handlungsimpulsen und Reaktionsmustern, und wie sie von bewußten und unbewußten Motiven beeinflußt sind. Die Wahrnehmungsfähigkeit selber ist wohl bei jedem Menschen vorhanden, sie gehört gewissermaßen zur Grundausstattung. Vielen ist aber das Bewußtsein für den tatsächlichen Wahrnehmungsumfang abhanden gekommen, denn sie haben selten Anlaß dafür, sich all ihrer inneren Ressourcen zu vergegenwärtigen. Es gehört schon eine gewisse Übung dazu, die verstreuten Erinnerungsbruchstücke, Geräuschfetzen und Bildausschnitte, die gerade in unübersichtlichen Verkehrssituationen in ungeheurem Umfang ständig auf alle empfindenden Sinne einströmen, zu ordnen und in einen sinnvollen Zusammenhang zu bringen und sie dann auch noch in eine angemessene Reaktion zu übersetzen. In dieser Ordnungs- und Übersetzungsarbeit liegt eine weitere Leistung des siebten Sinnes. Sie muß manchmal in Bruchteilen von Sekunden stattfinden, und bei routinierten Autofahrern zum Beispiel funktionieren die meisten Abläufe fast automatisch. Ein Ball rollt zwischen parkenden Autos vom Straßenrand auf die Fahrbahnmitte: Der erfahrene Fahrer tritt intuitiv auf die Bremse, auch wenn im Moment noch weit und breit kein Kind in Sicht ist, das seinem Spielzeug hinterherläuft. Der siebte Sinn hat in diesem Fall sehr gut funktioniert. Die Erinnerung an schon erlebte Szenen fügt problemlos eins zum anderen. Zum Ball gehört meistens ein Kind, das damit spielt. Ein Kind, das spielt, hat meistens nichts anderes im Sinn als sein Spielzeug, mit dem es gerade beschäftigt ist. Also wird es seinem Ball, der ihm weg rollt, meistens ohne nachzudenken hinterherlaufen. Ein Kind, das seine Aufmerksamkeit voll auf eine einzige Aktion richtet, nämlich den Ball einzuholen, verschließt alle anderen Aufmerksamkeitsantennen. Hier ist vom Autofahrer die Zuordnungsleistung von Erfassen, Begreifen, Vorausschau und Umsicht besonders gefordert, und vielleicht hat der Fahrer des betreffenden Autos im Blickwinkel noch eine kindliche Gestalt wahrgenommen oder entfernte Rufe von Kindern gehört. Aber erst der Ball, der plötzlich und unerwartet ins Blickfeld rollt, entfaltet eine Signalwirkung, und der gut trainierte siebte Sinn verknüpft alle wahrgenommen Ungereimtheiten zu einem sinnvollen Gesamtbild und übersetzt diese Wahrnehmungselemente in die angemessene Reaktion, nämlich in den Tritt auf die Bremse.

Es gibt aber vermutlich viele Autofahrer, die genau dieselben Informationen nicht automatisch in die richtige Handlung übersetzen könnten. Sie würden vielleicht angesichts von Kindern im Blickfeld, ihrem Rufen und einem rollenden Ball weiter ihren Gedanken nachhängen und sich vielleicht sogar über den blöden Ball ärgern, der sie stört. Vielleicht geht trotzdem alles gut, vielleicht kommt es zu keiner Kollision von Kind und Auto. Je nach Temperament oder je nach Tagesform könnte dasselbe Informationspaket auch in einen empörten Vorwurf: „Kannst du nicht aufpassen?!", eine wütende Drohgebärde oder in einen Tritt auf das Gaspedal übersetzt werden. Hier hätte der siebte Sinn zwar seine Aufgabe als Ordnungskraft durchaus erfüllt, die Übersetzungsarbeit jedoch in die Sprache der Eskalation der Gefährdung gelenkt und damit gleichzeitig seine Schulungsbedürftigkeit offenbart.

Subjektivität und ganzheitliche Wahrnehmung

Die Grundlagen für die Entfaltung der Intuition liegen in der eigenen Innenwelt, sie haben in der Subjektivität des Individuums den Ort ihrer Entwicklung und ihrer Wirksamkeit. Die Gabe zu einer annäherungsweise ganzheitlichen Wahrnehmung, die neben der Logik des Verstandes vor allem den Einfluß spontaner Stimmungen und Empfindungen integrieren kann, beruht nämlich auf einer Vielzahl von subjektiven Einzelfähigkeiten. Dazu gehört auch der sichere Umgang mit metaphorischen, ästhetischen und träumerischen Aspekten:

- Mit der metaphorischen Ebene ist gemeint, daß man zum Beispiel bestimmte Eindrücke von einer früheren Begebenheit auf andere, spätere überträgt. Man begreift das damals Wahrgenommene sozusagen wie eine Metapher, in der ein übergeordneter Sinn sichtbar wird, der in diesen vielfältigen Wahrnehmungsinhalten aufscheint. Hierdurch werden Assoziationen angeregt, die Dinge werden daher nicht mehr ausschließlich nur konkret wahrgenommen. Es dürfte offenkundig sein, daß sich auf diese Weise die Kombinationsmöglichkeiten und Verknüpfungen der unterschiedlichsten Elemente kreativ erweitern und der Entfaltung des intuitiven Potenzials neue Nahrung geben.

114

- Mit der ästhetischen Ebene ist gemeint, daß jedem Eindruck, den man sich macht, eine gewisse „Schönheit" des dabei entstandenen Bildes eigen ist. Diese Ästhetik ist im übertragenen Sinn zu verstehen und bedeutet, daß man meistens versucht, eine Stimmigkeit in dem gewonnen Eindruck zu entdecken, weil Brüche, Ungereimtheiten und Widersprüche, die darin vorkommen, das Bedürfnis der Seele nach Harmonie stören. So ist es zu erklären, weshalb so oft sogar die eklatantesten Widersprüche von der Psyche einfach nicht zur Kenntnis genommen werden. Beispielsweise wird in vielen Partnerschaften unverdrossen an dem einmal aufgebauten Phantasiebild vom anderen festgehalten, auch wenn die konkreten Alltagserfahrungen längst eine ganz andere Wahrnehmung zur Folge haben müßten. „Liebe macht blind", sagt der Volksmund, und gemeint ist damit, daß nur der positive Ausschnitt der Wahrnehmung zugelassen wird. Für die Entfaltung der Intuition ist es jedoch unabdinglich, auch all diese negativen Bruchstücke zuzulassen und in das Gesamtbild zu integrieren.
- Mit der träumerischen Ebene ist gemeint, daß Traumbilder oft eine Ahnung vom eigenen Unbewußten vermitteln. Sie helfen, die Art und Weise zu entschlüsseln, in der die Wahrnehmungsleistungen vor sich gehen. So erkennt man, wie die Aufnahme und Verarbeitung der jeweiligen Tageseindrücke eine zunächst unsichtbare Verbindung mit anderen biografischen Elementen eingeht. Das intuitive Potenzial wächst also auch durch den träumerischen Zugang zur eigenen Innenwelt.

Ein sicherer Umgang mit diesen drei Aspekten hieße nun, sich die Möglichkeiten und Begrenzungen dieser seelischen Disposition bewußt zu machen, damit sich die daraus resultierenden inneren Blockaden auflösen und der Weg frei wird für die volle Entfaltung der Intuition.

Auch in Traumbildern zeigt sich, daß die Entfaltung der Intuition durch eine Menge unterschiedlichster Lebenserfahrungen begünstigt wird. Diese kommen natürlich nicht erst im hohen Alter zum Tragen, wichtige Lebenserfahrungen macht schließlich jeder Mensch in jedweder Lebensphase. Doch das Sammeln von Eindrücken allein genügt nicht. Hinzukommen muß die Fähigkeit und die Bereitschaft zur Erfahrung, und das heißt, das Erlebte dynamisch, also entwicklungsorientiert, zu verarbeiten, indem man immer wieder eine ernsthafte Bilanz des bislang Geschehenen zieht. Dabei ist aufrichtig zu prüfen, wo bisher die eigenen Grenzen lagen und welche Möglichkeiten man ausgeschöpft hat. Außerdem gilt es abzuklopfen, welche Risiken sich gelohnt haben und bei welchen Experimenten die eigenen Kräfte überschritten wurden. Nur so kann man aus Fehlern und Blockaden lernen, seine eigenen Kraftreserven entdecken und seine Stärken ausbauen.

Echte Lebenserfahrungen bilden gerade deshalb die Grundlage vieler Intuitionen, weil Intuitionen eben in den meisten Fällen verblüffende, ungewöhnliche und meist sehr verdichtete neuartige Kombinationen und Kompositionen von bereits vorhandenen Erkenntnissen und von bereits vorhandenem Wissen sind. Wer keinen dynamischen Erfahrungsschatz vorweisen kann, hat natürlich auch nichts zu kombinieren und nichts zu komponieren. Vor allem helfen Intuitionen, die Komplexität der Sinneseindrücke auf ein überschaubareres Maß zu reduzieren. Und das erleichtert die Orientierung ungemein.

Lebenserfahrung als Entwicklungsprozeß

Intuitionen speisen sich aus einer Quelle, die durch das gleichzeitige Zusammenspiel von Erinnern, Erleben und Erahnen gebildet wird. Mit dieser Erkenntnis erschließt sich auch der tiefere Sinn einer Episode wie der folgenden, die sich am fünfzigsten Geburtstag von Laura van L., einer zu dem Zeitpunkt arbeitslosen Kinderkrankenschwester, zutrug:

Laura hatte tagsüber bereits verschiedene Glückwunschanrufe von ehemaligen Kolleginnen erhalten und erwartete nun einige Gäste zu einem einfachen Abendessen im kleinsten Kreis. Ihr Mann war ein paar Jahre zuvor bei einem Autounfall ums Leben gekommen, und Laura hatte sich mittlerweile von ihrer Trauer so weit erholt, daß sie wieder Spaß daran hatte, einige gute Freunde bei sich zu Hause zu bewirten. Es war übrigens ihre erste Feier seit dem Unglück. Laura fühlte sich stark genug für einen Neubeginn. Da ihre Ehe kinderlos geblieben war, trug sie jetzt nur noch die Verantwortung für sich selbst. Die Gewißheit, daß sie auf niemanden Rücksicht nehmen mußte und daß sie niemandem gegenüber Rechenschaft schuldig war, beflügelte ihre Phantasie und gab ihr ein völlig neues Gefühl der Freiheit. Gleichzeitig fühlte sie sich auch ihrem verstorbenen Ehemann immer noch sehr verbunden, ohne jedoch den Verlust nur zu betrauern; vielmehr erinnerte sie sich sehr gern an seine humorvolle Art und an seine Risikobereitschaft gegenüber jeder noch so ungewöhnlichen Herausforderung. Oft hatte er sie einfach angesteckt mit seiner optimistischen Weltsicht.

Als ihre Freunde am Abend schließlich eintrafen, war Laura in sehr guter Stimmung. Sie freute sich über die kleinen, liebevoll verpackten Geschenke, und sie nahm es sogar als eine Art Geschenk an, daß eine ihrer Freundinnen unabgesprochen einen unbekannten Gast mit zu der Feier brachte, obwohl sie derartige Überraschungen eigentlich nicht ausstehen konnte. Der neue Gast wurde schließlich als ein früherer Kollege vorgestellt, ein etwa fünfzigjähriger Arzt, der viele Jahre lang im Norden Afrikas in verschiedenen Krankenhäusern vor allem Kinder medizinisch behandelt hatte. Er war auf der Suche nach einer neuen Stellung und hatte sich zur Orientierung zunächst einmal an alte Bekannte aus seiner Zeit als Assistenzarzt im örtlichen Hospital gewandt. So hatte er auch Annelie, Lauras Freundin, wiedergefunden. Die wußte allerdings nicht so recht, was sie mit ihrem verflossenen Verehrer anfangen sollte, und sie hatte sofort daran gedacht, ihn irgendwie in Lauras Obhut zu geben. Hannes hieß der Kinderarzt, und er war voller Ideen und Pläne für einen beruflichen Neuanfang, wie er beim Essen berichtete. Es war ein äußerst anregendes Gespräch, das den ganzen Abend über nicht ins Stocken geriet, da alle sozusagen vom Fach waren, und besonders Laura beteiligte sich lebhaft. Das Geburtstagsfest wurde ein voller Erfolg, und Laura bedankte sich überschwenglich bei allen, besonders bei ihrer Freundin Annelie. Als Hannes sich verabschieden wollte, bat Laura ihn aus einer spontanen Laune heraus, noch eine Weile bei ihr zu bleiben. Die verblüffte Miene der wartenden Freundin kommentierte sie mit einem strahlenden Lächeln. Intuitiv wußte sie, daß sie zu einem späteren Zeitpunkt nicht mehr den Mut haben würde, mit einem fremden Mann eine Nacht zu verbringen, zu oft hatte sie vor ihrer Ehe ähnliche Gelegenheiten verstreichen lassen. Außerdem ahnte sie, daß Hannes ihr nicht gefährlich werden würde. Aus den wenigen Gesprächsfetzen über seine privaten Beziehungen in der Vergangenheit hatte sie herausgehört, daß er ein ruheloser Mensch war, den es nie lange an einem Ort hielt und der bislang auch noch nie eine dauerhafte Bindung zu einer Frau eingegangen war. Es schien ihr die ideale Gelegenheit für eine Wende in ihrem Leben zu sein. Und Hannes war wirklich ein unkonventioneller Liebhaber, bei dem Laura ihre Sexualität neu entdeckte. War es mit ihrem Ehemann eher zärtlich und rücksichtsvoll gewesen, so konnte Laura mit Hannes ihre egoistische Lust hemmungslos ausleben, weil sie sich selbst entschieden hatte, daß sie ihm gegenüber zu nichts verpflichtet war. Dank ihres Einfühlungsvermögens hatte sie schnell herausgefunden, daß Hannes hinter seiner Fassade der Unabhängigkeit eine tiefe Sehnsucht nach Anlehnung und symbiotischer Verschmelzung verbarg. Und gleichzeitig hatte sie an diesem Abend über sich selbst mehr herausgefunden als je zuvor. Sie hatte intuitiv erkannt, wo für sie die Fallstricke bereitlagen, über die sie wohl mit

Sicherheit gestolpert wäre, wenn sie nicht sehr aufgepaßt hätte. Sie war immer schon sehr leicht dazu verführbar gewesen, sich für andere aufzuopfern und ihre eigenen Interessen zugunsten eines anderen Menschen zurückzustellen, und zwar ganz besonders dann, wenn sie sich diesem Menschen innig verbunden fühlte oder wenn sie meinte, ihm gegenüber eine bestimmte Verpflichtung eingegangen zu sein, sei es aus Dankbarkeit oder sei es aus Liebe. Sie ahnte, daß sie sich auch mit Hannes wieder in ein Beziehungsgeflecht aus falscher Rücksichtnahme und lähmender Unterordnung verstricken könnte, wenn sie ihre eigenen Empfindungen und ihre eigenen Bedürfnisse nicht mehr ernst nehmen würde. Außerdem wurde ihr bewußt, daß sie auch die Signale von Bindungswünschen und Bindungsängsten würde ernst nehmen müssen, die von Hannes ausgingen, wenn sie sich nicht wieder einengen lassen wollte, weil es doch so schön sein könnte, mit ihm eng liiert zu sein.

So war Laura gut gewappnet, als Hannes ihr im Laufe des nächsten Tages den Vorschlag machte, daß sie doch gemeinsam vor Ort eine Praxis für Kinderheilkunde eröffnen könnten. Er habe genügend Geld gespart, um etwas Entsprechendes zu kaufen oder zu mieten. Natürlich war das ein reizvoller Vorschlag, aber Laura fühlte sich bei der Vorstellung unbehaglich, daß sie sich damit auch finanziell von Hannes abhängig machen würde. Plötzlich war ihr klar, daß jetzt endlich der Zeitpunkt gekommen war, ihren Lebenstraum, den sie bisher sorgsam gehütet hatte, zu verwirklichen: Sie wollte sich eigentlich schon seit langem eine eigene Praxis einrichten, und zwar als Heilpraktikerin. Sie wunderte sich nur darüber, daß diese Entscheidung vorher noch nicht reif gewesen war, sie hatte es sich bislang offenbar nicht zugetraut, ganz auf eigenen Füßen zu stehen und ihre eigenen Wünsche wirklich in die Tat umzusetzen.

Drei Jahre später hatte Laura erfolgreich die Prüfung zur Heilpraktikerin bestanden und konnte einen kleinen Praxisraum anmieten. Hannes war ihr Lebensgefährte geworden, der sie immer wieder großzügig unterstützte, der aber auch seine eigenen Wege gehen konnte, ohne daß er fürchten mußte, den intensiven Kontakt zu Laura damit aufs Spiel zu setzen. Deutlich wird in diesem Beispiel, daß Laura ihre Eindrücke, die sie auf den verschiedenen Ebenen gewinnt, zu einem neuen Bild von sich selbst zusammen fügen kann:

• Die Erinnerung an ihren verstorbenen Mann, den sie als humorvoll erlebte und dessen Risikobereitschaft sie schätzte, wird bei ihrer Geburtstagsfeier wieder wach gerufen. Dadurch entsteht ein sehr warmherziges Gefühl in ihr, das sich darauf bezieht, wie schön es ist, Herausforderungen anzunehmen, ganz so, wie es ihr Ehemann früher gern getan hat. Deshalb erlebt sie es als ein Geschenk, daß ein unbekannter Gast mitgebracht wird, obwohl sie sonst derartige Überraschungen nicht ausstehen kann.

• Sie spürt genau, daß sie die Herausforderung zur Intimität mit dem fremden Mann sofort annehmen muß, weil sonst ihre Ängste und Zweifel die Oberhand gewinnen und neue Erfahrungen verhindern würden. Sie kann bei sich selbst eine völlig neue Erlebnisfähigkeit entdecken, sobald sie ihre eigenen Bedürfnisse in den Vordergrund stellt. Gleichzeitig erkennt sie, wie leicht sie der Versuchung nachgeben könnte, sich für einen geliebten Menschen aufzuopfern und ihre eigenen Wünsche zurückzustellen.

• Weil sie, dank ihres Einfühlungsvermögens, im Gespräch mit ihrem neuen Liebhaber auch zwischen den Zeilen lesen kann, ahnt sie bereits, daß auch er hin- und hergerissen ist zwischen Symbiosewünschen und Bindungsängsten. Nur weil sie sich ernsthaft mit der Widersprüchlichkeit ihrer Eindrücke konfrontieren kann, ist sie fähig, ihre eigenen Wünsche nach Eigenständigkeit zu erkennen und in die Tat umzusetzen.

Das Beispiel von Laura zeigt, wie das intuitive Erfassen der Gesamtheit einer Erzählung dabei helfen kann, scheinbar simple Gegebenheiten in ihrer vollen Komplexität entschlüsseln zu können, wie sich hier etwa die mögliche Bindungsangst von Hannes daran ablesen läßt, daß er bruchstückhaft erzählt, wie es ihn in der Vergangenheit niemals lange an einem Arbeitsplatz gehalten hatte und daß er noch nie eine längerfristige Beziehung zu einer Frau eingegangen war.

Bei dem Beispiel ist zu sehen, daß man sich selbst auf die Schliche kommen und die eigenen eingefahrenen Reaktionsmuster erkennen kann, wenn man sich plötzlich traut – scheinbar egoistisch – die eigenen Wünsche und Bedürfnisse ohne einen automatisch wirkenden Rücksichtsnahmefilter wahrzunehmen und in die Tat umzusetzen. Alte Fehler und Versäumnisse müssen nicht immer wiederholt werden, wenn eine neue Erfahrung zeigt, daß weder Liebesverlust noch Einsamkeit oder Vernichtung droht, wenn man sich intuitiv auf das verläßt, was einem selbst gut tut. Prägende Muster, die im eigenen Lebensplan verankert sind, können nur solange unbeirrt wirksam bleiben, bis sie durch neue Erfahrungen infrage gestellt werden. Ihre Veränderung wird sowohl begünstigt und ausgelöst durch kritische Lebensereignisse wie den Tod naher Angehöriger als auch durch das Eingehen eines Risikos, wie den intimen Umgang mit einem fremden Menschen.

Aufgrund der Notwendigkeit, diese neuen Erfahrungen anders einzuordnen und zu verarbeiten als die bisherigen, entwickelt sich ein differenzierteres Selbstbild, in dem auch widersprüchliche und ambivalente Empfindungen und Bedürfnisse ihren Platz bekommen. Durch die größere Vielfalt des Erlebens erweitert sich die Fähigkeit zur Umsicht und Gelassenheit. Ebenso speisen sich Souveränität und Humor aus derselben Quelle der Differenziertheit und tragen wesentlich dazu bei, bedeutsame Details außerhalb der eigenen Subjektivität erfassen und begreifen zu können. Es gehört dazu ein Talent zur wißbegierigen Beobachtung, die erst einmal alles Wahrnehmbare aufnehmen kann, ohne von einer inneren oder äußeren Zensur beeinflußt zu werden. Die Aufmerksamkeit kann sich gewissermaßen frei schwebend entfalten und kann das Wahrgenommene gänzlich ungeordnet abspeichern, so daß es nicht in vorgefertigte Urteilsmuster gepreßt wird. Diese uneingeengte und daher freier umherschwebende Aufmerksamkeit ist ein weiterer entscheidender Anteil an der Fähigkeit zum intuitiven Erkennen und zum intuitiven Handeln. Hinzu kommt die Fähigkeit, im scheinbar Vertrauten das Fremdartige, das Ungewohnte zu entdecken und umgekehrt im Fremden das Bekannte, das Vergleichbare zu erkennen. Nur auf diesem Wege sind unübliche Verknüpfungen realisierbar.

Denken wir noch einmal an das Beispiel von Laura van L. und ihrem neuen Lebensgefährten Hannes. Laura traut sich, in ihrer Selbstwahrnehmung einen neuen Schritt zu gehen, indem sie auch die eigenen Abgrenzungstendenzen bei ihren Autonomiebestrebungen akzeptiert, und in ihrer Sicht auf Hannes traut sie sich deshalb, in ihm nicht nur den Beschützer und Retter zu sehen, den sie braucht, um sich eine neue Existenz aufzubauen. Weil sie sich als gleichwertige Partnerin begreift, die fachlich und gefühlsmäßig sehr gut auf eigenen Füßen stehen kann, ist ihr Kopf frei für gänzlich neue Entscheidungs- und Handlungsspielräume. Sie kann zum ersten Mal ihre eigenen beruflichen Möglichkeiten im Lichte einer Existenzgründung sehen und damit das Vertraute, die heilkundliche Arbeit mit kranken Menschen, mit etwas Neuem verknüpfen, nämlich mit selbständiger Arbeit. Auch eine neue Form der privaten Beziehung ohne einengende Verpflichtungsgefühle ist für Laura möglich, als sie die Liebe mit der Erfüllung eigener Bedürfnisse verbinden kann.

Und bei einer veränderten inneren Haltung, bei der man sich ungewohnte gefühlsmäßige und gedankliche Manöver gestatten kann, um vertraute Wahrnehmungsinhalte anders zu bewerten, braucht man eine ziemlich sichere Gewißheit über die eigene Stabilität, sonst kann das ganze Identitätsgerüst aus den Fugen geraten. Intuitionen haben also auch viel mit der Selbstsicherheit und der psychischen Stabilität desjenigen zu tun, der es wagt, seiner inneren Stimme zu trauen.

Persönliches Identitätserleben und zwischenmenschliches Geschehen: Die Bewältigung komplexer Aufgaben

Intuitionen haben einen festen Platz im persönlichen Identitätserleben, im zwischenmenschlichen Geschehen und bei der Bewältigung komplexer Aufgaben. Denn erst durch die Vielfalt ihrer Wahrnehmungsinhalte erhält das Gesamtbild eine sinnvolle Kontur. Sie werden so blitzschnell miteinander verknüpft, daß ein angemessenes Handeln spontan möglich wird. Eine Lebenseinstellung, die uneingeschränkt bejaht, daß wichtige Erkenntnisse nur dann gewonnen werden können, wenn auch Gefühle und Impulse ernst genommen werden, schafft völlig neue Erfahrungsqualitäten und Einsichten. Auch wer sich ausschließlich an Fakten orientiert und sein Handeln hauptsächlich durch nüchternes Denken bestimmen läßt, verfolgt damit immer ein spezielles Ziel, sei es für das eigene Wohlbefinden und für die persönliche Entwicklung oder sei es auch für die Erfüllung sozialer Aufgaben. Derjenige, der sich vorwiegend an gefühlsmäßigen Einstellungen orientiert und sein Handeln von intuitiv gewonnenen Einsichten bestimmen läßt, verfolgt damit ebenso spezielle Ziele, deren Verwirklichung sich entweder auf eigene Vorteile richten oder auf Vorteile für das Gemeinwesen. Doch im Gegensatz zu einer analytisch-nüchternen Haltung, die bei sich selbst den Einfluß oder gar die Existenz des Psychischen und des Subjektiven verleugnet, äußert sich die Geisteshaltung des Intuitiven oft sogar in der Überbetonung des Emotionalen, dann nämlich, wenn das ahnungsvolle Gefühl als einziges Erklärungs- und Rechtfertigungsmuster für das eigene Verhalten benutzt wird.

Die Befriedigung psychischer Bedürfnisse
mit Hilfe der Intuition:

Die Eindämmung der Todesangst

Die Überbetonung des Subjektiven macht die Betroffenen zuweilen blind gegenüber der psychischen Funktion, die die Intuition in verschiedenen Lebenslagen zur Stabilisierung ihrer Identität jeweils übernimmt. Je nach Persönlichkeitsstruktur und je nach Bedürfnislage kann die intuitive Lebenseinstellung zum Ausschöpfen persönlicher Ressourcen und Potenziale dienen, aber genauso lassen sich persönliche Ängste und Blockaden mit Hilfe als „Intuition" verpackter Abwehrhaltungen kompensieren.

So kann man erleben, daß ältere Menschen mit großem Interesse die Todesanzeigen in der Lokalpresse lesen und dann manche von ihnen mit sichtbarer Befriedigung erklären, sie hätten schon bei der letzten Begegnung mit dem kürzlich Verstorbenen genau gespürt, daß der nicht mehr lange zu leben haben würde. Fragt man erstaunt nach, woran denn das zu bemerken gewesen sei, erhält man oftmals die lapidare Antwort: „So etwas spürt man eben intuitiv, wenn man älter ist!" Bei diesem Kommentar drängt sich folgende Hypothese geradezu auf: Wer sich – scheinbar – nicht überrumpeln läßt von der Todesnachricht eines anderen, der fühlt sich der Unberechenbarkeit des eigenen Todeszeitpunktes offenbar nicht mehr hilflos ausgeliefert. Wer das beängstigende Ereignis – angeblich – schon vorher geahnt hat, der kann sich dagegen wappnen und sei es durch solch eine Hilfskonstruktion im nachhinein.

Hier kann also der Bezug auf das „intuitive Wissen" über den nahenden Tod einer bekannten Person aus dem näheren Umfeld dafür herhalten, die eigene Todesangst in Schach zu halten. Die Gewißheit, daß man selber irgendwann auch einmal sterben wird, kann sich niemand ständig vor Augen halten. Auch die Unbestimmtheit und Unberechenbarkeit des Zeitpunktes, wann es für einen selber soweit sein wird, stellt eine Bedrohung der inneren Stabilität dar. Es ist also nachvollziehbar, daß es notwendig und sinnvoll sein kann, unabänderliche Tatsachen, die Angst auslösen, aus dem Bewußtsein auszublenden. Das gelingt allerdings immer nur solange, wie der Alltag in seinen vertrauten Bahnen verläuft, ohne die Konfrontation mit dem Tod eines anderen Menschen. Je älter man wird, desto näher rückt einerseits das eigene Lebensende, und andererseits sterben nicht nur immer mehr nahe Angehörige und gute Freunde, sondern auch prominente Persönlichkeiten, deren Wirken einen zum Teil schon das ganze Leben lang begleitet hat. Manche werden „von einer schlimmen Krankheit erlöst", andere werden „mitten aus dem Leben gerissen" und „hinterlassen eine schmerzhafte Lücke". In das Leid der Trauernden mischt sich schnell auch das Gefühl der Ohnmacht dem unberechenbaren Schicksal gegenüber. Um das Gefühl des hilflos Ausgeliefertseins zu entkräften, sucht man dann vielleicht nach einem Mittel, um die Dinge irgendwie selbst in die Hand zu nehmen und selbst gewappnet zu sein.

Wenn man also intuitiv etwas schon vorher gewußt hat, wenn man etwas gespürt hat oder wenn einem „etwas schwante", dann ist man nicht mehr nur ein Opfer der Umstände, dann kann man sich so fühlen, als würde man selbst im großen Geschick des Lebens mitmischen. Dadurch läßt sich die Todesangst wieder für eine Weile in den Griff bekommen, und man kann sich seines Lebens um so mehr erfreuen.

Wer sich in einer undurchsichtigen Lebenslage auf seine Intuition beruft, kann damit neben der Eindämmung der Todesangst auch verschiedene andere zentrale psychische Bedürfnisse befriedigen, ohne sich dessen allerdings bewußt zu sein. Diese psychischen Funktionen, die der Verweis auf die eigene Intuition noch übernehmen kann, sind daher auch in vielen anderen inneren Dimensionen, die das seelische Überleben sichern, zu finden.

Die narzißtische Aufwertung

Eine besondere Aufmerksamkeit erhält man meistens dann, wenn man sich von anderen Menschen in irgendeiner Weise unterscheidet. Dabei ist es zunächst überhaupt nicht von Bedeutung, worin dieser Unterschied besteht und ob er positiv oder negativ bewertet wird. Der soziale und auch der psychologische Wert dieser sichtbar werdenden Andersartigkeit liegt in der Chance, sich als einzigartig erleben zu können, nämlich im Vergleich und in der Abgrenzung zu anderen Menschen. Darauf basiert die Gewißheit der eigenen Individualität.

Der wesentliche Aspekt der ergatterten Aufmerksamkeit liegt nun darin, daß durch diese Resonanz der Umwelt die Konturen des Selbstbildes eine bestimmte Gestalt annehmen. Verkürzt dargestellt, führt positive Resonanz zur Konturierung positiver Facetten im Selbstbild, und ein negatives Echo führt entsprechend zur Ausbildung negativer Anteile im Selbstbild. Meistens stellt das Leben eine bunte Mischung aus Lob und Tadel, Belohnung und Strafe, Anerkennung und Ablehnung bereit, so daß sich im Lauf der Entwicklung eine Balance zwischen positivem und negativem Echo ergibt. Auf diese Weise stellt sich dann in der Regel eine realistische Einschätzung der eigenen Möglichkeiten und Grenzen her. Viele Menschen sind sehr zufrieden mit der inneren Gewißheit über ihr sogenanntes „Real-Selbst". Die eigene Vorstellung von ihren erträumten und erwartbaren Leistungen und Chancen ist deckungsgleich mit dem Feedback, das ihre Umwelt ihnen über ihr tatsächliches Aussehen, ihr konkretes Verhalten und ihre Handlungen gibt.

Andere Menschen jedoch sind äußerst unzufrieden mit dem, was ihnen tatsächlich gelingt und auch mit dem, was ihre Umwelt ihnen an Aufmerksamkeit und Anerkennung zur Verfügung stellt. Die innere Gewißheit über ihr „Real-Selbst" ist für sie ungenügend, sie haben nämlich eine sehr viel weitergehende Vorstellung von ihren Leistungsmöglichkeiten und Chancen, das heißt, ihre gesamte psychische Energie ist an ein

Glanzbild von einem sogenannten „Ideal-Selbst" gebunden. Solange eine Lücke zwischen dem realen und dem idealen Selbstbild klafft, suchen sie danach, eine Deckungsgleichheit zwischen den beiden Polen herzustellen.

Der Anspruch, dieses ideale Selbstbild zu verwirklichen, wird sowohl durch Erwartungen des Elternhauses als auch durch eigenen Ehrgeiz geprägt. Daraus können einerseits sowohl Motivation als auch Ansporn entstehen, die eigenen Möglichkeiten zu verbessern und die Leistungen entsprechend zu steigern; andererseits kann dieser Anspruch ein ständiger Quell von Unzufriedenheit und sogar von massiven Depressionen werden, da offenbar das Urbedürfnis nach Würdigung nie richtig gestillt wurde. Daraus resultiert eine innere Notwendigkeit, das Selbstbild gewissermaßen ständig aufpolieren zu müssen.

Nun sind es nicht nur Menschen, die nach allgemeinen Maßstäben im Leben nichts erreicht hätten, die dringend solch eine „narzißtische" Aufwertung brauchen, um ihrer eigenen Utopie zu entsprechen. Auch Personen, die wegen ihrer besonderen Leistungen anerkannt sind und bewundert werden, brauchen hin und wieder den zusätzlichen Kick, der sich nur durch die Faszination eines staunenden Publikums erzielen läßt. Auch wer es scheinbar überhaupt nicht nötig hat, weil er sowieso schon eine üppige Portion an Aufmerksamkeit und Zuwendung erhält, sehnt sich immer wieder nach dem strahlenden Glanz, der jemandem zuteil wird, der Außergewöhnliches vorzuweisen hat. Wer sich also neben gutem Aussehen, guter beruflicher Qualifikation und gutem Einkommen auch noch auf seine Intuition berufen kann, steht oft im Mittelpunkt der Aufmerksamkeit anderer. Folgendes Beispiel macht dies deutlich:

Die fünfunddreißigjährige Susanne ist Teilnehmerin in einer Gruppe für Forschungssupervision. Sie leitet ein Forschungsprojekt an der Universität und hat in Fachzeitschriften schon etliche Berichte darüber mit großem Erfolg veröffentlicht. Obwohl ihrer hervorragenden wissenschaftlichen Arbeit in Fachkreisen schon viel positive Aufmerksamkeit geschenkt wurde, erzählt sie im Kollegenkreis und auch im privaten Rahmen voller Stolz immer wieder von ihrer Intuition, dank derer sie schon die schwierigsten Situationen meistern konnte. Auffällig dabei ist, daß Susanne vorwiegend dann eine ihrer Intuitionsgeschichten erzählt, wenn entweder gerade eine intensive Diskussion über neue Forschungsmethoden stattgefunden hat oder wenn ein neues Mitglied in die Supervisionsgruppe aufgenommen wird. „Zur Entspannung müssen wir hier auch andere Themen einbringen", sagt Susanne dann, „unsere Neulinge sollen schließlich nicht den Eindruck bekommen, daß hier ausschließlich Kopfmenschen das Sagen haben!"

Bei ihren Entspannungseinheiten steht immer wieder eine bestimmte Geschichte im Vordergrund, die sich schon vor Jahren, während ihrer Studentenzeit, abspielte, und zwar auf einer Nordlandreise, die sie zusammen mit ihrem Mann und einem befreundetem Paar unternommen hatte. Sie wiederholt diese Geschichte offenbar deshalb so oft, um sich immer wieder zu vergewissern, daß sie tatsächlich in jeder Hinsicht Aufmerksamkeit und Bewunderung verdient, nicht nur wegen ihres brillanten Verstandes und ihrer Formulierungskünste, sondern eben auch ihrer Intuition wegen:

„Es ist Samstagvormittag", so beginnt ihre Erzählung, „und unsere Proviantvorräte sind restlos aufgebraucht. Weit und breit gibt es in der Einöde kein Restaurant, keinen Kiosk, keinen Laden und auch keine Tankstelle. Zum Glück haben wir genügend Benzin im Tank und außerdem einen gefüllten Reservekanister im Kofferraum. Bis zur nächsten Kleinstadt schaffen wir es also allemal noch vor Ladenschluß. Tatsächlich treffen wir dort rechtzeitig ein – aber Pustekuchen! Es ist Feiertag in Norwegen, kein einziger Laden in der Stadt hat geöffnet, und das einzige Restaurant ist wegen einer Hochzeitsfeier für uns nicht zugänglich. Allen knurrt der Magen, und die Stimmung ist unter den Nullpunkt gesunken. Trotzdem beschließen wir, einfach weiter zu fahren, denn mein

Mann und ich vertrauen darauf, daß das Glück uns auch diesmal nicht im Stich lassen würde. Schließlich haben wir beide bislang intuitiv immer die richtige Entscheidung getroffen. Auf der Landkarte ist zwar über etliche hundert Kilometer Entfernung kein weiterer größerer Ort verzeichnet, aber es ist zwecklos, bis zum nächsten Morgen in der Stadt zu bleiben, weil Sonntags erfahrungsgemäß erst recht kein Laden geöffnet hat, zumal schon der Begriff Kleinstadt völlig übertrieben ist, es handelt sich in Wirklichkeit nur um eine überschaubare Anzahl von niedrigen Holzhäusern, die von Fischern und ihren Familien bewohnt werden. Alle haben ein mulmiges Gefühl und verfluchen den Leichtsinn, daß wir mit unserer Vorratshaltung nicht auf Nummer sicher gegangen sind. Der übliche Galgenhumor (wer übertrifft die anderen mit einem noch besseren lukullischen Einfall?) ist schon nach kurzer Zeit vergangen, und die allgemeine Stimmung ist mittlerweile so angespannt, daß jeder Seufzer die anderen zur Bosheit reizt. Das Tageslicht ist mittlerweile ziemlich trübe geworden, die Mitternachtssonne ist unter einer dichten Wolkendecke verborgen, und die schemenhaften Umrisse der Büsche und Bäume wirken unheimlich und bedrohlich. Meine Freundin ist die erste, die zugibt, daß sie Angst hat. Als plötzlich in einiger Entfernung der Schein eines Lagerfeuers auftaucht, lachen alle nervös. Langsam und vorsichtig nähern wir uns der Stelle und sehen, wie eine einzelne Gestalt schwankend auf unseren Wagen zukommt. Der Hunger hat anscheinend unsere Sinne vernebelt. Mörder! wispert meine Freundin. Auf keinen Fall anhalten! brüllt ihr Partner. Erschrocken greift mein Mann sofort unter den Fahrersitz, wo wir den Wagenheber verstaut haben. Angriff ist die beste Verteidigung, sagt er entschlossen. Da ich, trotz der überreizten Stimmung, kein schlechtes Gefühl gegenüber der unbekannten Person habe, versuche ich, die anderen zu beruhigen. Der sieht so aus, als ob er uns helfen kann, sage ich und öffne beherzt die Beifahrertür. Zuerst hören wir nur das unverständliche Kreischen einer völlig überdrehten Frauenstimme, aber ich weiß intuitiv, daß alles gut gehen wird. Obwohl die anderen skeptisch sind, steige ich aus und gehe auf die Person zu. Jetzt verstehe ich auch, was sie uns zuruft: „Wollt ihr was zu fressen?" wiederholt sie mit ihrer krächzenden Stimme und kichert dabei in den höchsten Tönen. Sie streckt einen großen verbeulten Topf in unsere Richtung. Inzwischen sind auch die anderen ausgestiegen und beäugen neugierig die merkwürdige Szenerie. Im Hintergrund erkennen wir undeutlich, daß da zehn bis fünfzehn Männer und Frauen um ein schwach loderndes Feuer mehr torkeln als tanzen. Die Typen sind ja alle total bekifft, flüstert mein Mann. Im nüchternen Zustand wirkten sie ziemlich befremdlich auf uns, und normalerweise hätten wir wohl schleunigst das Weite gesucht, wenn da nicht die Heißhunger nach „was zu fressen" gewesen wäre. Doch was war das für ein Fraß! In dem verkrusteten Topf fristeten labberig gewordene Nudeln ein klebriges Dasein. Selten haben wir eine Mahlzeit so gierig verschlungen wie diese kalte weißliche Pampe. Deine Intuition hat uns das Leben gerettet, sagte mein Mann, während er mit vollen Backen auf der gummiartigen Masse herum kaute, ohne deine Zuversicht hätte ich der Frau eins auf die Mütze gegeben, behauptete er kühn, oder ich wäre einfach weiter gebrettert. Nachdem wir den ärgsten Hunger gestillt hatten, fuhren wir vorsichtshalber wieder ab, das ganze war uns doch nicht so recht geheuer. Nach diesem Vorfall hatte meine kleine Reisegruppe absolutes Vertrauen in meine intuitiv richtige Einschätzung von brisanten Situationen."

Eine Geschichte über die Intuition ist immer auch an einen bestimmten Kontext gebunden, damit die narzißtische Aufwertung sich realisieren kann. In diesem Beispiel ist dies eine Universität mit einer Gruppe hochqualifizierter wissenschaftlicher Mitarbeiter. Um sich in dieser Umgebung von den anderen, die ja auch alle über Rang und Namen verfügen, wirksam zu unterscheiden, muß man etwas wirklich Ungewöhnliches anbieten, um Aufmerksamkeit zu erringen. Das Ungewöhnliche muß aber dennoch für die anderen nachvollziehbar sein, damit sich der Erzählende nicht in eine unangenehme Außenseiterposition begibt. Die Geschichte der Nordlandreise eignet sich hervorragend dazu. Neben der Intuition ist ebenfalls die Ungeduld und Rastlosigkeit der Reisenden angedeutet, die, ungeachtet der Widrigkeiten, so schnell wie möglich vorankommen wollen. Hierin spiegeln sich auch Ehrgeiz und Perfektionismus (so schnell wie möglich, so weit wie möglich), beides Attribute, die vielen Wissenschaftlern eigen sind. Dieser Geschichte ist außerdem anzumerken, daß sie schon viele Male erzählt wurde. Sie enthält offenkundige Übertreibungen, die darauf schließen lassen, daß es der Erzählerin besonders auf die Dramatik des Höhepunktes ankommt. Würde sie die gleiche Geschichte einer Gruppe von Trampern erzählen, würde sie dafür vermutlich allenfalls ein müdes Lächeln ernten, weil ähnliche Erlebnisse in solchen Gruppen ständig erzählt werden.

Für die erfolgreiche Wissenschaftlerin, die sich unter ihresgleichen bewegt, dient der Bericht aber nicht nur dazu, sich von den anderen abzuheben, in der Wiederholung liegt offenbar auch noch ein anderer, psychologisch bedeutsamer Effekt, der die narzißtische Aufwertung zusätzlich steigert. Dieser Effekt liegt gewissermaßen in einer Art „Veredelung" des Zufälligen. Beliebige Lebenserfahrungen erhalten damit einen besonderen Sinn und steigern das Selbstwertgefühl.

Die Veredelung des Zufälligen

Ob man es Zufall nennt oder Bestimmung, nicht nur die Angst vor Katastrophen verlangt nach einem psychologisch wirksamen Hilfsmittel, um Gefühlen der Ohnmacht und des Ausgeliefertseins zu begegnen, auch der glückliche Zufall und ein unerwarteter Gewinn steigert das Bedürfnis danach, daß man es sich zumindest einigermaßen einleuchtend erklären kann, wieso einem diese Dinge widerfahren. „Wir sind füreinander bestimmt!" sagen Liebespaare gern, um dem Zufall ihres Aufeinandertreffens das Zufällige und damit das Beliebige zu nehmen und außerdem, um die Unauflöslichkeit ihrer Beziehung zu untermauern.

Die beiden Partner Selma und Fred haben ein ganz besonderes Beispiel parat, wenn sie das Schicksalhafte ihrer ersten richtigen Verabredung demonstrieren wollen. Selma wollte den ersten Schritt tun, um Fred nach einer Feier, bei der sie einander flüchtig begegnet waren, wiederzusehen. Doch Fred hatte im selben Moment genau denselben Impuls. Selma erzählt: „Ich nehme also den Hörer ab, um die Auskunft anzurufen, weil ich die Nummer von Fred nicht weiß, den ich dringend sprechen will! Ich nehme, wie gesagt, den Hörer ab, um zu wählen; es ertönt komischerweise kein Freizeichen, automatisch sage ich „Hallo?". „Hallo!" tönt es zurück, „hier ist Fred, bist du es Selma?!" „Stell dir vor Fred, gerade habe ich an dich gedacht, gerade in diesem Moment wollte ich dich auch anrufen!"

Ist der Beginn dieser Liebesgeschichte wie von geheimer Kraft dirigiert? Selma und Fred brauchen sich offenbar gar nicht anzustrengen, ohne Mühe kommt ihnen das zugeflogen, was sie sich im Moment am sehnlichsten wünschen.

Die Beschwichtigung der Neider

Doch nicht nur in Liebesdingen wird gern die Vorsehung bemüht, auch beim Erklimmen der Karriereleiter erweist sie sich als nützlich, um Neidern die Stirn zu bieten. Die neunundzwanzigjährige Julia beispielsweise rechtfertigt ihr Talent, erfolgreicher und gefragter zu sein als andere, vor ihren neidischen Kollegen gern als pure Glückssache, weil das Schicksal ihr eben wohlgesonnen sei. Intuitiv gerate sie immer an die richtigen Leute, die ihr weiterhülfen. „Es ist wahrscheinlich vorherbestimmt", sagt sie lässig, „ich glaube, mein Berufsweg ist vorgezeichnet, denn eins fügt sich nahtlos ans andere. Zum Beispiel damals bei meinem Live-Auftritt im Hörfunk in der Messeschau vom NDR. Ich bin zu spät gekommen und habe die Moderatorin verpaßt, die am Eingang auf mich warten wollte. Ich habe weder einen Presseausweis noch eine Eintrittskarte und auch blöderweise kein Geld dabei, um eine zu kaufen, also was tun? Weit und breit sehe ich natürlich wieder mal kein Telefon. Naja, außerdem habe ich die Studio-Nummer sowieso nicht. Weit und breit ist auch niemand zu sehen, den ich um Auskunft oder um Hilfe bitten kann. Just in diesem Moment kommt von irgendwoher ein mir unbekannter Mann auf mich zu und hält mir eine Freikarte hin: „Die ist von unserer Gast-Gruppe übriggeblieben, wollen Sie die haben?!" So schnell wie er gekommen ist, so schnell ist er auch wieder verschwunden, und ich stehe für einen Augenblick vollkommen sprachlos vor der Eingangssperre. Eine Minute vor meinem Einsatz erreiche ich das Studio, die Moderatorin lächelt mir aufmunternd zu, und die Sendung beginnt, als wäre alles ganz planmäßig abgelaufen!"

Einerseits kann man sich also als Glückskind fühlen und „intuitiv" das Richtige tun, wenn man sich auf ein wohlmeinendes Schicksal verläßt.

Die Erfüllung unbewußter familiärer Aufträge

Andererseits kann man genauso „intuitiv" auf das Pech und das Scheitern programmiert sein wie zum Beispiel der neunzehnjährige Julian C., einziger Sohn eines Informatikprofessors und einer Religionslehrerin. Er ist bislang an jeder Prüfung gescheitert. Ob es das Abitur war oder die Führerscheinprüfung, sogar die praktische Prüfung für einen einfachen Angelschein im Sportverein hat er vermasselt. Immer getreu dem Motto: „Ich habe von Anfang an gewußt, daß ich es nicht schaffen werde." Und dabei ist Julian weder faul noch dumm. Er büffelt vor jeder Klausur, macht auch die nötigen praktischen Übungen gewissenhaft, aber dennoch sind seine Bemühungen selten von Erfolg gekrönt. Seine Eltern machen ihm zwar keine Vorwürfe, aber ab und zu rutscht ihnen doch eine kleine Stichelei über die Unfähigkeit des Sohnes heraus. „Er hat nicht nur zwei linke Hände, er hat auch zwei leere Gehirnhälften!" hörte Julian neulich seinen Vater zum Nachbarn sagen, „der Junge schafft es einfach nicht! Und was haben wir uns bemüht!" Julian leidet nicht nur unter seinen ständigen Mißerfolgserlebnissen, er hat auch bohrende Schuldgefühle, weil er die Erwartungen seiner Eltern nicht erfüllen kann. Er hat es sich angewöhnt, vor jeder neuen Aufgabe erst einmal lauthals zu verkünden, daß er schon wieder so ein mulmiges Gefühl im Bauch habe, daß er es vermutlich nicht schaffen werde. Mit dieser kassandrischen Beschwörungsformel schlägt er gewissermaßen zwei Fliegen mit einer Klappe: Einerseits baut er auf diese Weise der eigenen Enttäuschung vor, wenn seine Anstrengungen wieder einmal daneben gehen, andererseits entlastet er sich damit gleichzeitig von den unangenehmen Schuldgefühlen gegenüber Vater und Mutter. Er kann sie damit sogar noch beruhigen und ihren stummen Vorwürfen den Wind aus den Segeln nehmen, wenn er selbst darauf verweist, daß sie sich keine falschen Hoffnungen zu machen bräuchten, weil ihr Sohn nichts dafür könne, daß alles schief ginge, schließlich sei er ein geborener Versager. Und mit dieser Form der Beschwichtigung kaschiert er sogar noch geschickt eine Gegenattacke an die Adresse der Eltern, ohne zu ahnen, daß er damit psychologisch genau richtig liegt. Wenn er nämlich wirklich ein geborener Versager sein sollte, dann wären eigentlich seine Erzeuger die Urheber der Misere.

Julian hatte das Glück, an seiner Schule auf einen verständnisvollen Lehrer zu treffen, der ihm einen Termin bei der schulpsychologischen Beratungsstelle vermittelte. Nach einigen Gesprächen mit der Psychologin ergab sich unter familiendynamischen Gesichtspunkten ein interessantes Bild der Konstellation bei Julian zu Hause. Es zeigte sich, daß Leistung und Erfolg bei beiden Eltern sehr hoch im Kurs stehen, während der Ausdruck von Gefühlen, besonders vom Vater, oft als Spinnerei abgetan wird. Die Mutter zeigt sich zwar etwas gefühlsbetonter, besonders im Umgang mit Julian, ist aber gleichzeitig immer sehr bemüht, sich „gut unter Kontrolle" zu haben.

Außerdem scheint der Vater den Erfolg für sich gepachtet zu haben. Bei jeder Gelegenheit weist er ausdrücklich auf seine Verdienste in Lehre und Forschung hin und spricht abfällig von seinen faulen Kollegen im Institut, und immer liegt eine Fachzeitschrift auf dem Wohnzimmertisch, die seine neueste Veröffentlichung enthält. Die Mutter hat gern ein passendes Bibelwort parat, wenn sie mit dem Vater oder dem Sohn unzufrieden ist. Es fällt Julian nicht leicht, sich und der Psychologin einzugestehen, daß beide Eltern sich häufig ziemlich selbstgefällig aufführen und daß sie einen erfolgreichen Sohn an ihrer Seite wohl kaum ertragen könnten. Für Julian tut sich eine völlig neue Perspektive auf, als er sich traut, zu überlegen, welche seelischen „Vorteile" seine Eltern von seinem Dauerversagen haben könnten. Beide können in ihrer Großartigkeit unangetastet bleiben, wenn der Sohn ständig scheitert, und sie müssen sich nicht mit ihren eigenen Schwächen auseinandersetzen, weil der mißratene Sohn ihre ganze Aufmerksamkeit in Anspruch nimmt. Julian kann zunächst zwar nur lachen über dieses Gedankenspiel, aber dennoch fällt eine große Last von seinem Herzen, als er sich vorstellt, daß er den Eltern eigentlich nicht nur Kummer macht. Zu Beratungsgesprächen im ganzen Familienkreis sind die Eltern zwar nicht bereit, sie stimmen aber einer Umschulung Julians auf ein Internat zu. In der neuen Umgebung und ohne den „schlechten Ruf", der ihm zu Hause anhaftet, hat Julian inzwischen das Abitur mit einer anständigen Note bestanden und studiert mittlerweile Psychologie in einer anderen Stadt. Den Führerschein hat er auch geschafft, von der Angelei hat er allerdings Abstand genommen.

Die Eindämmung der Angst vor Kontrollverlust

Uneingestandene Machtgelüste und die Angst vor Kontrollverlust sind oft durchaus mit im Spiel, wenn Eltern unbewußte und daher auch unausgesprochene Aufträge an ihre Kinder weitergeben, die diese intuitiv erfassen und gehorsam übernehmen. Sie spüren oft eine innere Not bei einem der beiden

Eltern und können sich der unmerklichen Verführung nicht entziehen, für Mutters oder Vaters Gefühlsleben eine diffuse Verantwortung zu übernehmen. Es steht keineswegs eine bösartige Absicht dahinter, wenn Eltern die Befriedigung ihrer eigenen Bedürftigkeit unreflektiert an ihre Kinder abgeben, im Gegenteil, oft sind sie sogar der Meinung, daß sie mit ihrer Haltung nur das Beste für ihr Kind tun. Sehr häufig sind gerade bei heranwachsenden Kindern die elterlichen Antennen für drohende Gefahren besonders gut auf Empfang gestellt. Die Mutter der siebzehnjährigen Carola hatte schon früh damit begonnen, die Autonomiebestrebungen der Tochter mit den abenteuerlichsten Begründungen zu bremsen. Bei jeder kleinen Verletzung, die sich Carola beim Spiel zugezogen hatte, reagierte die Mutter mit Vorwürfen: „Warum hast du nicht besser aufgepaßt?!" sagte sie zum Beispiel, als Carola mit ihrem neuen Fahrrad gestürzt war, „ich habe doch gleich gewußt, daß du dir das Knie blutig schlagen wirst! Hättest du nur auf mich gehört und wärest zu Hause geblieben!" Je älter Carola wurde, desto mehr Einschränkungen verfügte die Mutter. Einer ihrer Standardsprüche war folgender: „Ich ahne, daß dir etwas zustoßen wird! Meine Intuition sagt mir, daß du dich wieder einmal schlimm verletzen wirst! Ich sehe es schon richtig vor meinem inneren Auge, daß du beim Aussteigen aus dem Bus stolpern wirst! Bleib bloß bei mir zu Hause, wenigstens heute abend!" Kein Wunder, daß Carola ihrer Mutter alle spannenden Unternehmungen verheimlichte und immer neue Phantasiegeschichten erfand, um mit ihren Freundinnen zusammen sein zu können, allerdings befürchtete sie ständig, bei einer Lüge ertappt zu werden, und leider war ihr in gewisser Hinsicht der Spaß sogar verdorben, weil sie sich ihrer Unaufrichtigkeit schämte und sie sich innerlich verkrampfte. Als sie sich zum ersten Mal richtig verliebte, beschloß sie daher, ihrer Mutter den neuen Freund so schnell wie möglich vorzustellen, damit sie endlich wieder offen und ehrlich von ihren Verabredungen berichten konnte. Die Mutter jedoch reagierte in der gewohnten Weise. Als der Freund nach dem gemeinsamen Kaffeetrinken wieder gegangen war, hielt sie Carola vor, daß sie „lieber die Finger von dem Typen lassen" solle. Der würde sie sitzenlassen, sobald er eine andere hätte. „Ich sehe doch schon deine verheulten Augen vor mir, wenn es soweit ist! Mit dem Kerl wirst du niemals glücklich werden! Schick ihn zum Teufel, es gibt genügend andere Männer, die besser sind als er!" Obwohl Carola entschlossen die Konsequenz aus dem entwertenden Verhalten der Mutter zog und noch am selben Tag, als sie endlich achtzehn Jahre alt wurde, in die Wohnung ihres Freundes übersiedelte, hatten die Worte der Mutter einen Keim des Mißtrauens in ihren Gedanken hinterlassen. Zum Glück bemerkte sie noch rechtzeitig, daß sie selbst nahe daran war, im Verhältnis zu ihrem Freund dieselbe Haltung einzunehmen, wie es früher die Mutter ihr gegenüber getan hatte. Die Angst, ihn zu verlieren, trieb auch sie manchmal dazu, ihn mit fadenscheinigen Begründungen von einer Unternehmung zurückzuhalten, bei der sie nicht mitkommen konnte.

Die Angstminderung und die Angstabwehr

Wenn man nun die gedankliche Spur konsequent weiterverfolgt, daß Intuitionen, psychologisch gesehen, eine bestimmte Funktion für ein Individuum haben können und daß sie im hohen Maße im Dienste des körperlichen und seelischen Überlebens beziehungsweise der besseren Orientierung sowie der Identitätsentwicklung und des Identitätserhalts stehen können, dann liegt die Schlußfolgerung nahe, daß sie mit den altbekannten Abwehr- und Bewältigungsmechanismen, vertrauten Begriffen aus der Psychoanalyse, eng verwandt sind. Vielleicht kommen diese auch nur in einem moderneren Gewand daher und nennen sich heute zeitgemäßer „Intuitionen". Als fachspezifische Redewendung sind mit „Abwehr- und Bewältigungsmechanismen" bestimmte Manöver der Psyche gemeint, bei denen es vordringlich darum geht, die Handlungsfähigkeit einer Person in einer als bedrohlich erlebten Situation zu sichern.

Die Mobilisierung der Antriebskräfte

Nach der Reaktorkatastrophe von Tschernobyl wurde am Psychologischen Institut der Technischen Universität Berlin eine Studie durchgeführt, in der die psychischen Reaktionen der Bewohner und die psychologischen Folgen für das Verhalten in der damals noch von der innerdeutschen Grenze eingeschlossenen Stadt erforscht werden sollten. Die Menschen waren seinerzeit damit konfrontiert, daß ihre Gesundheit trotz der relativ großen Entfernung zum Unglücksort von den Auswirkungen der atomaren Strahlung gefährdet sein konnte. Da die Bedrohung sinnlich überhaupt nicht erfaßbar war, wurden Aussagen von wissenschaftlichen Experten zum Maßstab für das Vertrauen in die Handhabbarkeit der Gefahr, die von diesem GAU ausging. Neben einer erstaunlichen Wissenschaftsgläubigkeit einzelner Personengruppen, die sich zu dem Zeitpunkt streng an die Ratschläge der neuen Autoritäten hielten, gab es andere Gruppen, die ihr Mißtrauen in die Aussagen offizieller Stellen auf die Spitze trieben und sich nun von allen Seiten betrogen fühlten. Dieses neue Lebensgefühl paßte allerdings gut zu einer längst vorhandenen latent paranoiden Grundhaltung, die durch widersprüchliche Expertenkommentare immer neue Nahrung erhielt. Die Berufung auf die eigene Intuition wurde für viele Menschen zum Halt, der ihnen half, ihre inneren und äußeren Abwehrkräfte zu mobilisieren und sie von dem Zustand der Lähmung ihrer Antriebskräfte befreite. Einige verließen sich auf ihre Intuition, um zu erfassen, welchen offiziellen Auskünften zu trauen war, und andere darauf, was ihrer Gesundheit schaden würde und was nicht. Während einige Menschen nun einen überzogenen Gesundheitskult betrieben, legten andere eine besondere Genußbezogenheit an den Tag, sie wollten jeden Augenblick genießen und auf nichts mehr verzichten. Schlankheitsdiäten wurden massenhaft abgebrochen, und entwöhnte Raucher griffen reihenweise wieder zur Zigarette[13].

Es ist unschwer zu erkennen, daß all diese Verhaltensweisen dazu dienen, mit einer diffusen Angst fertig zu werden, die man nicht konkret bekämpfen kann, weil sie unsichtbar ist und sich nur dem Verstand darstellt. In der Fachsprache der Psychologie werden derartige Reaktionen „Abwehrmechanismen" genannt.

Leider werden die meisten dieser Abwehrformen als neurotisch diskriminiert, weil sie so oft in unangenehmen und störenden Verhaltensweisen sichtbar werden. Aber eben diese manchmal so befremdlich wirkenden Abwehrvorgänge sind immer auch als ein lebenszugewandter Rettungsversuch der Seele zu begreifen, wenngleich diese für ihre helfenden Bemühungen zugegebenermaßen manchmal eine recht merkwürdige Verpackung wählt. Wer außer einem verstehenden Therapeuten oder einem wohlwollenden Partner soll dann aber hinter einer absonderlich wirkenden Fassade aus Angst und Angstabwehr noch das verzweifelte Ringen um lebendige Weiterentwicklung und persönliche Entfaltung entdecken können?

So mag sich hinter mancher abenteuerlich anmutenden Intuition möglicherweise ebenso der Versuch verbergen, sich tapfer aus einer Haltung von Ohnmachtsgefühlen und Hilflosigkeit herauszuwinden. Eine Intuition dieser Prägung stünde dann durchaus im Dienste der Abwehr und damit der Angstreduzierung, selbst dann, wenn sie sich einmal als eine schlecht getarnte Variante krassesten Aberglaubens entpuppen sollte.

Der Gehalt von Intuitionen bemißt sich immer auch an ihrer psychischen Funktion für den einzelnen. Intuitionen sollten also nicht nur isoliert betrachtet, sondern besonders in bezug zu ihrer Funktion im Dienste einer psychischen Notwendigkeit beleuchtet werden. Der Gradmesser dabei ist ihre Vereinbarkeit mit der Sicht der Wirklichkeit, wie sie die anderen Menschen desselben Kulturkreises und desselben historischen Rahmens miteinander teilen.

Nur dort, wo sich in der Intuition ein unbewußter und vergleichsweise behelfsmäßiger Abwehrmechanismus verselbständigt, wird mit unrealistischen Inhalten zu rechnen sein. Damit soll aber das Phänomen keinesfalls entwertet werden. Es geht bei dieser Betrachtungsweise vielmehr darum, in welchem Dienste die jeweiligen Intuitionen stehen können, um eine Vergewisserung über ihren helfenden und lebenszugewandten Charakter herzustellen, der zuweilen zu einem überlebensnotwendigen Hintergrundwirken wird.

Die Rechtfertigung des Aberglaubens

Folgendes Beispiel greift noch einmal die zentrale psychische Funktion der Eindämmung der Todesangst auf. Es soll im Detail verdeutlichen, wie die Intuition nicht nur in den Dienst der Angstabwehr gestellt und wie dadurch die Angst vor existenzieller Bedrohung gemindert wird, sondern auch, wie Aberglauben und Pseudo-Logik durch die Verbrämung mit der Intuition gerechtfertigt werden können: „Den Tod unserer Gemüsehändlerin habe ich übrigens seit langem vorausgesehen. Ich spüre so etwas ganz tief in meinem Inneren. Wenn einer stirbt, sterben nämlich immer gleich drei! Erst war es meine Cousine Elsbeth, dann der Frisör und jetzt sie!" erklärte triumphierend eine alleinstehende alte Dame aus der Nachbarschaft, als sie die traurige Nachricht an die anderen Kunden weitergab.

Behutsame Nachforschungen ergaben, daß Cousine Elsbeth mindestens vier Jahre vor der Gemüsefrau gestorben war, und bei dem damals schon sehr alten Frisör lag der Tod auch bereits eine ganze Weile zurück. Außerdem bestand zwischen den drei Verstorbenen keine weitere Verbindung als die, daß sie der alten Nachbarin irgendwie bekannt waren. Auch war nicht zu übersehen, daß die kränkelnde alte Dame, die kurz vor der Vollendung ihres achtzigsten Lebensjahres stand, selbst eine panische Angst vor dem Tod hatte. Indem sie sich nun auf ihre Fähigkeit zur Vorhersage des Todes berief, konnte sie wenigstens ihre Angst vor der Plötzlichkeit des Zeitpunktes mildern, auch wenn sie höchst willkürlich Beziehungen zwischen Personen herstellte, deren Tod weder einen zeitlichen noch einen ursächlichen Zusammenhang hatte. Durch die Berufung auf die Intuition lassen sich einerseits mühelos Detailinformationen, die eigentlich keine Verbindung miteinander haben, scheinbar sinnvoll in einen pseudologischen Zusammenhang bringen. Andererseits kann mit der Intuition diese willkürliche Rekonstruktion und ihr abergläubischer Hintergrund verbrämt und gerechtfertigt werden.

Dem angeblichen Voraussehenkönnen schlimmer sowie guter Ereignisse mutet oftmals etwas Mystisches an und provoziert nicht selten bei den Zuhörern ein skeptisches Stirnrunzeln. Bei näherem Hinsehen werden gedankliche und emotionale Konstruktionselemente offenkundig, die zum Teil wohl aus echter Verzweiflung geboren sind, um die dabei entstehende übergroße Angst irgendwie in den Griff zu bekommen. Jeder Außenstehende kann die Absicht aber leichter durchschauen als die agierende Person, die sich Erschreckendes im nachhinein zu einem stimmigen Gesamtbild zusammenfügt, indem sie eben diese Vorahnung konstruiert. Denn erst, wenn das Ereignis eingetreten ist, wird es der Umwelt als längst vorhergesehen, geahnt oder gewußt präsentiert. Eine Intuition dieser Art steht ohne Zweifel im Dienste der Abwehr von Angst. Das ist letztlich die Angst vor dem eigenen Tod, vor der Überwältigung, vor dem Unkontrollierbaren, vor dem Nicht-Versicherbaren sozusagen.

Auch in weitaus harmloseren Zusammenhängen können Vorahnungen und gewißheitsverheißende Intuitionen eine beruhigende Funktion ausüben. Sehr oft treten sie dann im Gewand von Mystifizierungen ungewöhnlicher Zufälle auf und zeichnen den Vorhersager als einen besonders begnadeten Menschen aus. „Ich habe es doch geahnt! Habe ich es nicht gleich gesagt?! Ich wußte es doch!" So oder so ähnlich klingen sie häufig, die Ausrufe von Leuten, die es anscheinend nicht aushalten können, daß ein Ereignis eben nicht unter ihrem Einfluß, unter ihrer Kontrolle stand. Sie reißen sozusagen die

Definitionsmacht über den Ablauf wieder an sich, die ihnen doch gerade sichtbar entglitten war. Das Lebenszugewandte und das Kreative an diesen Abwehrmanövern der Psyche ist klar: Wer ein unabwendbares Ereignis geahnt hat, braucht sich später nicht mit Schuldgefühlen herumzuplagen, die ihn mit der Ungewißheit peinigen könnten, ob er nicht vielleicht hätte einschreiten müssen, um den Lauf der Dinge aufzuhalten.

Die Freisetzung von Kreativität und Schlagfertigkeit
Neben den geschilderten Formen der Abwehr von Angst gibt es aber auch andere Muster, und das sind gelungene Formen der Bewältigung. Anders als Abwehrmechanismen gelten solche Bewältigungsformen als eine reifere Leistung der Seele, und zwar dann, wenn es einer Person gelingt, angstbereitenden Umständen nicht nur wirksam, sondern auch in gesellschaftlich akzeptierter Weise zu begegnen. Das ist dann der Fall, wenn jemand auch die kompliziertesten Umweltanforderungen soweit berücksichtigen kann, daß entweder sein innerer Zustand ihm selbst und anderen gut verborgen bleibt oder daß er gegebenenfalls sogar in eine sozial attraktive Haltung umgewandelt wird und zum Beispiel in einen beflügelnden Einfall oder in eine schlagfertige Erwiderung mündet.

So mag sich auch hinter einem plötzlichen Geistesblitz möglicherweise ein gelungenes Ablenkungsmanöver einer bedrängten Psyche verbergen, die verzweifelt versucht, nach einer Erschütterung wieder eine verläßliche Grundlage herzustellen, auf der das weitere Bestehen gesichert zu sein verspricht. Eine Intuition dieser Prägung stünde dann auch im Dienste der Kreativität, wie das folgende Beispiel zeigt:

„Ich hätte den Typen erwürgen können!" empörte sich Judith, frischgebackene Psychologin und Tochter einer befreundeten Ärztin nach der letzten mündlichen Prüfung. Ihre Stimme zitterte immer noch, als sie zu Hause von der trotz allem offenbar erfolgreich überstandenen Tortur berichtete. „Der Prüfer hat eindeutig versucht, mich in die Pfanne zu hauen, wo es nur ging! Dabei war ich super vorbereitet! Keine Antwort bin ich ihm schuldig geblieben, obwohl der Scheißkerl einer von diesen bescheuerten Besserwissern ist! Zuerst dachte ich, der will mich mit jeder Bemerkung reinlegen! Der hat doch nur darauf gelauert, daß ich schlapp mache! Typisch Mann! Der kann sich Frauen wohl nur hinterm Herd oder im Bett vorstellen. Ist doch wahr, Mensch!" Trotz des Wutausbruches konnte sie eine gewisse Genugtuung nicht verbergen. „Ich dachte schon, ich kriege noch einen Blackout, so hat der Idiot mich in die Enge getrieben. Irgendwann habe ich aber plötzlich mitgekriegt, daß der wohl selber 'ne Art Prüfungsangst hat! Seine Hände haben richtig gezittert, und er hat immer mehr rote Flecken am Hals gekriegt. Der gilt doch sonst überall als scharfer Hund, ich konnte mir nicht vorstellen, daß der überhaupt Gefühle hat! Und weil ich fast schon keine Luft mehr gekriegt habe vor lauter Aufregung, das Herz hat mir bis zum Hals geklopft, da bin ich plötzlich auf eine völlig verrückte Idee gekommen: Ich packe ihn bei seiner Psychologenehre! Ich habe nämlich einfach die Prüfung selbst zum Thema gemacht, und was da gerade abging und so. Der war so verblüfft, daß ihm die Sprache weggeblieben ist. Alles hab ich ihm vor die Füße geknallt, seine miese Art, mit Frauen umzugehen, seine Überheblichkeit, meine Nervosität und wie ich den Faden verliere, wenn er so giftige Blicke abschießt. Und dann bin ich ganz sachlich geworden! Ich hab ihm ganz ruhig erklärt, daß man die gängigen Interaktionstheorien und das Rollenverständnis von Mann und Frau nicht nur unter kognitionspsychologischen Gesichtspunkten diskutieren kann, wie er sich das immer vorstellt! Obwohl ich darauf überhaupt nicht vorbereitet war, habe ich irgendwas von Übertragung und Gegenübertragung gefaselt und daß meine wahnsinnige Aufregung nur ein Spiegel seiner eigenen Aufregung gewesen ist und umgekehrt und daß wir uns gegenseitig hochgeschaukelt haben!!"

Das Ende der Geschichte war dann schnell erzählt, natürlich hatte sie die Prüfung mit Bravour bestanden, und dann brach Judith in ein Freudengeheul aus, das nicht mehr enden wollte. „Und nun kommt das Schönste!" kicherte sie schließlich, „ratet mal, was der Herr Professor mir nach der Prüfung vorgeschlagen hat?!" „Wahrscheinlich will er dich heiraten, damit du in der Wissenschaft keinen weiteren Schaden anrichten kannst!" giftete Judiths jüngerer Bruder, seinerseits Informatikstudent. „Blödmann!" fauchte Judith, „er hat mir zum nächsten Semester eine Stelle als Wissenschaftliche Mitarbeiterin in seinem Forschungsprojekt angeboten, er findet, ich hätte das Zeug zum Promovieren!!"

Hier geht es hauptsächlich darum, daß die eigenen Gefühle ernstgenommen werden:

- Die junge Frau fühlt sich in die Enge getrieben.
- Sie setzt den daraus resultierenden Handlungsimpuls mutig in die Tat um.
- Sie befreit sich aus der bedrängten Lage und streift die Rolle des duldsamen Opfers ab.
- Sie wechselt auf eine andere Ebene hinüber und dreht den Spieß um.
- Sie wird damit sogar zu einer angreifenden „Täterin" und kann eine befürchtete Niederlage in einen Sieg auf der ganzen Linie umwandeln.

Bei näherem Hinsehen wird an diesem Beispiel deutlich, daß offenbar auch der Prüfer sich auf seine Intuition verlassen hat und spontan richtig reagierte. Eine derart aufgebrachte und zudem mutige Prüfungskandidatin kann leicht zu einer erbitterten Feindin werden, und so ist es sicher klüger, sie zur Verbündeten zu machen und ihre kreative Energie in die gemeinsame Arbeit einfließen zu lassen.

Die in dem Beispiel geschilderte Reaktion von Judith zeigt, wie Intuition und emotionale Intelligenz eine gelungene Synthese bilden: Es findet eine Verschmelzung zu einer Einheit aus Gefühlen, Gedanken und Handeln statt.

VI. Intuition: Was geht hier vor sich?
Psychologische Erklärungsmodelle

Self-fullfilling-prophecies
Glückspilze und Lebenskünstler:
Meister der Intuition

Es gibt Menschen, denen gelingt scheinbar alles. Erfolgsverwöhnt, wie sie sind, gehen sie dementsprechend auch an neue Aufgaben mit Optimismus heran nach dem Motto: „Wenn jemand das schafft, dann ich!" Selbstzweifel kennen sie offenbar nicht, und wenn ihnen etwas mißlingt, dann suchen sie die Schuld nicht zuerst bei sich selbst, sondern sie schauen genau hin, welche Umstände für den Gesamtzusammenhang günstig und welche ungünstig waren. Sie erfassen intuitiv, wo Chancen oder Stolpersteine liegen.

Außerdem lassen sie sich von Fehlern oder Mißgeschicken nicht entmutigen, sondern ganz im Gegenteil: Sie versuchen, daraus etwas zu lernen. Sie sehen das Scheitern nicht als Katastrophe an, sondern als Chance, um noch besser zu werden, weil sie die erkannten Schwachpunkte gezielt bearbeiten können. Doch nicht nur Selbstsicherheit und Vertrauen in die eigenen Kräfte machen letztlich das Gelingen aus, es gehört auch eine große Portion Glück dazu, wenn der Erfolg eintreten soll. Das Vertrauen in das eigene Vermögen und das Vertrauen auf den günstigen Zufall oder auf die Gunst des Schicksals: das ist offenbar die richtige Mischung. Und in den meisten Fällen ist es die Voraussetzung, die eine optimistische Lebenseinstellung insgesamt schafft.

Und noch etwas kommt hinzu: Die ungebrochene Zuversicht in die eigene Lebensführung strahlt in die Umgebung hinein, und dort übernimmt man dann wie selbstverständlich die erfolgszuschreibende Devise: „Der schafft das schon!" So gehen Selbstsicht und positive Fremdeinschätzung eine äußerst nützliche Verbindung ein. Allerdings ist in der Umgebung der Glückspilze das Spektrum der Reaktionsmöglichkeiten auf den Erfolg ziemlich groß. Die Bandbreite enthält viele Nuancen:

- Da gibt es den wohlwollenden Ansporn: „Das schafft der schon."
- Die naive Bewunderung: „Was der alles kann."
- Das kritische Mißtrauen: „Ob das auch alles mit rechten Dingen zugeht."
- Den verächtlichen Neid und die geringschätzige Mißgunst: „Der hat doch einfach nur Glück gehabt."
- Die besserwisserische Entwertung: „Das ist doch nur ein dummer Zufall, normalerweise wäre es daneben gegangen."
- Und die entmutigende Risikovermeidung: „Wie leicht hätte das ins Auge gehen können."

Die Intuition der Glückspilze beruht im wesentlichen darauf, daß sie in der Lage sind, vorwiegend die Chancen einer Situation spontan herauszufiltern, und ihre Bereitschaft, ein Risiko einzugehen, orientiert sich an der Möglichkeit, daß es gelingen könnte. Da jedes Risiko sowohl eine optimistische Sicht auf den Ausgang der Ereignisse erlaubt, die zum schnellen Handeln drängt, als auch eine pessimistische Perspektive nahe legt, die zum Zögern und Vermeiden auffordert, greifen die Lebenskünstler intuitiv zu der Alternative, die ihnen Vorteile bringen kann. Demgegenüber greifen die Pechvögel intuitiv nach derjenigen Option, die ihnen Nachteile beschert.

Pechvögel und Versager: Meister der Vermeidung

Neben den vielen glücklichen Menschen gibt es natürlich auch unzählige Pechvögel. Wenn es einem vorher schon schwante, daß man garantiert gescheitert wäre mit seinem Vorhaben – wäre man nicht geistesgegenwärtig gleich zu Hause geblieben – dann hat man von Anfang an ziemlich schlechte Karten für ein erfolgreiches Gelingen. Das Versagen ist meistens dann geradezu vorprogrammiert, wenn entweder nur die Katastrophenphantasien ernst genommen und in Vermeidungsstrategien umgesetzt werden – getreu dem Motto: „Ich habe da so ein mulmiges Gefühl, das kann eigentlich überhaupt nicht klappen, da lasse ich es lieber ganz" . . . – oder wenn die Größenphantasien die Oberhand gewinnen und das zu erreichende Ziel viel zu hoch angesetzt wird, so daß nach menschlichem Ermessen vorauszusehen ist, daß da jemand Schiffbruch erleiden wird – getreu dem Motto: „Die werden staunen, die anderen, ich gehe jetzt voll auf's Ganze! Alles oder nichts, das muß meine Devise sein!"

Menschen, die mit dieser Haltung durchs Leben gehen, können Fehler nicht als Chance zum Lernen und zum Neubeginn ansehen, sondern sie erleben ihr Versagen vielmehr als eine Bestätigung ihres negativen Selbstbildes. Ihr Kernsatz lautet dabei sinngemäß etwa so: „Ich habe es doch gleich gewußt, bei mir geht immer alles schief." Oftmals klafft bei solchen Unglücksraben eine erhebliche Lücke zwischen ihren tatsächlichen Fähigkeiten und ihrer Idealvorstellung bzw. ihrer Negativmeßlatte, die sie an sich selbst anlegen. Nicht nur derjenige, der ständig mit der Aura einer zu erwartenden Niederlage herumläuft, polt seine Umgebung darauf, ihn mit Mißgeschicken in Verbindung zu bringen, auch derjenige, dem mit seinen hochfliegenden Plänen stets ein Touch von Selbstüberschätzung anhaftet, trägt dazu bei, daß man ihm nichts Rechtes zutraut. In diesem Fall gehen Selbstsicht und Fremdeinschätzung einen fatalen Pakt ein. Die Bandbreite der Reaktionen aus der Umwelt auf diejenigen, die das Pech gepachtet zu haben scheinen, ist eher eindimensional. Sie zeigt vor allem:

- Nachsichtiges Mitleid: „Ach, der arme Mensch."
- Klammheimliche Schadenfreude: „Das geschieht ihm ganz recht."
- Feindselige Ablehnung: „An dem klebt das Pech, mit dem will ich nichts zu tun haben. Das färbt womöglich noch auf mich ab."

Unheilspropheten machen sich daher selten Freunde in ihrem Bekanntenkreis, gleichgültig, ob ihr Pessimismus sich auf die eigene Person bezieht oder ob die ganze Welt gemeint ist. Sie werden eher gemieden, weil sie meistens Stimmungskiller in Reinkultur sind. Nun ist es aber immer noch besser, sich auf seine Intuition zu berufen, daß etwas schiefgehen könnte, als daß man eigene Schwächen eingestehen müßte. Es sagt sich leichter ein bedauernder Satz wie: „Mein Gefühl rät mir ab, hier mitzumachen . . ." als selbstsicher zu verkünden: „Das macht mir keinen Spaß, das ist mir zu anstrengend, dazu habe ich keine Lust, das kann ich nicht, ich habe Angst, mich zu blamieren . . ." Oder, selbstkritisch: „Wenn ich am Ende nicht mit Sicherheit als der Größte dastehen werde, dann interessiert mich das Ganze sowieso nicht!"

Vorhersagen und Prophezeiungen, die sich selbst erfüllen

Das planmäßige Eintreffen bestimmter Vorhersagen hat, sowohl im positiven als auch im negativen Fall, meistens nicht viel mit Hellseherei zu tun, sondern es sind in vielen Fällen wohl eher sogenannte „Prophezeiungen, die sich selbst erfüllen". Mit einem psychologischen Fachausdruck werden sie „self-full-filling-prophecies" genannt, und sie kennzeichnen einen inneren Vorgang, der äußerlich von „echten" Intuitionen nicht zu unterscheiden ist. Doch was sind „echte" Intuitionen, was sind „erfundene" Intuitionen?

Viele der vorgestellten Beispiele haben gezeigt, daß Intuitionen zu haben beziehungsweise darüber zu reden, sehr unterschiedliche Funktionen für die Psyche eines Menschen erfüllen können. Auch daß sie in unterschiedlichem Gewand daherkommen, ist deutlich geworden. Neben den „erfundenen" Intuitionen, das sind beispielsweise diejenigen, die sich als reine Nach-Konstruktionen entpuppen, stehen auf gleicher Ebene jene, die in Interaktionen als Machtmittel eingesetzt werden – vergleiche das Mutter-und-Tochter-Beispiel: „Du bleibst heute abend zu Hause, ich habe so eine dunkle Vorahnung, daß etwas Fürchterliches passieren könnte!"

Die im nachhinein „konstruierten" oder die „erfundenen" Intuitionen erfüllen fast immer solch ein psychisches Bedürfnis, das einen Mangel im eigenen Leben ausgleichen soll, wie zum Beispiel die Erfüllung unbewußter familiärer Aufträge, die Eindämmung der Angst vor Kontrollverlust oder die narzißtische Aufwertung.

Anders verhält es sich aus psychologischer Sicht mit den intuitiv getroffenen Vorhersagen, die dann tatsächlich eintreten. Hier läßt sich als nachvollziehbare Erklärung dafür, wie Intuitionen, psychologisch gesehen, funktionieren mögen und welche Prozesse bei einer Intuition oder einer Vorhersage innerlich ablaufen dürften, als gedankliches Hilfsmittel die schon erwähnte Modellannahme in Anspruch nehmen, nämlich der durch diese Merkmale definierte Mechanismus einer „Self-full-filling-prophecy". Dieser Ausdruck wird nicht nur in der Psychologie seit Jahrzehnten für das beschriebene Phänomen gebraucht, er ist auch längst in die alltägliche Sprache eingegangen. Dennoch ist er den Betroffenen, wenn schon nicht unbekannt, so doch in der aktuellen Situation zumindest nicht gegenwärtig, denn sonst würde der Mechanismus nicht mehr funktionieren können. Er besteht ja gerade darin, daß derjenige, der etwas „prophezeit", etwas vorhersagt, sich selbst und seine Prophezeiung eben nicht als das auslösende Moment dessen, was er voraussagt, erkennen kann. Denn genau die Tatsache, daß die Voraussage gemacht und von anderen Menschen ernst genommen wird, ist die alleinige Ursache ihres wahrhaftigen Eintretens. Dabei ist es völlig unerheblich, ob diese Voraussage eine „echte" Voraussage ist, denn schließlich beeinflußt sie das Verhalten genau in die Richtung ihrer eigenen Erfüllung. Sie produziert damit eine Realität, deren Ausgestaltung ursprünglich nur in der Imagination des Vorhersagenden existierte und die es ohne die Voraussage wohl überhaupt nicht gegeben hätte. Der Vorgang mutet absurd an und ist dennoch häufig zu beobachten: Eine bestimmte, noch gänzlich ungeschehene Tatsache wird für die Zukunft als gewiß eintretend behauptet. Und genau durch diese Behauptung, und durch nichts anderes, werden in der Gegenwart die Voraussetzungen dafür geschaffen, daß sich eben diese Behauptung bewahrheitet. Ein kurzes Beispiel soll diesen Vorgang veranschaulichen:

Vor einigen Jahren spielte sich in einem kleinen Ferienort in Norddeutschland eine eigentlich recht harmlose Geschichte ab: Es war ein, besonders für den Norden, ungewöhnlich heißer Sommer, tagelang hatte es keine Abkühlung gegeben, und auch nachts war das Thermometer nicht auf erträgliche Temperaturen gesunken. Durch die anhaltende Hitze waren Urlauber und Einheimische gleichermaßen von einer lähmenden Trägheit befallen, niemand hatte Lust, mehr als das Nötige zu tun. Der Tagesablauf drehte sich um einfache Vergnügungen: zwischendurch ein erfrischendes Eis, am Abend ein paar gut gekühlte Biere im Freien. Der einzige Krämerladen im Dorf, der eher als eine Art Notbehelf für die Alteingesessenen fungierte und dessen Inhaber das Geschäft mit den Urlaubern noch nicht so ganz ernst nahm, war hauptsächlich auf den Verkauf von Ansichtskarten, Süßigkeiten, Kaffee und ein bißchen Kuchen eingestellt, auch Mehl, Zucker und Salz waren in kleinen Mengen vorrätig, aber als Attraktion gab es immer ein paar Kisten mit gekühltem Mineralwasser, Saft und Bier. Allerdings brachte der erhöhte Eiskonsum die Verkäuferin in arge Bedrängnis, weil es offenbar auch an Flexibilität fehlte, sich auf die veränderte Nachfrage einzustellen. Da niemand Lust hatte, sich im überhitzten Auto, mit dem Fahrrad oder gar zu Fuß auf den Weg in den Nachbarort zu machen, der mit seinen sechs Geschäften immerhin schon eine erheblich größere Auswahl zu bieten hatte und nur fünf Kilometer entfernt war, konnte der Dorfladen endlich auch die weniger beliebten Eissorten loswerden. Doch beim Plausch von Tür zu Tür hatte der alte Küster plötzlich den Zeigefinger erhoben und warnend verkündet: „Ich sage euch, jetzt wird auch das Bier knapp, wie damals 1950! Da mußten sie ganz nach Hamburg hin, um neues zu besorgen! Also paßt auf, Leute, ich sage euch, morgen früh gibt es in der ganzen Gegend kein einziges Bier mehr zu kaufen!" Daß seine Vorhersage eintraf und daß am nächsten Tag tatsächlich sowohl im Dorfladen als auch im Nachbarort keine einzige Flasche Bier mehr zu haben war, hatte seine Ursache ausschließlich in der Vorhersage des Küsters gehabt, der übrigens danach überall triumphierend verkündete, er habe schon immer hellseherische Fähigkeiten gehabt, und nun hätte auch der letzte Ungläubige den Beweis am eigenen Leibe spüren müssen! Die Erklärung für den bierlosen Schock ist äußerst simpel: Nach des Küsters Unkenrufen hatten eilige Hamsterkäufe eingesetzt, sogar ins brutheiße Auto hatte man sich wie in Panik geschwungen, um sich das abendliche Vergnügen zu sichern. Auf einen solchen Ansturm waren die bedächtigen Geschäftsleute der Umgebung nicht vorbereitet gewesen, und so gab es tatsächlich mitten in der Hochsaison einen beängstigenden Bierengpaß. In diesem Beispiel handelt es sich um eine Prophezeiung, die viele andere Menschen mehr oder weniger in Mitleidenschaft zieht.

Mobbing, Klatsch und Tratsch als Nährboden für „erfundene" Intuitionen

In anderen Zusammenhängen ist es häufig eher eine einzelne Person, die von einer derartigen Vorhersage betroffen ist. Ein solcher Blick in die Zukunft kann allerdings nur einen wirksamen Einfluß auf die Gegenwart entfalten, wenn andere Menschen dieser Voraussage Glauben schenken. Gerade am Arbeitsplatz sind solcherlei Vorgänge häufig anzutreffen, und man hat es dabei durchaus mit dem altbekannten Gerücht zu tun, das in seiner modernen Variante als „Mobbing" die Runde macht.

Hier ein Beispiel: „Schau dir Lore doch einfach mal genauer an", sagte die Frau von der Supermarktkasse in der Pause zu ihrer Kollegin von der Käsetheke, „sie hat schon wieder Ringe unter den Augen! Ich wette, sie ist heute schon wieder zu spät zur Arbeit gekommen! Ist ja auch egal, aber ich sage dir, lange läßt sich der Chef das nicht mehr bieten. Ich hab so'n dummes Gefühl, daß die schon im nächsten Monat nicht mehr bei uns ist." Die Kollegin war trotzdem skeptisch: „Ich hab noch nichts davon läuten gehört, daß die Lore schon mal unangenehm aufgefallen ist. Und arbeiten kann die! Wie ein Pferd! Du weißt doch, daß der Alte große Stücke auf sie hält, der schmeißt die doch nicht so schnell einfach 'raus!" „Ich hab ja auch nicht gesagt, daß er sie am Ende noch 'rausschmeißt, irgendwie hab ich's im Gefühl, daß die ganz von selber geht, schon um sich nichts nachsagen zu lassen!" Daß die Vorhersage eintrat und daß es dann in ziemlich kurzer Zeit für die ahnungslose Lore tatsächlich zur eigentlich unbeabsichtigten selbst eingeleiteten Kündigung kam, lag sicher an der einseitig gerichteten Aufmerksamkeit ihrer auf Verdachtserhärtung gepolten Kolleginnen. Ohne böse Absicht wurde plötzlich jede Auffälligkeit in Lores Gesicht unter die Lupe genommen: „Hat sie nun etwas zu verbergen oder nicht, trinkt sie zuviel, wird sie vielleicht geschlagen, oder kriegt sie nicht genügend

Schlaf, weil sie Sorgen zu Hause hat?" Jede Unachtsamkeit, jedes kleine Versehen, jede Ungeschicklichkeit und jeder Fehler, alles, was Lore passierte, wurde auf einmal sorgsam registriert, in aller Ausführlichkeit mit phantasievollen Ausschmückungen versehen und unter den Kolleginnen diskutiert. Das blieb auch Lore selbst nicht verborgen. Sie wurde allein dadurch immer unsicherer, daß ihr Verhalten ständig beobachtet und kommentiert wurde. Sie hatte kein Zutrauen mehr zu ihrer Leistungsfähigkeit, und das Vertrauen zu den geschwätzigen Kolleginnen war sowieso nie besonders groß gewesen. Lore wurde innerhalb kurzer Zeit zur abgelehnten Außenseiterin, und in ihrer Verzweiflung gab sie schließlich dem Chef ihre Kündigungsabsicht bekannt. Zum Monatsende verließ sie ihre Arbeitsstelle. Doch die Frau an der Kasse konnte ihren Triumph nicht so recht auskosten, weil inzwischen das Gerücht umging, daß sie eine „falsche Schlange" sei. Lore hatte das böse Wort beiläufig an ihrem letzten Arbeitstag fallenlassen.

So oder so ähnlich fangen all die kleinen und großen Gemeinheiten an, die für die Betroffenen manchmal in einer persönlichen Katastrophe enden können, sogar ohne daß ein „übles Lästermaul" die Finger im Spiel gehabt haben muß. Wo die Aufmerksamkeit überdeutlich auf eine bestimmte Person, ein bestimmtes Verhalten oder ein bestimmtes Ereignis gerichtet wird, ergeben sich die zu beobachtenden Daten wie von selbst. Man spricht von einer selektiven Wahrnehmung, die unbewußt alle anderen Merkmale ausblendet, weil man sich innerlich eine klare Vorstellung davon gemacht hat, wie es kommen wird beziehungsweise wie es nun auch zwangsläufig kommen muß. Die Seele ist konservativ, sagt man, sie ist auf Sicherheit bedacht, und deshalb kann sie ein Bild, das sie sich einmal von der Wirklichkeit gemacht hat, ganz schlecht wieder aufgeben. So sucht sie sich stets aus der Komplexität der Realität vorwiegend diejenigen Elemente heraus, die ihre einmal angenommene Perspektive bestätigen. Und was nicht ins Bild paßt, wird manchmal einfach umgedeutet.

Verfolgungswahn als Ausdruck
„fehlgeleiteter" Intuitionen

Manchmal allerdings verhält sich jemand derartig sonderbar, daß man unwillkürlich immer wieder hinschaut, um zu ergründen, was eigentlich los ist mit ihm. Und so wird das Verhalten der anderen durch das eigene Verhalten derart stark mitbestimmt, daß Ursache und Wirkung sich vertauschen. Der achtundzwanzigjährige Johannes, der seit einigen Monaten zurückgezogen in einer betreuten Wohngruppe am Ortsrand einer kleinen Gemeinde lebt, zieht die Blicke anderer Menschen fast automatisch auf sich, solange er zurückdenken kann. Er sieht nämlich außergewöhnlich gut aus. Es ist durchaus möglich, daß diese äußerliche Attraktivität der Ausgangspunkt seines Problems ist. Jedenfalls fühlt er sich unablässig bedrängt durch die fremden Blicke, die manchmal „wie Feuer" auf seiner Haut brennen. Er weiß nicht, was er davon halten soll, wenn er sich so merkwürdig angeschaut fühlt. Ist es echtes Interesse, sind es intime Kontaktwünsche, ist es blanker Neid oder gehässige Mißgunst, das hat er sich immer wieder gefragt. Und so hat er irgendwann damit begonnen, seinerseits intensiv zurückzuschauen, meistens mit angriffslustigem Mißtrauen im Blick. Manchmal hat er andere Leute mit seinen Blicken derart finster verfolgt, daß diese sich ihrerseits bedrängt fühlten und es zu einem aggressiven Wortwechsel kam. Dadurch fühlte sich Johannes bestätigt in seiner Befürchtung, daß er bedroht war. Einmal ergriffen von der Vorstellung, daß alle ihn so komisch anschauten, weil sie ihm übel wollten, wurde dies zu einer fixen Idee. Sein Mißtrauen wurde zur Besessenheit, und das Gefühl des Bedrohtseins wurde so stark, daß er sein Jurastudium abbrechen mußte. Denn er fühlte sich nicht mehr sicher unter seinen Kommilitonen und konnte sich nicht mehr konzentrieren, weil seine Gedanken sich nur noch im Kreis drehten. Alle Geräusche und Gesprächsfetzen, die er zufällig aufschnappte, bezog er auf sich. Das Hämmern in der Nachbarwohnung zum Beispiel erschien ihm als ein Beweis dafür, daß man ihn abhören wollte, und den fragenden Blick der Zeitungsfrau am Kiosk, die auf seine Bestellung wartete, deutete er als einen Hinweis dafür, daß man ihn ständig unter Kontrolle hatte.

Nach einem wenig erfolgreichen Aufenthalt in einer psychiatrischen Klinik fand sich der Platz in der Wohngruppe. Johannes hat zwar irgendwie erkannt, daß sein Problem einen hohen Krankheitswert hat, und er versucht unter größter psychischer Anstrengung, sich so weit wie möglich „normal" zu verhalten. Doch sein paranoides Weltbild ist stärker. Immer wieder macht er den Versuch, sich unauffällig unter Menschen zu begeben. So kann man ihm zuweilen im Café in der Kreisstadt begegnen. Zunächst sitzt Johannes wie unbeteiligt vor seinem Espresso, den er sofort bezahlt, nachdem er serviert wird, damit er schnell aufbrechen kann, wenn die Situation ihm zu brenzlig wird. Streift jemand absichtslos seinen Blick, wird es ihm schon kribbelig zumute. Er zwingt sich ein Weile lang, so zu tun, als habe er es nicht bemerkt. Irgendwann wird der Impuls, sich zu vergewissern, daß wirklich alles in Ordnung ist, so groß, daß er sich prüfend umschaut. Wenn es dann zufällig passiert, daß wieder jemand ahnungslos seinen Blick streift, vielleicht sogar ganz schnell wieder weg schaut, weil es ihm peinlich ist, bei der harmlosen Beobachtung ertappt worden zu sein, fühlt Johannes sich innerlich in höchste Alarmbereitschaft versetzt. Er muß dann doch noch einmal nachsehen, ob der andere ihn tatsächlich so komisch mustert. Er blickt also forschend um sich. Daß sein mißtrauisches Abprüfen der Blicke des anderen selber befremdlich wirkt, ist ihm nicht mehr bewußt. Sein Mißtrauen springt automatisch auf die anderen Gäste über, die ihn nun ihrerseits irritiert und wie hypnotisiert anstarren. Die Atmosphäre ist inzwischen außerordentlich angespannt, und jeder der Anwesenden weiß „intuitiv", daß hier irgend etwas nicht stimmt. Irgend jemand hat eine unsichtbare Grenze überschritten, die Interaktion ist vorübergehend entgleist, die sonst üblichen Umgangsformen sind momentan lahmgelegt und funktionieren erst wieder richtig, als Johannes fluchtartig das Lokal verläßt. Johannes kann den Vorfall nur wieder als einen Beweis für die Richtigkeit seiner paranoiden Annahmen verbuchen. Die innere Vorhersage, daß alle Menschen ihn wieder so argwöhnisch beäugen werden, bewahrheitet sich also immer wieder, auch wenn Johannes sich so gern „normal" verhalten möchte. Aus seiner Sicht sind alle seltsamen Blicke, die er erntet, auffällige Verhaltensweisen, die er für die Ursache seiner berechtigten Skepsis halten muß, wobei er sich stets als der Reagierende wahrnimmt. Sein „intuitives" Wissen, daß die Welt um ihn herum voller Gegner ist, hat ihn schließlich zu einem wachsamen, hellhörigen und kritischen Sonderling werden lassen, der immer auf der Hut ist. Seinem Bewußtsein ist es nicht zugänglich, daß es wahrscheinlich genau umgekehrt sein könnte: daß es nämlich sein eigenes Verhalten ist, welches bei anderen Menschen diese Reaktionen auslöst.

Unterschiedliche Wahrnehmungsmuster und ihre Deutungsspielräume: Spezielle Voraussetzungen für das intuitive Erfassen

Ähnlich wie man nicht *nicht* kommunizieren kann, ist es letztlich auch unmöglich, die eigene Wahrnehmung gänzlich abzuschalten. Selbst bei psychisch oder körperlich bedingten Leiden, bei denen die Wahrnehmung in extremer Weise eingeschränkt oder sogar ausgeblendet ist, werden noch Reste von äußeren Informationen registriert oder es werden qualitativ andere Signale, wie zum Beispiel innere Impulse, aufgenommen. Daraus läßt sich der Gedanke ableiten, daß es verschiedene Muster der Wahrnehmung gibt und daß sie der jeweiligen körperlichen und geistig-seelischen Verfassung eines Menschen angepaßt sind. Bei diesen Überlegungen ist weiterhin zu berücksichtigen, daß die gefühlsmäßige und gedankliche Verarbeitung des Wahrgenommenen ebenfalls bestimmten inneren und äußeren Gegebenheiten entspricht. Die schiere Wahrnehmung nämlich wäre wertlos, wenn sie nicht in einer speziellen Weise verarbeitet, das heißt, wenn sie nicht mit einer bestimmten Bedeutung versehen und danach in bestimmte Impulse und Handlungen münden würde. Bei diesem Akt der Bedeutungszumessung für all jenes, was man wahrnimmt, spielen sowohl individuell lebensgeschichtlich als auch kulturell historisch geprägte Deutungsmuster eine große Rolle. Auch die Befriedigung eines aktuellen Bedürfnisses oder die Erfüllung einer dringenden Pflichtaufgabe bestimmen die Bedeutung mit, die man einer bestimmten Wahrnehmung beimessen kann. Wer sehr hungrig ist oder großen Durst hat, schaut mit anderen Augen nach einer Imbißbude oder nach einem Supermarkt als jemand, der in jeder Hinsicht satt ist. Die Aufmerksamkeit ist eingeengt, und die Wahrnehmung ist auf die möglichst schnelle Bedürfnisbefriedung ausgerichtet. Ebenso eingeengt auf ein bestimmtes Ziel ist die Wahrnehmung bei der Erfüllung einer lästigen Pflicht oder beim Warten in einer Schlange. Wer zum Beispiel nach Feierabend schnell nach Hause fahren möchte und mit seinem Fahrzeug an der roten Ampel einer langgestreckten Baustelle halten muß, dem dehnen sich sogar zwei bis drei Minuten ins schier Endlose, wer jedoch in ein angeregtes Gespräch vertieft ist, dem vergehen auch zwei bis drei Stunden wie im Fluge.

Zu einem anderen Zeitpunkt, in einer anderen Stimmung oder bei einer anderen Interessenslage würde man der Wahrnehmung derselben Signale eine ganz andere Bedeutung zumessen. Man denke nur an das berühmte Glas, das mit einer Flüssigkeit gefüllt ist, und das man je nach innerer Verfassung entweder als schon halb leer oder als noch halbvoll betrachten kann. Üblicherweise wird die jeweilige Betrachtungsweise dem Optimisten oder dem Pessimisten zugeschrieben, doch je nach Eigenart der Flüssigkeit, ob leckerer Tropfen oder bittere Medizin, ändert sich die Sichtweise noch einmal. Es besteht also für dieselben Beobachtungen, Ereignisse und Erlebnisse ein erheblicher Deutungsspielraum, wobei manche Muster das intuitive Erfassen von Zusammenhängen eher begünstigen als andere Formen der Aufmerksamkeit. Die Möglichkeiten des intuitiven Erfassens können also unter speziellen Voraussetzungen besser genutzt werden, und zwar dann ganz besonders gut, wenn die Aufmerksamkeit nicht auf ein bestimmtes Ziel gerichtet ist und damit auch die Wahrnehmung einengt.

Gebundene Aufmerksamkeit

Normalerweise ist die Aufmerksamkeit nicht ständig gezielt auf einen bestimmten Punkt gerichtet und gestaltet sich daher immer eher etwas diffus umherschweifend. Dennoch richtet sie sich sofort treffsicher auf kleinste Veränderungen im Blickfeld, wenn man mit einer bestimmten Aufgabe befaßt ist. Beim Autofahren über Land in der Dämmerung zum Beispiel nimmt man routiniert und gelassen den Straßenverlauf zur Kenntnis, solange alles einigermaßen übersichtlich wirkt. Sobald man jedoch im Augenwinkel am Straßenrand auch nur die kleinste Bewegung wahrnimmt, ist augenblicklich die Wahrnehmung geschärft, und man achtet konzentrierter als vorher auf einen eventuellen Wildwechsel. Damit fokussiert sich die Aufmerksamkeit zwangsläufig auf einen speziellen Ausschnitt der erwartbaren Vorfälle, und man achtet naturgemäß weniger auf andere interessante Aspekte wie beispielsweise auf die Schönheit des abendlichen Herbstwaldes, durch den man gerade fährt. Möglicherweise kann man am Ende der Fahrt noch nicht einmal mit Sicherheit sagen, ob das Laub der Bäume schon gänzlich herabgefallen war oder nicht. Die auf das Eintreffen eines bestimmten Ereignisses gerichtete Aufmerksamkeit wird durch ihre spezielle Erwartungshaltung perspektivisch eingeengt und kann andersartige Vorkommnisse dann nur noch zusätzlich aufnehmen und angemessen verarbeiten, wenn sie besonders stark beansprucht wird. Bei der herbstlichen Autofahrt könnte das vielleicht ein Ball sein, der vor den Wagen auf die Straße rollt, oder es könnten die roten Bremslichter des voran fahrenden Autos sein, die die Aufmerksamkeit neu erregen. Ähnlich ist es beim Kochen, beim Musikhören oder bei der Anfertigung der Steuererklärung. Die Aufmerksamkeit ist durch die spezifische Aufgabe gebunden, und sie ist nicht mehr offen für andere Wahrnehmungen oder Beobachtungen; man hört dann nicht einmal das Telefon klingeln, oder man sieht nicht, ob der Partner noch seinen Büroanzug trägt oder schon im Freizeitpullover herumläuft.

Selektive Aufmerksamkeit

Die Wahrnehmung muß sich immer auf eine gewisse Anzahl von Aspekten eines mehr oder weniger großen Ausschnittes der Wirklichkeit beziehen, und zwar nicht nur dann, wenn die Aufmerksamkeit durch eine bestimmte Aufgabe gefesselt ist, sondern auch, wenn sie sich entspannt auf neue Informationen richtet. Manchmal ist die Aufmerksamkeit aber besonders empfänglich für einige ausgewählte Aspekte der Umgebung. Wer zum Beispiel zum ersten Mal in seinem Leben selbst eine Brille tragen muß, dem fällt plötzlich auf, wie viele andere Menschen auch eine Brille tragen. Überall gibt es auf einmal Brillenträger, beim Einkaufen sieht man sie im Supermarkt, auf der Heimfahrt in der U-Bahn und bei der Tagesschau im Fernsehen, und auch sonst bei allen möglichen Gelegenheiten fallen sie einem auf. Auch Praxen von Augenärzten und Optikern sowie Brillengeschäfte scheinen über Nacht in der vertrauten Geschäftsstraße aus dem Boden geschossen zu sein. In diesem Fall spricht man von einer selektiven Wahrnehmung. Die Wahrnehmung filtert ab einem bestimmten Zeitpunkt aus der Vielzahl von Informationen plötzlich deshalb vermehrt diese bestimmten Elemente heraus, weil sie in ihrer persönlichen Bedeutung noch nicht zur Gewohnheit geworden sind.

Diese Selektion der speziellen Elemente verliert sich nämlich nach einiger Zeit wieder von selbst, wenn man sich an das

Neue gewöhnt hat. Bei einem als zentral erlebten persönlichen Merkmal allerdings bleibt ein selektiver Aufmerksamkeitsfokus oftmals über eine lange Zeit erhalten, manchmal ein Leben lang, wie zum Beispiel bei einem im Ausland lebenden Menschen, der im Kontakt mit anderen darauf fixiert ist, erst einmal ganz schnell abzuchecken, ob der andere etwa fremdenfeindlich eingestellt ist oder ob sein eventuelles privates Mißgeschick ursächlich durch seinen Status als Ausländer bedingt ist. Auch viele Menschen, deren Lebenseinstellung durch ein streng ideologisch gefärbtes Weltbild geprägt ist, neigen zu einer dauerhaften selektiven Sicht der Dinge. Häufig sind bei ihnen dann auch „Intuitionen" zu finden, deren Inhalte um die Bestätigung ihrer speziellen Perspektive kreisen: „Ich habe gleich gesehen, daß der Fahrprüfer ein mieses Fascho-Arschloch ist", sagte die junge Frau mit dem leicht dunklen Teint, nachdem sie durch die Prüfung gefallen war. „Von Anfang an habe ich geahnt, daß der was gegen Frauen am Steuer hat, und als Ausländerkind hatte ich doch sowieso keine Chance!" Möglicherweise hat sie mit ihrer Vermutung tatsächlich recht, doch sie könnte sich wahrscheinlich viel besser gegen eventuelle Benachteiligungen schützen, wenn sie ihren persönlichen Deutungsspielraum erweitern würde.

Gleichschwebende Aufmerksamkeit
Die Wahrnehmung ist nicht zwangsläufig immer von bestimmten Interessen, Pflichten und Zwängen geleitet, manchmal kann sie sich auch auf dem Boden einer interesselosen Neugier entfalten und frei von inneren und äußeren Notwendigkeiten mit gleich starker Intensität eine Vielzahl unterschiedlich wichtig erscheinender Details festhalten. Die Aufmerksamkeit schwebt sozusagen in einem Zustand der geistigen Schwerelosigkeit über der gesamten Situation. Das Wahrgenommene wird dabei nicht mit dem Maßstab der Brauchbarkeit oder der Wichtigkeit sortiert, sondern es dürfen zunächst alle Elemente mit gleicher Wertigkeit ins Bewußtsein vordringen

und gespeichert werden. Die Interpretation der verschiedenen Aspekte erfolgt dann oft erst zu einem späteren Zeitpunkt, und zwar dann, wenn ihr Gehalt plötzlich eine bestimmte Bedeutung für den Gesamtzusammenhang darstellt, deren tieferer Sinn sich durch Gedankensprünge, freie Assoziationen oder neuartige Verknüpfungen erschließt und zu neuen Überlegungen und Handlungen führt. In der psychologischen Praxis gibt es in therapeutischen Sitzungen oder in Supervisions- und Coachingzusammenhängen immer wieder scheinbar unwichtige Signale, die von den Betreffenden unbewußt ausgesendet werden und deren tieferer Sinn sich auf diesem Wege erschließen läßt.

Der Begriff des „Gleichschwebens" stammt aus dem Vokabular der Psychoanalyse. Im Alltagssprachgebrauch hat sich allerdings sinngleich eher der Ausdruck der freischwebenden Aufmerksamkeit festgesetzt. Man stößt in vielen Bezügen auf die Wirksamkeit dieser Form der Aufmerksamkeit, wenn man genauer darauf achtet. Wichtig ist dabei, daß verschiedene Komponenten berücksichtigt und entsprechende Voraussetzungen geschaffen werden:

- Die Aufmerksamkeit schwebt schwerelos über der Situation.
- Möglichst viele Elemente werden unsortiert in den Wahrnehmungsspeicher aufgenommen.
- Diese ungefilterten Wahrnehmungsinhalte werden bei ihrer Verarbeitung gleichermaßen ernst genommen.
- Sie werden sinnvoll verknüpft.
- Sie münden in einen entsprechenden Handlungsimpuls.
- Sie führen zur effektiven Tat.

Ein schönes Beispiel für die Wirksamkeit der gleichschwebenden Aufmerksamkeit findet sich auch in der Rahmengeschichte der „Märchen aus 1001 Nacht":
Scheherazade, Tochter eines Großwesirs und jungfräulich

mit einem Despoten vermählt, sichert sich ihr Überleben nach der Hochzeitsnacht „intuitiv" durch, wie man vermuten kann, die richtigen Worte in einer schier aussichtslosen Situation. Der König, überdrüssig seiner Angst, ehebrecherisch betrogen zu werden, hat es sich zur Gewohnheit gemacht, allabendlich eine Jungfrau zu ehelichen und sie am Morgen nach der ersten Nacht enthaupten zu lassen. Dieses Schicksal droht jeder seiner Bräute, auch der klügsten und der hübschesten unter ihnen. Allein Scheherazade bemerkt feinsinnig die kindliche Neugier hinter der eiskalten Maske des Herrschers über Leben und Tod. Trotz ihrer Jugend weiß sie, daß sie sich bei dieser unberechenbaren Begegnung mit einem Wahnsinnigen sowohl auf ihr Einfühlungsvermögen als auch auf ihre Geistesgegenwart verlassen kann. Noch vor der ersten intimen Berührung gelingt es der Frischvermählten, den Spieß umzudrehen. Geschickt spinnt sie ein Netz aus Anspielungen und Zweideutigkeiten, das den gnadenlosen Gatten aufhorchen läßt. Die Erzählerin überläßt sich zuversichtlich ihren Eingebungen. Trotz der Leichtigkeit ihres Sprachflusses entgeht ihr nichts. Während sie plaudert, registriert sie ungefiltert jegliche Regung ihres Gebieters. Kein Stirnrunzeln, kein Lächeln und kein Schnauben, nicht einmal sein unregelmäßiger Lidschlag und die Bewegung seiner Finger bleibt unbemerkt, ja sogar seinen Herzschlag meint sie zu hören. Ihre Aufmerksamkeit schwebt also gleichermaßen frei im Raum. So vernetzen sich in ihren Gedanken die Beobachtungen mosaikhaft zu dem Bild eines Menschen, der von Verlangen und Sehnsucht beherrscht wird. Er leidet in seiner alles umfassenden Kontrollsucht anscheinend unter einem qualvollen Mangel an unvorhersehbaren Ereignissen, an überraschenden und verblüffenden Wendungen im Geschehen. Scheherazade ersinnt einen einfachen Trick, um Spannung und Neugier bei ihrem Gemahl zuerst zu steigern und dann aufrechtzuerhalten, indem sie jede ihrer Geschichten genußvoll ausschmückt, sie kurz vor dem Höhepunkt abbricht und die Fortsetzung für den nächsten Abend ankündigt. So kann Scheherazade ihren Mann Nacht für Nacht vertrösten, bis er sich ihrer Verläßlichkeit offenbar ausreichend gewiß ist, um sie nicht mehr vernichten zu müssen.

Aber auch aus dem Alltagsleben gibt es eine Fülle von Beispielen, die belegen, daß bestimmte Zeichen wahrgenommen und gespeichert werden, ohne daß ihnen zunächst eine bestimmte Bedeutung beigemessen wird. Ihren tieferen Sinn erhalten solche Aspekte tatsächlich oftmals erst später, wenn sie „intuitiv" zu einem neuen Mosaik zusammengesetzt werden.

Besonders Mütter speichern häufig zunächst unsortiert kleinste Anzeichen der Auffälligkeit in Mimik, Gestik und Stimmlage ihrer kleinen Kinder und erkennen ihre Bedeutung oft erst dann, wenn sie, manchmal aus einer gewissen Distanz heraus, diese Beobachtungen richtig zusammenfügen können, wie ein besonders eindrucksvolles Beispiel zeigen soll, bei der die Intuition im Dienste der impulsiven Gefahrenabwendung steht:

Es ist die Geschichte einer jungen Frau, deren kleiner Sohn seit einiger Zeit an sogenannten Pseudokrupp-Anfälle zu leiden hatte, eine Atemwegserkrankung, bei der es häufig zu akuten Einengungen der Atemluftzufuhr kommen kann. Eines Abend saß diese junge Mutter zusammen mit ihrer jüngeren Schwester nach Wochen zum ersten Mal wieder im Kino. Plötzlich wurde sie von einer unerklärlichen Nervosität ergriffen und konnte dem Geschehen auf der Leinwand nicht mehr folgen. Die innere Unruhe veranlaßte sie schließlich dazu, noch vor dem Ende der Vorstellung das Kino zu verlassen, gegen den empörten Protest ihrer Begleiterin. Auf dem schnellsten Wege fuhr sie mit einem Taxi nach Hause. In Windeseile stürmte sie, plötzlich von wilder Panik getrieben, die Stufen zu ihrer Wohnung hinauf. Dort klingelte sie wie besessen an der Tür und hastete an dem verblüfften Babysitter vorbei ins Kinderzimmer. Ihr Sohn lag schwer röchelnd in seinem Bettchen. Er hatte einen lebensbedrohlichen Anfall! Der unerfahrene Babysitter hatte erste Anzeichen überhaupt nicht erkennen können, wähnte das Kind sicher im Schlaf und hatte arglos vor dem Fernsehgerät gesessen, als die Mutter in die Wohnung stürmte. Hinterher war sie selbst ganz benommen von dem Vorfall und versuchte sich das Geschehen zu erklären. „Ich hatte eigentlich gar keine klare Vorstellung davon, was ich eigentlich zu Hause wollte. Natürlich bin ich innerlich immer mit einem halben Ohr bei meinem Kind, wenn ich weggehe – egal, wer dann auf ihn aufpaßt. Aber es kommt sonst nicht so schnell vor, daß ich mich derartig von meinen Gefühlen überwältigen lasse. Ich hatte mich da richtig in etwas hineingesteigert. Es hätte ebensogut alles okay sein können mit Felix, schließlich hat er diese Anfälle ja nicht andauernd. Ich glaube, irgendeine kleine Nebenbemerkung in diesem Film hat mich an etwas erinnert, was ich an diesem Tag erlebt hatte. Dabei hatte ich dann plötzlich Felix vor Augen, wie ich mich von ihm verabschiedet hatte, bevor ich losgegangen bin. Und da kam es mir wohl siedendheiß in den Sinn, daß er so glasige Augen hatte, und sein Stimmchen erschien mir im nachhinein so merkwürdig matt. Vielleicht hatte ich auch nur ein schlechtes Gewissen, daß ich ihn mit dem Freund meiner Schwester allein gelassen habe. Jedenfalls bin ich froh, daß ich einfach nach Hause gedüst bin!"

Der geschilderte Vorfall ist wieder ein Beispiel dafür, daß das, was man als eine „echte" Intuition bezeichnen kann, aus mehreren Komponenten gebildet wird und spezielle Voraussetzungen für ihre Wirksamkeit braucht, wobei ein Wahrnehmungsspeicher besonders zum Tragen kommt, in dem eine Vielzahl von Erinnerungsmomenten unsortiert und unbewertet gleichberechtigt nebeneinander deponiert ist. Außerdem müssen diese Erinnerungselemente blitzschnell miteinander zu einem sinnvollen Gesamtbild verknüpft werden, damit sie in einen Handlungsimpuls münden und zu einer effektiven Tat führen können.

Freie Assoziationen

Die freie Assoziation besteht darin, daß man unzensiert all das aufgreift, was einem in den Sinn kommt und daß man es zunächst im Kopf vorformuliert und dann ausspricht. Auch Ungereimtheiten und Gedankensprünge sind erwünscht, so daß eine Kette von Ideen entsteht, deren Anfang meistens nichts mit ihrem Ende zu tun zu haben scheint. Die Auslöser für eine Assoziationskette können auf ganz unterschiedlichen Ebenen liegen und in den verschiedensten Situationen auftauchen, mitunter sind sie sogar absolut unpassend, weil sie die aktuelle Stimmung nicht immer nur verbessern, sondern manchmal auch empfindlich eintrüben können. Ihr Ausgangspunkt wird häufig durch eine spezifische Sinneswahrnehmung markiert, sei es, daß ein charakteristischer Geruch die Gefühle und Gedanken in eine besondere Richtung lenken oder daß die Stärke eines Händedruckes oder die Lautstärke einer fremden Stimme vertraute Empfindungen in einem wachruft, die wiederum neue gefühlsmäßige und gedankliche Dimensionen entfalten. Assoziationen, die man in entspannter Atmosphäre fließen lassen kann, bewirken eine immense Erweiterung des Gefühls- und Gedankenspektrums, so daß innere Blockaden aufgelöst und die eigene innere Zensur durchbrochen wird. Auf diese Weise gelingt es einem, die Aufmerksamkeit von den üblichen Schwerpunkten abzulösen und sie frei fließen zu lassen, damit sie sich auch einmal an neue Knotenpunkte anheften kann.

In vielen Arbeitszusammenhängen bedient man sich dieser Vorgehensweise, um innovative Problemlösungen zu finden. Es ist offenkundig, daß der gemeinsame Ideenpool sich durch die gegenseitigen Anregungen enorm erweitert, eben weil sich hier die verschiedensten individuellen Assoziationsketten immer wieder neu aneinander entfachen können. Diese Art, Gefühle und Gedanken frei auszubreiten, sie ungeschützt zu formulieren und nicht zu zensieren, ist das Grundmuster des sogenannten „Brainstormings". Die dadurch erreichbare Aufdeckung des kreativen Potenzials sowie dessen Wahrnehmung und Verarbeitung folgt dabei verschiedenen Mustern, von denen einige das intuitive Erfassen von Zusammenhängen eher fördern als andere, und zwar genau diejenigen, die einem mäandrierenden Fluß folgen, dessen Verlauf dem sprunghaften Hergang im Traum vergleichbar ist.

Träume folgen einer besonderen Logik der Psyche, die aus unerledigten Tagesresten, schwelenden Konflikten, heimlichen Sehnsüchten und unerfüllten Wünschen ein höchst eigenwilliges Gebilde zusammenbraut. Träume sind allerdings ziemlich flüchtig, viele Menschen erinnern sich am nächsten Morgen kaum noch an einen zusammenhängenden Inhalt. Manchmal jedoch bleibt eine undeutliche Stimmung zurück, die mit einem Traum eng verbunden ist, und manchmal gelingt es sogar, einige bedeutsame Elemente des schnell verblassenden Traumes zu rekonstruieren, wenn man die Stimmung festhalten kann – und wenn man die innere Ruhe hat, sich seinen Assoziationen zu überlassen, die aus dieser Gemütsverfassung entstehen. An einem Beispiel soll solch ein Ablauf nachgezeichnet werden:

Carina, eine 38jährige Teilnehmerin aus einer Selbsterfahrungsgruppe für berufsmüde Frauen, erzählte vor einiger Zeit, daß ihr durch die intensive Beschäftigung mit einem ihrer Träume deutlich wurde, wie sehr sie sich noch immer an die Lebenseinstellung ihres Elternhauses gebunden fühlte, obwohl sie schon seit langem ein unabhängiges eigenes Leben führte: „Im Traum war ich gleichzeitig achtzehn und achtunddreißig Jahre alt. Es war mir irgendwie klar, daß ich sowohl gerade erst meinen damals künftigen Ex-Mann kennengelernt hatte als daß ich aber auch schon längst geschieden und wieder neu verheiratet war. Im Traum hatte ich ein ganz ängstliches Gefühl, wie ich es oft in meiner Kindheit hatte. Außerdem war ich entsetzt, daß ich offenbar wieder in meinem kleinen ehemaligen Jugendzimmer im Elternhaus wohnen mußte, obwohl ich als erwachsene Frau immer in herrlich großen Wohnungen lebte und heute ein sehr schönes Haus habe. Meine Mutter machte mir wie früher heftige Vorwürfe, daß sie vor lauter Sorge um mich nicht hätte einschlafen können, weil ich zu spät nach Hause gekommen sei." Carina berichtete weiter, daß sie bei diesem Traum schweißgebadet aufgewacht sei und nicht wieder habe einschlafen können. Obwohl der Traum ihr selbst als eher harmlos erschien, fühlte sie sich am nächsten Morgen so zerschlagen, als hätte sie einen schweren Alptraum gehabt. Sehr schlecht gelaunt fuhr sie zu ihrer Arbeitsstelle, wo sie sich als weisungsgebundene Angestellte in einer großen Anwaltskanzlei seit langem schon unterfordert fühlte. Tagsüber verfiel sie immer wieder ins Grübeln über ihr Verhältnis zu ihrer jetzt fast achtzigjährigen Mutter. „Ich dachte, daß ich mich eigentlich längst damit ausgesöhnt hätte, daß meine Mutter es bis heute nicht akzeptieren kann, daß ich mir mein Leben so ganz anders eingerichtet habe als sie." Da diese Überlegungen Carinas schlechte Laune nur noch verstärkten und keinerlei neue Einsichten brachten, ließ sie sich darauf ein, ihren Assoziationen freien Lauf zu lassen. Zu dem ehemaligen Jugendzimmer im Elternhaus fiel ihr nicht nur räumliche Enge, sondern auch der enge Horizont der Mutter ein, die immer nur mit der Bewältigung ihrer kleinen Alltagssorgen beschäftigt war. Carina empfand eine ungeheure Wut darüber, daß sie sich zu Hause so lange hatte einengen lassen müssen. Auch von ihrem ersten Ehemann hatte sie sich in ihrer persönlichen und beruflichen Entwicklung aus einer falschen Rücksichtnahme heraus viel zu lange beschränken lassen. Sie hatte eigentlich schon vor ihrer ersten Hochzeit gespürt, daß ihr damaliger Partner sein Selbstwertgefühl damit aufpolierte, daß sie jünger, kleiner und unerfahrener war als er. Sie hatte solche Gedanken allerdings nicht wahrhaben wollen, und erst als sie ihn mit einem erfolgreichen Studienabschluß überflügelt hatte, wurde es überdeutlich, daß er es an ihrer Seite nur aushalten konnte, wenn er ihre Leistungen abwertete und sie ins Lächerliche zog. „Blaustrümpfchens Abenteuer" nannte er ihre rasante berufliche Karriere. Schlagartig wurde ihr nun klar, daß die geträumten mütterlichen Vorwürfe letztlich ihre eigenen Vorwürfe waren: „Ich bin wirklich viel zu spät nach Hause, sprich: zu mir selbst, gekommen! Wie oft habe ich vor dem Einschlafen darüber nachgegrübelt, ob ich wirklich das tun darf, was ich kann und was mir selber Spaß macht. Das schlechte Gewissen, daß vielleicht jemand unter meinen Entscheidungen, die ja doch nur mich betreffen, leiden könnte, sitzt mir sogar heute noch tief in den Knochen!" Die schlechte Laune, die sie auch den ganzen Tag über am Arbeitsplatz begleitet hatte, löste sich auf, als sie zugeben konnte, daß sie schon beim Bewerbungsgespräch für die heutige Stelle „ein ungutes Gefühl" gehabt hätte, sowohl was die Zusammensetzung des Teams betraf als auch die spezielle Aufgabenstellung, für die sie überqualifiziert war und bei der sie sich von Anfang an gelangweilt hatte. Intuitiv hatte sie zwar damals schon gespürt, daß die ganze Konstellation überhaupt nicht zu ihr paßte, sie hatte sich nur nicht getraut, das ansonsten ganz verlockend erscheinende und außerdem gut dotierte Angebot auszuschlagen, weil sie meinte, für den Lebensunterhalt ihrer Familie verantwortlich zu sein und sich keine beruflichen Experimente leisten zu können. Ohne sich mit ihrem zweiten Ehemann darüber auszutauschen, hatte sie bei der ungeliebten Arbeit ausgeharrt, um den gemeinsamen Lebensstandard nicht aufs Spiel zu setzen. Die Assoziationen zu dem Traum hatten ihr nun gezeigt, daß sie sich, im übertragenen Sinne, tatsächlich wieder in ihrem beengten Jugendzimmer aufhalten mußte, solange sie sich den vermeintlichen Interessen ihrer Angehörigen unterordnete. Zwei Tage später teilte sie ihrem Mann mit, daß sie ihre Arbeitsstelle zum Ende des Monats kündigen würde, um dann freiberuflich zu arbeiten. Er hatte keine Ahnung gehabt, daß sie sich dort so sehr quälte und riet ihr zu einer sofortigen Kündigung. Damit gab es für Carina kein Halten mehr, und sie stürzte sich augenblicklich mit voller Energie in die Verwirklichung ihrer Pläne. Das Experiment hat sich für sie gelohnt, trotz anfänglicher finanzieller Engpässe. Sie arbeitet heute als Rechtsanwältin in eigener Kanzlei und beschäftigt fünf Mitarbeiter.

Carinas Befreiung aus den vermeintlichen familiären Zwängen verlief in zehn Schritten:

1. Ernstnehmen der eigenen Unzufriedenheit (hier: berufliche Unterforderung).
2. Teilnahme an einer Selbsterfahrungsgruppe mit Gleichgesinnten (hier: berufsmüde Frauen).
3. Beschäftigung mit ihrem zentralen Traum (hier: unausgesprochene Rücksichtnahme auf die Angehörigen).
4. Freies Assoziieren (hier: Rückschluß von der Enge des Jugendzimmers auf die berufliche und persönliche Einengung).
5. Ernstnehmen des eigenen Veränderungswunsches (hier: die berufliche Einengung beenden).
6. Formulierung der eigenen Bedürfnisse (hier: angemessene Entfaltung der beruflichen Qualifikation).
7. Unterstützung annehmen (hier: dem Rat des Partner folgen).
8. Umsetzen des Entschlusses in die Tat (hier: Kündigung).
9. Risikobereites Umsetzen des Experimentes (hier: Eröffnung der eigenen Kanzlei).
10. Selbstbewußtes Durchhalten bis zur Stabilisierung des Erfolges.

Primärprozeßhaftes Denken

Wenn in verschiedenen Begriffsdefintionen davon die Rede ist, daß Intuition zwar auch eine Form des Denkens und eine Tätigkeit des Intellekts sei, es sich dabei jedoch um ein nicht-diskursives Denken handele, dann fragt man sich mit Recht, worin der Unterschied liegt. Es gibt offenbar bestimmte Ge-

dankenvorgänge, mit denen man in gänzlich andere Erkennt-
nisdimensionen vordringen kann als mit logischen Folgerungen
aus einer Kette von ausgewogenen Argumenten. Diese Gedan-
kenvorgänge werden im Vergleich zu den logischen Denkoperationen als eher sprunghaft oder auch als frei fließend beschrieben, weil sie unzensiert diffuse Gefühle, knallharte Fakten, alte
Erinnerungen und neue Ideen kreuz und quer miteinander verknüpfen und ungewöhnliche Verbindungen herstellen, ohne
sich darum zu kümmern, ob die Ebenen überhaupt zusammen-
passen. Auf diese Weise entstehen Einsichten, die vorher noch
gar nicht vorstellbar waren. In der Psychologie gibt es ein Erklärungsmodell, das diesen inneren Ablauf nachvollziehbar
macht. Es wird dabei unterschieden zwischen primärprozeßhaf-
tem und sekundärprozeßhaftem Denken und ebenso zwischen
Primär- und Sekundärvorgängen. Mit diesen beiden Begriffspaa-
ren läßt sich recht gut erklären, was es mit dem ansonsten etwas undurchsichtigen Geschehen des sogenannten nicht-dis-
kursiven Denkens bei der Intuition auf sich haben könnte.

Das psychologische Erklärungsmodell, in dem die beiden
oben genannten Begriffspaare eine wesentliche Rolle spielen,
stammt aus der Psychoanalyse. Mit diesem Modell wird versucht, innersubjektive Phänomene zu erfassen und zu benennen, die eigentlich gar nicht greifbar, die aber dennoch jedem
bekannt sind. Während die Annahmen über die Psychologie
des Menschen vor Veröffentlichung der Arbeiten Sigmund
Freuds in wissenschaftlichen Kreisen als Humbug und Spekulation verhöhnt wurden, konnte sich nun auch, zunächst in
etablierten Medizinerkreisen, ein ernsthafter wissenschaftsöf-
fentlicher Diskurs über die inneren Antriebkräfte des Menschen entwickeln. Es geht dabei bis heute um das innerseelische
Geschehen, das deutlich das äußere Verhalten mitbestimmt,
und das auch gewissen Gesetzmäßigkeiten zu folgen scheint.
Um sich diesem Geschehen verstehend annähern zu können,
muß man andere Fährten verfolgen als den bekannten Weg der
Erkenntnis zu gehen, der ausschließlich durch naturwissen-

schaftliche Methoden vorgezeichnet ist. Freud und seine Fachkollegen haben seinerzeit den Begriff des „Unbewußten" geprägt. In diesem Bereich werden dem Begriff gemäß nun all diejenigen Elemente verortet, die dem Bewußtsein normalerweise nicht zugänglich sind, die aber manchmal blitzartig aufscheinen und als überraschende Erkenntnis greifbar werden.

Auch im Unbewußten sind verschiedene wiederkehrende Abläufe wirksam, die bestimmten Mechanismen und Gesetzmäßigkeiten gehorchen, es sind die sogenannten primärprozeßhaften Abläufe. Mit diesem Begriff soll gekennzeichnet werden, daß es einen primären, also frühen und ursprünglichen inneren Zustand gibt, in dem sämtliche Eindrücke, Reize und Erfahrungen zunächst ohne ein irgendwie geartetes Ordnungsprinzip in gleicher Wichtigkeit miteinander in Verbindung stehen und unstrukturiert verknüpft werden können. Erst durch das später sich entwickelnde wache und dann logisch-rational werdende Denken, dem sogenannten Sekundärvorgang, wird eine gewisse Gliederung nach mehr oder weniger sinnvollen Kriterien geschaffen.

Nicht nur in der frühkindlichen Entwicklung jedes Menschen sind diese Primärvorgänge anzusiedeln, auch im Erwachsenenalter haben sie ihren festen und anerkannten Platz, nämlich in den Träumen und eben im intuitiven Erfassen von Zusammenhängen. „Träume sind der Königsweg zum Unbewußten", so heißt es nicht nur in der Psychoanalyse, sondern auch in vielen anderen Verfahren, die absichtlich das wache Denken umgehen, um zum Eigentlichen, das heißt zum Unzensierten vorzudringen, und damit ist oft das „wahre" Wesen, der Kern des Menschen gemeint.

Ähnlich wie in vielen Kunstwerken beherrschen im Traum und im Rauschzustand Bilder und Vorstellungen das Erleben. Sie sind von Metaphern und Symbolen durchdrungen oder zeigen Ausschnitte aus den Erlebnissen des vergangenen Tages. Sie mischen sich mit Erinnerungen oder Satzfragmenten eines Gespräches, mit bestimmten Sequenzen eines Filmes oder eines Musikstückes. Nachklänge von Bewegungsabläufen können die Inhalte des Geträumten ebenso begleiten wie die Beschäftigung mit unerfüllten Wünschen. Im Traum gleitet mühelos Nebensächliches in Bedeutungsvolles hinüber, Handlungsabläufe brechen ab und verschlingen sich mit anderen Szenen. Es wechseln sich dabei verworrene Eindrücke mit klaren Einsichten ab und ergeben im Wachzustand irritierende Traumerinnerungen. Wer sie entschlüsseln kann, kommt zu neuen Erkenntnissen über sich selbst und seine Umwelt. Zum Beispiel gelingt es durch die freie Assoziation über einen verwirrenden Trauminhalt, einen Zugang zu dem zu finden, was sich unbewußt, unter der Oberfläche sozusagen, im Innersten abspielt. Man überläßt sich unzensiert und gewissermaßen schamlos allen Gedanken, die einem im Zusammenhang mit den Elementen des Traumes ein- und auffallen. So kann es zu ungewöhnlichen Verdichtungen und Verbindungen kommen, die einen tieferen Sinn ergeben und somit eine gänzlich neue Perspektive eröffnen. Vielleicht ergibt es sich sogar, daß man Dinge in Frage zu stellen wagt, die einem zuvor unverrückbar erschienen, wie beispielsweise das Ideal der familiären Harmonie mit dem Postulat der Gerechtigkeit unter den Geschwistern, das sich intuitiv vielleicht längst schon als Illusion herausgestellt hat. Auf breiterer Ebene stellt sich dann vielleicht auch die öffentlich beschworene Weisheit anerkannter Autoritäten als ein Trugbild dar, dem man sich leichtgläubig anvertraut hatte, wie beispielsweise in der Frage der Sicherheit bei der Nutzung atomarer Energien.

Falsche Bescheidenheit und falsche Rücksichtnahme behindern nicht nur die Entfaltung des intuitiven Potenzials, sondern begünstigen zudem die Akzeptanz gefährlicher Denkverbote. Wer sich dem primärprozeßhaften Denken unverkrampft überlassen kann, wird sehr schnell die Erfahrung machen, daß räumliche und zeitliche Begrenzungen sich aufheben und daß ein Fließen und Ineinanderübergleiten verschiedenster Erfahrungs- und Bedeutungsinhalte beginnt.

Hören mit dem „dritten" Ohr
und kommunizieren
in einer „anderen" Sprache

Vom sogenannten „dritten" Ohr wird vorwiegend im psycho-therapeutischen Zusammenhang gesprochen. Gemeint ist damit die Fähigkeit und gleichzeitig auch die Bereitschaft, komplexe Informationen aus dem gesamten Rahmen, der eine bestimmte Interaktion umspannt, aufzunehmen[14]. Das heißt, nicht nur die Existenz einer Mitteilungsebene des Unbewuß-ten ernst zu nehmen, sondern auch die Möglichkeit eines Dia-loges von Unbewußt zu Unbewußt zwischen zwei Menschen in Betracht zu ziehen und damit ein neues Verständnis zu er-möglichen. Solch ein unbewußter Dialog findet naturgemäß in einer „anderen" Sprache statt, deren Übersetzung in die Alltagssprache eine erhebliche Feinarbeit erfordert. Dabei ist Fingerspitzengefühl in zweierlei Hinsicht nötig, denn diese Übersetzungsarbeit verlangt sowohl einen Weg zu den eigenen unbewußten psychischen Schichten als auch einen verstehen-den Zugang zu dem unbewußten fremdseelischen Geschehen. Die Grammatik dieser „anderen" Sprache und ihre verschlüs-selten Vokabeln bedienen sich allerdings, ihrer eigentümlichen Syntax und Semantik entsprechend, reichlich diffuser Gliede-rungen und vager Ausdrucksformen. Der einzige Pfad zum Wahrnehmen und Verstehen dieser heimlichen Signale führt über eine ziemlich unbeachtete – oftmals sogar für viele Psy-chologen und Therapeuten verborgene und unbemerkte – Brücke zum eigenen Inneren. Das heißt, man muß zuerst in sich selbst hineinschauen können, um sich ein klareres Bild machen zu können über die Wirkung der verschiedenen Effek-te, die durch die Einflüsse der Umgebung ausgelöst werden. Erst dann kann sich der diskrete psychische Dialog zum ande-ren Menschen entfalten und dessen Motive und Beweggründe verstanden werden.

Ein Beispiel aus der Praxis der Psychotherapie, das in einer

Supervisionssitzung geschildert wurde, soll ausschnitthaft skizzieren, wie so etwas konkret vor sich gehen kann:

Die junge Frau, eine etwa dreißigjährige Juristin, die in die Sprechstunde der Therapeutin kam, hatte sich offenbar sehr akribisch auf ihre erste Sitzung vorbereitet. Sie war sorgfältig frisiert und dezent geschminkt. Ihre Kleidung war sportlich elegant, und ihre Sätze klangen wohlüberlegt. Ihre Stimme hatte eine angenehm melodische Färbung, und sie lächelte freundlich. Ihre ganze Haltung drückte eine wohlwollende Zugewandtheit aus. Die berufserfahrene Therapeutin war irritiert und ein wenig ärgerlich. „Was will diese Frau eigentlich von mir?" dachte sie anfangs und entwickelte dann aber trotz ihres leichten Ärgers ein vages Gefühl von Fürsorglichkeit der Ratsuchenden gegenüber. „Ich bin Verteidigerin", erzählte diese weiter, „und zwar mit Leib und Seele! Die Rolle der Anklägerin oder gar der Richterin würde mir überhaupt nicht liegen!" betonte sie dann noch mit einer plötzlichen Schärfe in der Stimme. Die Therapeutin registrierte bei sich selbst ein aufkommendes Unbehagen, gepaart mit einer inneren Unruhe, die sie sich zunächst selbst nicht erklären konnte. Der weitere Gesprächsverlauf gestaltete sich aus der Sicht der Therapeutin als schleppend und ermüdend, so, als hätte die Klientin „ihr ganzes Pulver" gleich am Anfang verschossen. Die Therapeutin verabredete eine überschaubare Anzahl von weiteren Kontakten mit ihrer neuen Klientin, um sich eine größere Klarheit über deren Problematik und die möglichen Erfolgsaussichten einer Therapie machen zu können. Bei der Verabschiedung allerdings besserte sich die Laune der Therapeutin erheblich, was sie selbst erstaunt registrierte. Sie konnte sich erst einmal keinen Reim darauf machen. Erst als sie, mit einigem zeitlichen Abstand, ihre Begegnung mit der jungen Frau in der Supervisionssitzung schilderte, fiel es ihr wie Schuppen von den Augen. „Sie hatte zwei verschiedene schwarze Schuhe an!" rief sie erregt aus, „das war ein mattglänzender Lackschuh an dem einen Fuß und einer aus Wildleder an dem anderen!" Die Therapeutin lachte erleichtert. „Meine Laune besserte sich wohl gerade zu dem Zeitpunkt, als ich unbewußt die Zerrissenheit meiner neuen Patientin wahrgenommen habe! Jetzt verstehe ich auch meine eigene innere Unruhe und meine widersprüchlichen Gefühle, die ich im Kontakt mit der Frau bei mir festgestellt habe." Intuitiv hatte die Therapeutin erfaßt, daß die beiden verschiedenen Schuhe auf eine innere Ambivalenz der attraktiven jungen Frau hinwiesen. Sie fand mit dieser Erkenntnis zu einem einfühlsameren Kontakt zu ihrer Patientin, und der anschließende Therapieverlauf, der sich über mehr als zwei Jahre erstreckte, ermöglichte heilsame Einblicke in die Biographie der jungen Frau, die seit ihrer frühesten Kindheit tief in zermürbende Loyalitätskonflikte mit ihren Eltern verstrickt war. Sie hatte sich immer zur helfenden Parteinahme verpflichtet gefühlt, egal wer von beiden Eltern sie als Verbündete anforderte. Sie konnte nie einen eigenen festen Standpunkt entwickeln, weil sie meinte, daß aus der jeweils nachvollziehbaren Perspektive jedes Elternteil absolut Recht hatte. Mit ihrer speziellen Berufswahl hatte sie zwar versucht, diese früh erworbenen Kompetenzen kreativ zu verarbeiten, war aber zunehmend unzufriedener geworden. Die Therapie verhalf ihr letztlich zu einer Perspektive der Allparteilichkeit, bei der sie ihre eigene Überzeugung nicht verleugnen muß. Sie hat sich mittlerweile auf eine juristische Trennungsberatung, genannt „Mediation", spezialisiert. Für die Therapeutin bestand die Gratwanderung darin, ihre Patientin nicht mit zu schnellen Interpretationsangeboten zu überfordern. Achtsamkeit war besonders deshalb geboten, weil deren Neigung zur unreflektierten Perspektivenübernahme sich erst langsam abbaute.

Zudem kommt es auf das Gespür für den psychologisch richtigen Moment an, wann eine sinngebende Deutung zu verwerten ist, die sich aus der Übersetzung und der Verknüpfung der Mitteilungen aus dem unbewußt dargebotenen Textmaterial erschließt. Nur dieses zeitlich genau abgepaßte Vorgehen bei der „Deutungsarbeit" führt zum therapeutischen Erfolg, weil die Wirkung einer richtigen Deutung, die zum falschen Zeitpunkt angeboten wird, sonst verpufft.

Die Umsetzung dieser Fähigkeit in alltägliche Prozesse ist immer dann möglich, wenn man sich traut, Brüche und Widersprüche im Outfit, im Auftreten oder im Verhalten des Gegenübers wahrzunehmen. Die eigene „Deutungsarbeit" sollte sich allerdings in den meistens Fällen zwar nur im Kopf abspielen, aber dennoch in die eigene Reaktion auf den anderen einfließen, wie in dem vorher geschilderten Beispiel des Autokäufers Hubert H.

Zwischen den Zeilen lesen

Im zwischenmenschlichen Kontakt des alltäglichen Lebens jedoch kann die sofortige Wirksamkeit dieser sogenannten „Deutungsarbeit" in manchen Berufen über Leben und Tod entscheiden. Der Taxifahrer Torsten W. hat es bereits mehrfach erlebt, daß seine Menschenkenntnis, wie er es nennt, ihn selbst und jemand anders vor größerem Schaden bewahrt hat. Im einem Fall war er bei einem betrunkenen Fahrgast besonders auf der Hut, weil er dessen Gewaltbereitschaft schon an der Stimmlage erkannte, als dieser das Fahrziel angab. Am liebsten hätte er dem Mann „die Tür vor der Nase zugeschlagen, aber das kann ich mir nicht leisten, sonst kann ich den Job nämlich gleich an den Nagel hängen!" erklärte er später. Der Fahrgast verhielt sich zunächst still und nahm ab und zu einen Schluck aus einem „Flachmann", wie Torsten W. im Rückspiegel sehen konnte. Er registrierte mit zunehmender Unruhe, wie seine eigene innere Spannung stieg, je öfter der Fremde die Flasche zum Trinken ansetzte. „Kein gutes Zeichen", sagte er nachher, „wenn man selber Angst hat, dann ist das wie ein Alarmsignal. Man spürt dann auch die Angst von dem anderen, und dann wird so jemand leicht mal aggressiv!" Und so kam es dann auch. Zuerst pöbelte der Betrunkene den Fahrer von hinten an, dann schlug er ihm auf die Schulter und verlangte plötzlich Geld. Torsten W. blieb ruhig, er wußte, daß durch ein falsches Wort die Aggression eskalieren konnte. „Okay", sagte er zu seinem Angreifer, „ich bremse jetzt und fahre rechts 'ran an die Parkbucht da vorn, dann hole ich die Geldtasche aus dem Handschuhfach." Der Betrunkene war inzwischen ungeduldig geworden und hatte nicht mehr auf den Weg geachtet. „Ja, ja!" sagte er, „mach schnell, sonst werde ich ungemütlich!" Er fuchtelte mittlerweile nervös mit einem Messer herum. Torsten W. war es inzwischen gelungen, unbemerkt eine Polizeidienststelle in der Nähe anzusteuern. Als der Fahrgast plötzlich drei parkende grün-weiße Einsatzwagen neben dem Taxi auftauchen sah, fluchte er laut, spuckte dem Fahrer in den Nacken und floh blitzartig aus dem Wagen.

Das zwischenmenschliche Geschehen im hier geschilderten Beispiel kann man unter einer psychologischen Perspektive als einen unausgesprochenen Dialog zwischen zwei einander fremden Menschen verstehen, die auf einer unbewußten Ebene kommunizieren. Der Fahrgast macht mit der Art, wie er das Fahrziel nennt, eine ihm unbewußte Aussage über seine derzeitige Verfassung. Der Fahrer „hört" darin die verborgene und verschlüsselte Botschaft: „Ich bin unzufrieden!" Er „weiß" daher intuitiv, daß dieser Mann reizbar ist und sich in seine Unzufriedenheit hineinsteigern könnte.

„Ich bin unersättlich, ich kriege nicht genug!" drückt der Fahrgast aus der Sicht von Torsten W. durch die Art aus , wie er den Flachmann gebraucht. Der Taxifahrer „wittert" die aufkommende Gefahr und kann sich daher innerlich wappnen, so daß er besonnen bleibt. Mit seiner unerschrockenen Haltung vermittelt er dem hektischen Fahrgast, der mittlerweile schon die Kontrolle über sein Verhalten verloren hat, ohne Worte die Botschaft: „Ich bleibe ruhig, und du mußt dich auch nicht aufregen, ich starte jetzt keinen Gegenangriff!"

Dieses „dritte" Ohr, mit dem der Taxifahrer unausgesprochene Botschaften aufnimmt, ist also gewissermaßen auch ein
Ohr für die Zwischentöne, die jenseits des Inhaltes in jeder
Aussage enthalten sind und gewißermaßen zwischen den Zeilen liegen. Dieses Hör-Instrument funktioniert ohne psychologisches Verständnis und ohne psychologische Analysen. Alle Menschen verfügen darüber, sie wissen es meistens nicht
oder sie trauen sich nicht, Informationen, die sie auf diese
Weise erhalten, ernst zu nehmen und entsprechend auf eine
sich anbahnende Veränderung in einer bestimmten Situation
zu reagieren.

Hinter die Kulissen schauen

Diese Fähigkeit, hinter die Kulissen schauen zu können, findet man besonders ausgeprägt bei Menschen, die beruflich mit
sozialen Situationen zu tun haben. Jeder gute Personalchef
zum Beispiel weiß natürlich, daß die Aussagekraft formaler
Bewerbungsunterlagen nur ein äußerst begrenztes Bild über
die tatsächlichen Stärken und Schwächen einer Person vermitteln können und daß es wichtig ist, weitere Informationen
über sie zu erhalten. „Ein Assessment-Center gibt natürlichen
einen besseren Einblick in das Verhalten der Leute", meint
Carlos v. T., Personalleiter bei einer großen Autofirma, „aber
bei der endgültigen Entscheidung für eine Zusage sollte auch
das spontane Gefühl eine Rolle spielen, das man bei einem
Bewerber hat!" Bei einer Sitzung im regelmäßigen Gruppen-
Coaching erzählt er, daß ihm sein Gefühl allerdings schon einmal einen „bösen Streich" gespielt habe. Als eindrucksvolles
Beispiel schildert er die Situation, die sich aus einer gravierenden Fehleinschätzung eines Kandidaten für eine wichtige
Führungsposition ergab, durch die seiner Firma erhebliche
finanzielle Verluste entstanden sind. Er hatte sich durch den
Charme des Mannes zu einer ungewöhnlichen Vertragskon-

struktion verleiten lassen, obwohl dessen Argumente ihn schon damals keineswegs überzeugten. „Ich fühlte mich in seiner Gegenwart einfach wohl", sagt Carlos v. T. heute kopfschüttelnd, „irgendwie nahm ich an, daß es unseren Kunden ähnlich gehen müßte. Wir waren nämlich in einer Krise, was die Kundenzufriedenheit anging. Ein Fragebogen hatte ganz schlechte Werte gezeigt, und es war klar, daß etwas Einschneidendes passieren mußte, auch die Stimmung unter den Mitarbeitern war miserabel, und die Motivation der Leute lag irgendwo unter dem Nullpunkt." Durch die offene und vertrauensvolle Diskussion mit seinen Kollegen wurde Carlos v. T. in dieser Coaching-Sitzung klar, daß auch er selbst erheblich demotiviert war durch eine Reihe von Mißerfolgen. Er hatte seine eigene Bedürftigkeit nicht zur Kenntnis nehmen wollen. Schließlich war er es gewohnt, Stärke zu zeigen und Kritik klaglos wegzustecken. Von seinem Vater hat er gutgläubig das Motto übernommen: „Sei für jede Kritik dankbar! Sie kann dich nur weiterbringen! Sei bei jedem Lob mißtrauisch! Es kann dich leichtsinnig machen und den Job kosten!" Mit dem Vorbild des erfolgreichen Vaters vor Augen hatte er sich sein Bedürfnis nach Anlehnung und Anerkennung niemals richtig eingestehen können, deshalb war es für den charmanten Bewerber offenbar ein leichtes Spiel gewesen, seinen künftigen Chef günstig zu stimmen. „Ich habe diesen emotionalen Mangelzustand im Beruf nicht wahrhaben wollen, Gefühle sind schließlich Privatsache! Heute weiß ich es besser, ich habe dem Charmeur sogar noch wochenlang die falschen Signale gegeben und ihn dadurch ermuntert, mit seinem schädlichen Verkaufsgebaren weiterzumachen. Und zwar einfach deshalb, weil mir nicht bewußt war, daß ich mich persönlich so viel zufriedener fühlte durch seine Gegenwart und daß ich den tatsächlichen Gang der Geschäfte nicht mehr im Blick hatte."

An diesem Beispiel wird besonders gut deutlich, daß der Blick hinter die Kulissen und das Lesen zwischen den Zeilen

179

erst dann richtig gelingen kann, wenn man auch hinter die eigenen Kulissen schauen und auf die eigenen inneren Zwischentöne hören und sie entschlüsseln kann.

Carlos v. T. hat den charmanten Mitarbeiter inzwischen entlassen können, allerdings nur mit einer hohen Abfindung. „Vielleicht aber war diese Lernerfahrung ihren Preis wert!" meint er dennoch und schwört mittlerweile auf den Erkenntniszuwachs durch ein regelmäßiges Coaching, und zwar besonders in den Zeiten, wenn scheinbar „alles glatt läuft". Er hat sogar ein richtiges Vergnügen daran gewonnen, in seine eigenen „inneren Abgründe einzutauchen" und seine Gefühlsregungen ernst zu nehmen, obwohl er sich immer noch als einen „überzeugten Technokraten" bezeichnet, „aber einen liebenswerten!" wie er augenzwinkernd hinzufügt.

Der Blick hinter die Kulissen der scheinbar objektiven Wirklichkeit ist immer auch ein Blick hinter die Kulissen der eigenen scheinbar vertrauten Subjektivität. Da die sogenannten objektiven Tatsachen überhaupt erst durch einen intersubjektiven Konsens konstruiert und konturiert werden, ist es sinnvoll zu ergründen, woraus die prägenden Elemente der Subjektivität zusammengesetzt sind. Mit einer „intersubjektiven Konsensualisierung" ist jener Prozeß gemeint, der dazu führt, daß sich die Mitglieder einer bestimmten Gemeinschaft auf eine bestimmte Weltsicht einigen und eine überschaubare Anzahl von Grundsätzen anerkennen, deren Gültigkeit nicht angetastet wird, weil nur so diese bestimmte Sicht auf die – scheinbar objektive – Welt aufrecht erhalten werden kann. Daraus entsteht ein unausgesprochener Zwang, das so Gesehene für wahr zu halten und nicht in Frage zu stellen. Damit etablieren sich dann gewisse Selbstverständlichkeiten, von denen niemand, der zu dieser bestimmten Gemeinschaft dazugehört bzw. dazugehören möchte, abweichen darf. Um die Stabilität einer solchen Gemeinschaft zu garantieren, sind schon diejenigen, die minimal vom Konsens abweichen, von Strafe, Ausstoßung oder Stigmatisierung bedroht[15].

Als solche Gemeinschaften sind auf breiterer Ebene Kulturen, Völkergemeinschaften und Staatsgebilde zu verstehen; im engeren Rahmen sind es Glaubenssysteme, Subkulturen, Organisationen, Verbände, Wissenschaftszirkel, Familien, und als kleinste Einheit, die einen intersubjektiven Konsens braucht, ist es die Partnerschaft zweier Menschen, die sich ein kleines „gemeinsames Universum" schaffen, um das Exklusive ihrer Verbindung zu erhalten[16].

Je stabiler und nach außen abgeschlossener nun der Zusammenhalt der jeweiligen Gemeinschaft ist, desto größer ist die Gefahr, dieses einträchtig geschaffene Konstrukt namens „Wirklichkeit" für die wahre Wirklichkeit zu halten. Manchmal jedoch schleicht sich in das intersubjektive Konstrukt die abweichende Subjektivität einzelner in Form eines gravierenden Irrtums ein, auch zuweilen „menschliches Versagen" genannt. Dann bekommt die Oberfläche deutliche Risse, die schnell wieder durch unausgesprochene Wahrnehmungsverbote verkleistert werden. Oder die Risse werden so groß, daß man hinter die konstruierte Kulisse schauen kann.

Doch auch hinter diese schon brüchig gewordene Kulisse kann nur jemand schauen, der von außen kommt und nicht durch Loyalität, Überzeugung oder Angst gezwungen ist, an den vorgeschriebenen Wahrnehmungsmustern festzuhalten. Oder es ist jemand, dessen höchst persönliche Wahrnehmungsfähigkeit dem verinnerlichten Druck der vorgeschriebenen und intersubjektiv geteilten Wahrnehmungsmuster standhalten kann. Dazu bedarf es einer besonderen Kraft, die mit einem starken Selbstbewußtsein einhergeht, so daß der Mut zum Risiko letztlich größer ist als die Angst vor Ausgrenzung und Vernichtung.

Unabhängig davon, ob es sich bei dem Blick hinter die sichtbare Fassade um die Analyse des sozialen Verhaltens eines einzelnen Menschen handelt, des Gefüges einer Familie, der Strukturen einer Organisation, des Diskurses in einer bestimmen „Scientific Community", der Dogmen einer bestimmten

Ideologie oder verbindlicher gesellschaftlicher Werte und Normen, immer ist eine intensive Auseinandersetzung mit den eigenen zentralen Sinndimensionen die unabdingbare Voraussetzung für das Verstehen. Die subjektiven Wahrnehmungs- und Interpretationsmöglichkeiten, die in den verschiedensten Situationen spontan zum Tragen kommen, sind meistens von einer Mischung aus unreflektierten emotionalen Bedürfnissen und rationalen Wertmaßstäben durchsetzt. Wer sich der Zusammensetzung dieser Mischung nicht bewußt ist und sie nicht selbstkritisch in Bezug auf ihre Tauglichkeit durchforstet hat, muß sich vermutlich immer wieder mit den Folgen von Fehleinschätzungen und Mißverständnissen plagen, und nicht zuletzt auch deshalb, weil er seiner Intuition entweder skeptisch gegenüber steht oder weil er sein intuitives Potenzial verkümmern läßt.

Die individuelle Architektur der Realitätswahrnehmung und ihre Bedeutung für die Entfaltung des intuitiven Potenzials

Um mit der Vielfalt und Überfülle der Informationen, mit denen jeder Mensch ständig konfrontiert ist, angemessen umgehen zu können, ist es nötig, eine sinnvolle Auswahl dessen zu treffen, was man überhaupt zur Kenntnis nimmt und gegebenenfalls im Gedächtnis speichert. Alles andere muß aus psycho- und physioökonomischen Gründen an den Rand der Wahrnehmung gedrängt oder gänzlich ausgeblendet werden. Die Sinnhaftigkeit dieser Auswahl muß sich zwangsläufig sowohl danach richten, was der Alltagsbewältigung dienen als auch danach, was innerlich verarbeitet werden kann.

Die Tatsache, daß sowohl psychisch als auch physisch überhaupt nur eine bestimmte Selektion aus der Informationsvielfalt möglich ist, bedeutet für das Individuum Schutz und Einschränkung zugleich. Die Schutzfunktion der Informationsauswahl besteht darin, daß die Belastung mit situativ unbedeutenden Elementen nicht das wirklich Wichtige überlagern kann. Die Einschränkung, die das Individuum durch die Informationsauswahl hinnehmen muß, bedeutet vor allem seine Festlegung auf obligatorische Erfahrungsbereiche, die so den Radius seiner möglichen Erkenntnisse bestimmen und damit seine persönliche Weiterentwicklung maßgeblich beeinflussen.

Die innere Instanz, die diese Unterscheidung zwischen bedeutenden und unbedeutenden Informationen steuert, ist ganz wesentlich geprägt von dem jeweiligen Umfeld, in dem das Individuum sich zu orientieren lernen muß, um sich eine lebenszugewandte und sinnerfüllte Existenz aufbauen und absichern zu können. Niemand ist dabei frei von gewissen Vorabprägungen, weil er von Anfang an einer Vielzahl von zunächst undurchschaubaren familiären und sozialen Erwartungen ausgesetzt ist. Diese werden aus der Mischung von Traditionen, Ritualen und Verpflichtungen gebildet, in deren Wirkungskreis jemand hineingeboren wird.

Bevor nun aber das Individuum eine vernunftsgemäße Zuordnung seiner spontanen Reaktionen zu den Notwendigkeiten des psychischen und physischen Überlebens leisten kann, braucht es eine andere innere Instanz, die ihm die entsprechenden Ordnungskriterien zur Verfügung stellt. Diese Instanz muß allerdings schon vorab mit umfassenden Gewißheiten ausgerüstet sein, um wirkungsvoll zum Einsatz zu kommen, und das, obwohl sie noch ohne die Logik des Verstandes und ohne weitreichende emotionale Erfahrungen auszukommen hat. Es muß also ein Reservoir anzapfbar sein, in dem Ahnungen, Halbwissen, Neugier, Experimentierfreude und Risikobereitschaft schlummern. Und dieses ursprüngliche Reservoir enthält alle Elemente der Intuition!

Um nun dieses vorhandene intuitive Potenzial zu fördern, ist es wichtig, sich der speziellen Architektur seiner Realitätswahrnehmung und -verarbeitung zu vergegenwärtigen, um die daraus resultierenden Einschränkungen zu überwinden, aber auch ohne dabei die gleichzeitige Schutzfunktion der Wahrnehmungsselektion außer acht zu lassen. Je umfassender das Wissen um die prägenden Muster der eigenen Persönlichkeit ist, desto leichter fällt es, sich von unnötigem Ballast zu befreien und Neues zu erproben. Eine grobe Übersicht über die möglichen Bausteine eines individuellen Wahrnehmungsgebäudes soll die eigene Verortung erleichtern:

- Familiäre Erwartungen.
- Eigene Erfahrungen im überschaubaren Orientierungsrahmen.
- Ausloten der Grenzen.
- Ausloten der Konsequenzen bei Grenzüberschreitung.
- Anpassung und Rebellion.
- Alte und neue Zugehörigkeiten.
- Befriedigung existentieller Bedürfnisse: Resonanz – Stimulation – Struktur.
- Vorgaben der sozialen Gemeinschaft.
- Zeitgeist.
- Historischer Kontext.
- Identitätsgestaltung.
- Sinngebung.

Die Beschäftigung mit der Gestalt dieser Bausteine führt nicht nur zu einer intensiveren Auseinandersetzung mit der äußeren, sogenannten objektiven Welt, sondern auch mit der subjektiven Wirklichkeit.

Die Bedeutung der Selbsterkenntnis für die Entfaltung des intuitiven Potenzials

Alle Wirklichkeitswahrnehmung und -verarbeitung findet letztlich auf subjektivem Wege statt, und selbst die von den Vertretern der Naturwissenschaft geforderte und postulierte

Objektivität ist das Produkt subjektiver Erkenntnisprozesse. Um so mehr hat die Intuition, das heißt das, was unterhalb der bewußten Wahrnehmung seinen Platz hat, mit einer höchst subjektiven Wahrnehmung zu tun. Deshalb steht die Selbsterkenntnis für die Entfaltung des intuitiven Potenzials an erster Stelle, und sich selbst zu kennen heißt in diesem Zusammenhang, die wesentlichen Muster zu erkennen, die den eigenen Lebensentwurf bzw. den eigenen Lebensplan dahingehend beeinflußt haben, daß das intuitive Potenzial brachliegt oder behindert wird. Und daraus ergibt sich dann die Erkenntnis über die eigene

- Bedürftigkeit
- Verführbarkeit
- Ängstlichkeit
- Irritierbarkeit
- Verletzlichkeit
- Wagnis-Folgenabschätzung
- Bereitschaft zur Rücksichtnahme
- Erschaffung von Selbstverständlichkeiten.

Gerade die unreflektierten Selbstverständlichkeiten, mit denen nicht nur die Routine des Alltags bewältigt wird, sondern mit denen auch neue Herausforderungen in ein altes Korsett gepreßt werden, verstellen den Zugang zur Lebendigkeit und zur Dynamik des intuitiven Potenzials. Erst wenn man zur Kenntnis nehmen kann, daß die Existenz dieser Selbstverständlichkeiten die meisten Lebensbereiche beeinflußt, kann man ihren Einfluß steuern und ihn gegebenenfalls auflösen, um den eigenen Zugang zur Welt zu erneuern.

VII. Intuition: Die Fähigkeit zum Szenischen Verstehen

Schlußbemerkung

Für die Intuition gibt es also ein breites Entfaltungs- und Ausdrucksspektrum. Sie kann in verschiedenen Formen in Erscheinung treten und dabei verschiedene Funktionen erfüllen. Sie läßt sich als Schnittstelle zwischen Gefühl und Verstand verorten und äußert sich als ein diffuses ganzheitliches Erfassen, das die Wahrnehmung blitzschnell zu einer spezifischen Kontur verdichtet. Dieser Verdichtungsprozeß ist so zu verstehen, daß im inneren Erkenntniszentrum ein Konzentrat entsteht, welches dem Empfinden einen erweiterten Bedeutungshorizont verleiht. Die so gewonnene Erkenntnis mündet in einen spontanen Handlungsimpuls, der im besten Fall in eine konkrete Handlung umgesetzt wird. Erst das umfassende Aufnehmen der Grundstoffe, die eine bestimmte Szenerie erschaffen, und das Verstehen ihrer Bedeutung führt zu einer angemessenen Erwiderung. Auf diese Weise wird ein sogenanntes „Szenisches Verstehen" möglich, wobei dieser Begriff abermals dem Sprachschatz der Psychoanalyse entlehnt ist. Dort wird solch eine Form des Verstehens als ein Instrument des Therapeuten beschrieben, der gemeinsam mit dem Patienten etwas zu enträtseln versucht, was dieser ihm auf einer symbolischen Ebene verschlüsselt bereits mitteilt[17].

Es sind viele Varianten solch eines szenischen Verstehens denkbar, nicht nur im therapeutischen Zusammenhang und nicht nur als Entschlüsselung von symbolhaften Mitteilungen. Auch im Alltag konstellieren sich immer wieder bestimmte Szenen, die unverständlich bleiben, solange man sich bei der Erschließung ihrer Bedeutung nur auf das konkrete Erscheinungsbild bezieht. Tiefergehendere Interpretationen einer Situation werden erst möglich, wenn man die eigenen Gefühle, Impulse und Gedanken, die dadurch hervorgerufen werden, mit ihnen in einen möglichen Sinnzusammenhang bringen kann. Wie solch eine Offenheit auch für die emotionalen Schwingungen in einer spezifischen Situation in Verbindung mit einer passenden Interpretation zum persönlichen Erfolg genutzt werden kann, berichtete beispielsweise ein junger Wissenschaftler in einer Coaching-Sitzung für Führungskräfte: „Ich habe mich eigentlich ziemlich halbherzig auf diese Stelle als Abteilungsleiter beworben, weil ich mich ursprünglich erst noch habilitieren wollte, um mir eventuell auch eine wissenschaftliche Karriere offenhalten zu können. Aber meine Frau und ich hatten gerade unser zweites Kind bekommen, und ich wollte endlich über ein gesichertes Einkommen verfügen. Als ich dann die Einladung zum Vorstellungsgespräch erhielt, war mir plötzlich klar, daß dies eine ungeheure berufliche Chance für mich sein könnte und daß ich auf jeden Fall sehr gut vorbereitet sein und den bestmöglichen Eindruck machen wollte. Ich hatte allerdings für den ersten Auftritt in diesem Unternehmen noch nicht einmal ein passendes Outfit. Trotz aller Ambivalenz, mit der ich solchen Berufsverkleidungen immer noch gegenüberstehe, wollte ich auch vor mir selber meine Anpassungsfähigkeit unter Beweis stellen. Für meine Verhältnisse habe ich dann einen ziemlichen Haufen Geld ausgegeben für die entsprechenden Klamotten, und es hat mich sogar amüsiert, wie in dem Laden schließlich zwei Verkäufer, der Chef höchstpersönlich und eine Näherin um mich herumsprangen, weil mir nichts richtig paßte. Letztlich einigten wir uns auf Änderungen an der Ärmellänge des Jacketts, an der Bundweite der Hose und am Taillenmaß zweier Hemden. Man versprach mir, daß ich dann alles bis Ladenschluß, zwei Stunden später, würde abholen können. Ich verließ das Geschäft als äußerst zufriedener Kunde, frohlockend, daß mein Timing perfekt stimmte, denn das Bewerbungsgespräch sollte am nächsten Morgen gleich um acht Uhr stattfinden. In allerbester Stimmung öffnete ich zum verabredeten Zeitpunkt beschwingt die Ladentür. Irgendwie hatte ich wohl fast erwartet, daß mir beim Eintreten ein roter Teppich ausgerollt werden würde, so überschwenglich hatte man mich nämlich vorher verabschiedet. Um so befremdlicher fand ich es, als der eine von beiden Verkäufern, die mich vorher sehr zuvorkommend bedient hatten, mir nur kurz zunickte und gleich wieder weg schaute. Richtig stutzig wurde ich aber erst, als ich sah, daß der vorher so überaus freundliche Chef sich bei meinem Anblick erstaunlich flink unter einen der Ladentische bückte. Intuitiv wußte ich, daß irgend etwas schief gelaufen sein mußte bei meinem Änderungsauftrag. Die Betretenheit der Belegschaft war fast greifbar. Ich wußte nur eins: Ich wollte meine Kleidung für den großen Auftritt am nächsten Morgen an diesem Abend perfekt geändert mit nach Hause nehmen, koste es, was es wolle. Blitzschnell ließ ich die hier beim Anprobieren gemachten Erfahrungen vor meinem inneren Auge Revue passieren. Die betont zur Schau gestellte Freundlichkeit des Chefs, die diskrete Unterwürfigkeit der Angestellten und die scheinbar prompte Befriedigung meiner Wünsche standen in offenkundigem Widerspruch zu ihrem ausweichenden Verhalten bei meiner Rückkehr. Also mußte wohl ich die Freundlichkeit wiederherstellen, wenn ich hier etwas erreichen wollte, egal, um was es nun gehen würde. Tatsächlich hatten sie die Änderung nicht erledigen können, und zwar weil der Chef just an dem Tag schon zu viele Versprechungen gegenüber zu vielen anderen Kunden gemacht hatte. Ich blieb freundlich, zeigte Verständnis und bestand dennoch unnachgiebig auf Erfüllung des Vertrages. Die Sachen wurden mir einwandfrei noch am selben Abend durch einen Boten nach Hause geliefert! Für das Bewerbungsgespräch war dieses Erlebnis die beste Vorbereitung überhaupt, denn mein Selbstvertrauen war unerschütterlich. Schon als ich den Raum betrat, meinte ich zu spüren, daß mir eine Welle von Sympathie entgegen schlug, obwohl alle Anwesenden sich nach außen hin um eine neutrale Haltung bemühten. Ich unterstellte ihnen unbewußt eine wohlwollende Zugewandtheit mir gegenüber, die explizit allerdings zu keinem Zeitpunkt geäußert wurde. Ich konnte mein theoretisches Wissen und meine praktische Kompetenz als Marketingexperte aber nur deshalb ganz entspannt und lebendig zur Geltung bringen, weil ich mir der Gunst des Entscheidungsgremiums so sicher war. Ich war absolut unangekränkelt von Selbstzweifeln! Intuitiv hatte ich anscheinend erfaßt, daß Souveränität in diesem Unternehmen sehr dankbar angenommen wurde. Später erzählte mir der Geschäftsführer, daß es meine selbstsichere Ausstrahlung gewesen war, die den Ausschlag für meine Einstellung gegeben hatte. Inzwischen steht für mich allerdings fest, daß es der Geschäftsleitung selbst erheblich an Souveränität mangelt und daß genau dadurch mir gegenüber immer mehr handfeste Probleme entstehen."

Menschen mit einer speziellen Begabung zum szenischen Verstehen erkennen ohne weiteres Nachfragen und ohne vorab eine Erklärung bekommen zu haben, sofort das Wesentliche über den momentanen inneren Zustand eines anderen, und sie erfassen ebenso spontan die unterschwellige Stimmung, die gerade bei einer Gruppe von Personen vorherrscht. Sie können dadurch nicht nur angemessen auf unausgesprochene Bedürfnisse eingehen, sie haben auch eine innere Offenheit für atmosphärische Schwingungen, die von anderen Lebewesen oder von Naturerscheinungen ausgehen. Beispielsweise haben sie ein Empfinden dafür, wann ein Tier gefährlich ist und wann nicht. Sogar die untrügliche Nase dafür, wann man beim Segeln dem Wind Respekt zollen muß, ist ein Beispiel für ein szenisches Verstehen, nämlich für das Zusammenspiel der Bootskonstruktion und deren Manövriermöglichkeiten mit den meteorologischen Gegebenheiten. Andere Menschen haben ein Gespür für den Zeitgeist, den Trend, wie Architekten, Designer und Modemacher oder auch Filmregisseure und -produzenten. Schriftsteller und Vertreter der bildenden Kunst gehören dazu, genauso wie Sozialkritiker und

Politiker, um nur einige Berufsgruppen zu nennen. Wenn sie genau den Nerv der Zeit oder das Mark der Sehnsucht und Bedürftigkeit ihrer Mitmenschen treffen, dann entstehen zuweilen Kultobjekte oder sogar tiefgreifende Reformen und gesellschaftliche Veränderungen, falls die Zeit dafür reif ist. Auch wenn dieses Geschick, sich mit den Strömungen des jeweiligen Bedürfniskanons verflechten zu können, eng mit dem Wesen der emotionalen Intelligenz und der sozialen Kompetenz zusammenhängt, so geht es doch in spezifischer Weise darüber hinaus. Hier geht es gewissermaßen um die Essenz der Intuition, und dabei verengen sich sieben herausgehobene Komponenten zu einem einzigen inneren Schub:

1. das Schweben der Aufmerksamkeit,
2. die Aufnahme möglichst vieler Facetten,
3. das unsortierte Speichern,
4. die sinnerzeugende Verknüpfung,
5. die Verdichtung der Wahrnehmung,
6. der Handlungsimpuls,
7. die zeitlich und inhaltlich angemessene Reaktion.

Der Akt der Wahrnehmungsverdichtung, in den die Intuition eingebettet ist, erscheint wie ein „ahnungsvoller Nebel", der, ähnlich der Ruhe vor dem Sturm, ein neues Ereignis ankündigt. Es ist in gewisser Hinsicht ein Zustand „somnambuler" Wachheit, eine traumwandlerische Verfassung also, in der die üblichen Gesetzmäßigkeiten von Raum und Zeit vorübergehend außer Kraft gesetzt sind. Im Wahrnehmungsspeicher entsteht auf diese Weise ein kreatives Chaos, dessen grenzüberschreitende Denkoperationen nur dann entschlüsselt werden können, wenn man entspannt die Souveränität oder die Naivität aufbringt, dabei auf ein analytisch hierarchisches und faktenorientiertes Vorgehen zu verzichten. Man muß unter die Oberfläche des Offensichtlichen tauchen, um sozusagen in der „Unterwelt" der äußeren Erscheinungsformen eine erkenntnisträchtige Beute machen zu können. Bei der Entmischung der so gesammelten Hinweise scheint vor dem diffusen Hintergrund eine sinnversprechende Interpretationsfigur auf, und ihre Konturen ergeben ein gefühlsmäßig ästhetisches Bild. Oft fällt es einem dann aber ungeheuer schwer, sich von dieser schönen Gestalt, die man gerade entdeckt hat, wieder zu lösen. Man möchte das gefundene Muster durch eine weitere Erkenntnissuche nicht wieder in Frage stellen müssen. Bei näherem Hinsehen entpuppt sich dieses scheinbar neue Gebilde jedoch allzu oft als ein altvertrautes Schema, das aus den Fäden des zentralen Lebensthemas gewebt ist, auf das man sich fixiert hat. Und gerade solch eine innere Festlegung muß man abermals auflösen können, wenn man einen neuartigen Entwurf wagen will.

Zum Fundament der Intuition gehört also neben der umfassenden Sinneswahrnehmung auch die Empfänglichkeit für atmosphärische Schwingungen und deren Bedeutung, und die ist bei jedem Menschen vorhanden, wenn auch in unterschiedlicher Ausprägung und Differenziertheit. Aber das wenig Entwickelte läßt sich trainieren und ausbauen! Zu den tragenden Säulen bei der Entfaltung des intuitiven Potenzials gehört daher auch die Bereitschaft zur Selbsterkenntnis und damit zur Erweiterung der eigenen Grenzen. Die weiteren Bausteine sind neben der Offenheit für Erkenntnisgewinn und -verarbeitung die Handlungsfähigkeit und Reaktionsschnelligkeit. Zusammengenommen können sie Stück für Stück das Selbstvertrauen stabilisieren, das für die Intuition so notwendig ist.

Die Essenz der Intuition

Intuition ist auf das Vertrauen in eine Logik der Bilder, eine Logik des Traumhaften angewiesen, die nicht durch eine Überlagerung mit Prozessen der analytischen Verstandeslogik verkümmert ist. Als eigentliches Wesen der Intuition wird die Fähigkeit zur Verschmelzung seelischer und körperlicher Befindlichkeiten, emotionaler und kognitiver Prozesse, subjektiver Erlebnisse und objektiver Fakten zu einer übergeordneten Wahrnehmungsqualität gesehen, die in Verbindung steht mit der Fähigkeit zur spontanen Umsetzung von vergangenheits-, gegenwarts- und zukunftsorientierten Handlungsimpulsen.

Insgesamt geht es also darum, die unterschiedlichen Erfahrungszugänge und Erkenntniswege in einen Zustand emotionaler und rationaler Wachheit zu integrieren.

Um die Essenz dieser Überlegungen für die Entfaltung und Anwendung der Intuition nutzbar zu machen, wird an den Schluß dieses Buches nun ein Programm zur Vertiefung der Selbsterkenntnis und zur Steigerung des Selbstvertrauens gestellt.

Intuitiv leben!
Ein psychologisches Programm zur Vertiefung der Selbsterkenntnis und zur Steigerung des Selbstvertrauens

I. Vertiefung der Selbsterkenntnis

1. Einen Rückzugsort finden
2. Die optimale Zeit zur Verfügung haben
3. Die innere Ruhe kultivieren
4. Die Sinne öffnen
5. Die eigenen Favoriten unter den verschiedenen Wahrnehmungskanälen endecken
6. Die Gedanken fließen lassen
7. Prägende Muster in der eigenen Lebensgeschichte erkennen
8. Das eigene innere Programm erkennen

II. Steigerung des Selbstvertrauens

1. Eine wohlwollende Bilanz der eigenen Lebensführung ziehen
2. Die aktuelle persönliche Entwicklungsphase kennzeichnen
3. Das Erreichte angemessen würdigen
4. Die eigenen Ziele überprüfen
5. Prioritäten setzen
6. Unterstützungssysteme finden
7. Die Lebensfreude intensivieren
8. Spontaneität wagen und trainieren

Es empfiehlt sich, bei diesem Programm der Reihe nach vorzugehen, sich Zeit zu nehmen, Pausen einzulegen und wichtige Einfälle und Erkenntnisse möglichst bald zu notieren.

I. Die Vertiefung der Selbsterkenntnis

1. Einen Rückzugsort finden

Um sich auf sich selbst besinnen zu können, braucht man einen Platz, an dem man sich um nichts anderes kümmern muß als um die eigenen Gefühle und Gedanken. Dieser Platz soll dazu dienen, sich einerseits von der Informationsüberflutung, die aus der Umwelt auf einen einströmt, zurückziehen zu können, und andererseits soll er auch die Funktion übernehmen, die eigenen Handlungsimpulse zunächst einmal zu bremsen. Solch ein Rückzug bildet also eine Barriere nach innen, als Schutz vor zu vielen Außenreizen, und er bildet gleichzeitig eine Barriere nach außen, als Schutz davor, der Umwelt zu früh etwas aus dem eigenen Innenleben preiszugeben. Es handelt sich hierbei um ein Refugium, in dem man ungestört Erfahrungen verarbeiten, Wunden lecken und neue Kräfte sammeln kann. Solch ein Zufluchtsort ist daher für jeden lebensnotwendig, um sich mit sich selbst auseinanderzusetzen und sich selbst besser kennenzulernen. Die meisten Menschen schaffen sich aus diesem Grunde unbewußt irgend einen intimen Raum, in dem sie mit sich alleine sein können, und manchmal befindet sich dieser Ort sogar mitten im dicksten Trubel. Das wichtigste an solch einer inneren Rückzugsgelegenheit ist die Möglichkeit, für die Anforderungen der Umwelt nicht erreichbar zu sein.

Es ist eine höchst individuelle Angelegenheit, wie solch ein Rückzugsort tatsächlich beschaffen ist, und manchmal ist sich der Betreffende selbst gar nicht darüber im klaren, daß er sich auf diese Weise einen wirksamen Schutzwall zugelegt hat, den niemand durchdringen soll. Man kann sogar sagen, daß er sich damit eine Art metaphorisches Refugium geschaffen hat. Und hierbei gibt es dann auch die verschiedensten symbolischen Rückzugstypen, wie zum Beispiel:

Die Langschläfer

Sie hüten morgens das Bett solange wie möglich, es ist kaum Zeit für Morgentoilette und Frühstück, und sie signalisieren damit: Ich vertrage keine Ablenkung von außen, meine Konzentration reicht gerade mal aus, um zu mir zu finden.

Die Badezimmerbesetzer

Sie brauchen viel Zeit, um sich von der Nacht und der Traumwelt zu verabschieden und um dem Tag gefaßt entgegensehen zu können. In diesem Übergangsstadium müssen sie ganz allein sein, um ihre schützende Außenhaut herzurichten.

Die Morgenmuffel

Sie sind zwar körperlich anwesend, aber ihre muffelige Aura signalisiert: Ich bin nicht ansprechbar – laß mich in Ruhe – erwarte nichts von mir.

Die Tagträumer

Auch sie sind körperlich anwesend, aber ihre Ausstrahlung signalisiert: Es gibt ein Leben außerhalb der Realität, und dorthin soll mir niemand folgen.

Die Workoholics

Sie überschütten sich so sehr mit Arbeit, daß ihnen keine Zeit für andere Aktivitäten übrig bleibt, geschweige denn für die Auseinandersetzung mit anderen Menschen, und sie signalisieren: Meine Arbeit und ich sind ein und dasselbe – dazwischen hat nichts anderes mehr Platz.

Die Zapper

Sie sitzen gern jeden Abend am Fernsehgerät und schalten mit der Fernbedienung von einem Programm aufs andere, immer auf der Suche nach dem wirklich Interessanten, ohne sich für längere Zeit auf etwas Bestimmtes einlassen zu müssen, und sie signalisieren: Laß mich in Ruhe – ich halte die Intensität der Anforderungen und Erfahrungen nicht aus – ich muß erst einmal abschalten von der Realität.

Die Nachteulen

Sie zögern abends den Zeitpunkt zum Schlafengehen sehr lange hinaus und richten es meistens so ein, daß sie möglichst die letzte Person im Haus sind, die ins Bett geht. In der Übergangsphase von der Wachheit der Realität in die Diffusität der Nacht müssen sie ganz allein sein, um loslassen zu können.

Die Tüftler

Sie sind ständig darin vertieft, für ein bestimmtes Problem die perfekte Lösung zu finden und signalisieren: Ich möchte jetzt nicht gestört werden – ich brauche meine Zeit für etwas Wichtigeres als die Auseinandersetzung mit meiner Umgebung.

Die Gourmands

Sie sind ständig damit beschäftigt, große Nahrungs- oder Getränkevorräte zu beschaffen und zu vertilgen und signalisieren damit sogar in den nahrungsaufnahmefreien Zeiten: Ich werde nicht richtig satt – ich muß an meine Bedürfnisbefriedigung denken – ich kann mich nicht mit meiner Umwelt befassen.

Ein **metaphorisches Refugium** erfüllt mindestens zwei wichtige Aufgaben für den Schutz der eigenen Innenwelt: Die erste Aufgabe bezieht sich auf die Schutzfunktion, die durch die innere und äußere Barriere gekennzeichnet ist, und die zweite Aufgabe bezieht sich auf eine Schutzfunktion, die darin liegt, daß für die Notwendigkeit zum Rückzug keine Verantwortung übernommen werden muß, weil man sich auf eine mehr oder weniger liebenswerte persönliche Eigenart berufen kann wie beispielsweise darauf, daß man nun eben mal ein Morgenmuffel sei oder eine Nachteule oder ein Tüftler oder ein Workoholic oder, oder . . .

Ein **konkreter Rückzugsort** dagegen ist ein Freiraum, der mit voller Absicht eingerichtet wird, und auch er ist auf eine höchst individuelle Art und Weise ausgestattet, denn jeder Mensch braucht unterschiedliche Voraussetzungen, um sich auf sich selbst besinnen zu können, wie zum Beispiel:

- ein abgeschlossenes Zimmer,
- die absolute Ruhe,
- eine beruhigende Musik,
- eine diffuse Geräuschkulisse,
- eine schummerige Beleuchtung,
- ein komfortables Ruhelager,
- eine bequeme Kleidung,
- einen kühlen Kopf,
- eine bestimmte Raumtemperatur,
- ein stimulierendes Mittel: Getränk, Zigarette, Konfekt, Gebäck etc.,
- eine reizarme Atmosphäre,
- eine ästhetische Umgebung,
- ein richtiges Mischungsverhältnis aus verschiedenen Bestandteilen.

Der erste Schritt zur Vertiefung der Selbsterkenntnis besteht darin, sich bewußt zu machen, welchem symbolischen Rückzugstyp man sich zuordnen kann und wie der eigene konkrete Rückzugsort beschaffen sein muß.

2. Die optimale Zeit zur Verfügung haben

Um einen konkreten Rückzugsort zu finden, der wirklich passend ist für eine entspannte Selbstbesinnung, ist es sehr wichtig, dafür sowohl den individuell richtigen Zeitpunkt zu finden als auch die individuell richtige Zeitspanne zu definieren. Der Zeitpunkt muß problemlos realisierbar sein, und die Zeitspanne darf weder zu kurz noch zu lang sein. Es ist empfehlenswert, zunächst einmal ein befristetes Experiment zu machen, wann der Platz zur Selbstbesinnung entspannt angesetzt werden kann und wie lange er ausgedehnt werden soll, um zu neuen Erkenntnissen über sich selbst zu führen. Nach Ablauf der Frist für dieses Experiment ist es ratsam, eine Bilanz zu ziehen mit der Feststellung, was einem dabei gut getan hat und was vielleicht zu unnötigen Folgeproblemen und Energieverlusten geführt hat.

Das Experiment für die Festlegung des optimalen Zeitpunktes zur Selbstbesinnung kann so gestaltet werden, daß zunächst die gewohnten Freiräume für dieses Vorhaben ausprobiert werden, wie zum Beispiel:

- kurz nach dem Aufwachen,
- bei der Morgentoilette,
- nach dem Frühstück,
- in der Mittagspause,
- kurz nach Feierabend,
- vor dem Einschlafen,
- am Wochenende,
- beim Spazierengehen,
- beim Gassiführen des Hundes,
- beim Jogging . . .

Das Experiment für die Festlegung der optimalen Zeitspanne für die Selbstbesinnung kann so gestaltet werden, daß zunächst problemlos freizuhaltende Ruhezeiten für dieses Vorhaben ausprobiert werden, wie zum Beispiel:

- täglich fünf Minuten,
- täglich eine halbe Stunde,
- zweimal in der Woche eine ganze Stunde,
- zweimal im Monat zwei bis drei Stunden,
- einmal im Quartal ein ganzer Vor- oder Nachmittag,
- einmal im halben Jahr ein ganzer Tag,
- einmal im Jahr ein ganzes Wochenende.

Je nach Erfahrung kann diese Zeitspanne dann immer wieder neu definiert werden.

Der zweite Schritt zur Vertiefung der Selbsterkenntnis besteht darin, sich bewußt zu machen, welches der optimale Zeitpunkt zur Selbstbesinnung ist und welche Zeitspanne dafür sinnvollerweise zur Verfügung stehen muß.

3. Die innere Ruhe kultivieren

Sobald man einen passenden Zeitpunkt mit der richtigen Dauer gefunden hat, ist es wichtig, sich konstruktiv mit denjenigen Einflüssen zu befassen, die eine Entspannung behindern und die innere Ruhe stören. Da man nicht alle äußeren, und schon gar nicht alle inneren Störenfriede ausschalten kann, ist es das beste, sie versuchsweise in die Entspannungssituation zu integrieren. Je mehr man sich nämlich über ihr Störpotenzial ärgert, desto mehr Aufmerksamkeit muß man ihnen widmen. Je mehr man sie aber annimmt, desto eher treten sie in den Hintergrund der Wahrnehmung, sobald man spannende Einsichten in die eigene Innenwelt gewinnt. Dabei ist es zunächst wichtig zu entdecken, welches überhaupt die Störenfriede sind, die einen an der Selbstbesinnung hindern.

Äußere Störenfriede können in unterschiedlichster Gestalt daherkommen, wie zum Beispiel als:

- Ein lautes Geräusch aus der Nachbarschaft, wie etwa von Rasenmähern, Bohrmaschinen, Musik, Hundegebell, manchmal sogar die Geräusche von Kindern.
- Ein zunächst ganz leises Geräusch, das plötzlich unerträglich wird, wie etwa das Ticken einer Uhr, das Gluckern einer Heizung, das Tropfen eines Wasserhahnes, manchmal sogar das Zwitschern von Vögeln.
- Ein aufdringlicher Geruch, wie etwa von Gekochtem oder Gebratenem, von Vertrocknetem oder Verbranntem.

- Ein zunächst unaufdringlicher Geruch, der plötzlich unerträglich wird, wie etwa von Staub oder Reinigungsmitteln, Parfüm und Schweiß oder anderen Ausdünstungen der Kleidung.
- Eine unangenehme Körperempfindung, wie etwa von einer rauhen oder kratzigen Oberfläche der Kleidung, von Kälte oder Hitze.
- Eine unangenehme Lichtreizung, wie etwa durch Helligkeit, Schummerlicht oder Dunkelheit.
- Eine unangenehme Geschmacksempfindung, wie etwa ein übler Nachgeschmack.

Auch *innere Störenfriede* können in sehr unterschiedlicher Gestalt daherkommen, wie zum Beispiel als:

- Schlechtes Gewissen, daß man sich von der Familie absondert.
- Unerledigte Aufgabe, die noch zu Ende geführt werden muß.
- Moralischer Druck, daß man für den geschaffenen Freiraum irgendwann gegenüber der Familie eine Wiedergutmachung leisten muß.
- Diffuse Angst, daß man sich eventuell mit unliebsamen Erkenntnissen herum schlagen muß.
- Nagende Ungeduld darüber, daß man sich selbst nicht schnell genug auf die Schliche kommt.
- Lähmende Langeweile darüber, daß man von reizvollen Ablenkungen aus der Umgebung abgeschnitten ist.
- Beklemmende Irritation, weil man Angst hat, gleichzeitig etwas anderes Wichtiges zu versäumen.
- Hektische Unruhe, weil man fürchtet, als Spinner belächelt zu werden.
- Gedrosselte Lockerung, weil man argwöhnt, später ausgehorcht zu werden.
- Ängstliche Verkrampfung, weil man davon ausgeht, später kritisiert zu werden.

- Bohrende Schuldgefühle, weil man sich mit familiären Geheimnissen und Tabus beschäftigen müßte.

Der dritte Schritt zur Vertiefung der Selbsterkenntnis besteht darin, sich bewußt zu machen, welche inneren und äußeren Störenfriede die Selbstbesinnung behindern und wie man sie so in die Entspannungssituation integrieren kann, daß sie in den Hintergrund der Wahrnehmung treten können.

4. Die Sinne öffnen

Sobald es gelingt, sich ohne inneren und äußeren Streß der Selbstbesinnung zu überlassen, werden sensible Antennen für die unterschiedlichsten Eindrücke ausgefahren und können vielleicht neue Erfahrungen vermitteln. Zum Beispiel erhalten Gerüche und Geräusche manchmal eine andere Qualität, Wärme und Kälte spürt man eventuell anders, oder das Licht wird anders empfunden, und die Haut fühlt sich anders an als sonst, und die Gedanken schweifen gegebenenfalls auch in eine andere Richtung.

Ein gutes Training, um die Eindrücke der Sinneswahrnehmung zu schärfen, ist es, sich für eine kurze Zeit ganz bewußt auf nur einen Wahrnehmungskanal zu konzentrieren, beispielsweise auf

Die Nase, indem man mehrfach tief ein- und ausatmet, dabei alle Gerüche in sich einströmen läßt und unterscheidet, was einem behagt und was einem mißfällt, um die dadurch ausgelösten Empfindungen und Einfälle registrieren zu können.

Die Augen, indem man den Blick umher schweifen läßt, dabei alle visuellen Eindrücke sammelt und unterscheidet, was einem behagt und was einem mißfällt, um die dadurch ausgelösten Empfindungen und Einfälle registrieren zu können.

Der Mund, indem man mit der Zunge den eigenen Mundraum und den Lippenbereich erkundet, dabei alle Geschmackseindrücke sammelt und unterscheidet, was einem behagt und was einem mißfällt, um die dadurch ausgelösten Empfindungen und Einfälle registrieren zu können.

Die Hände, indem man mehrfach die eigene Hautoberfläche, die Oberfläche der Kleidung und die Oberfläche der umgebenden Einrichtungsgegenstände befühlt, dabei alle taktilen Reize in sich aufnimmt und unterscheidet, was einem behagt und was einem mißfällt, um die dadurch ausgelösten Empfindungen und Einfälle registrieren zu können.

Die Ohren, indem man intensiv in den eigenen Körper und in die Umgebung hinein horcht, dabei alle Geräusche zur Kenntnis nimmt und unterscheidet, was einem behagt und was einem mißfällt, um die dadurch ausgelösten Empfindungen und Einfälle registrieren zu können.

Der vierte Schritt zur Vertiefung der Selbsterkenntnis besteht darin, sich bewußt zu machen, über welche Wahrnehmungskanäle in der Entspannungssituation neue Empfindungen und Erfahrungen vermittelt werden und in welche neue Richtungen die Gedanken schweifen können.

5. Die eigenen Favoriten unter den verschiedenen Wahrnehmungskanälen entdecken

Wenn man sich dem Fluß der Eindrücke und Erfahrungen überläßt, stellt man vielleicht fest, daß man für bestimmte Sinneseindrücke oder Körperempfindungen außerordentlich empfänglich ist und daß sie einem entweder sehr behagen oder besonders mißfallen. Es geht hierbei darum zu entdecken, welches Sinnesorgan die Dominanz unter den verschiedenen Wahrnehmungskanälen hat und welche Empfindungen und Einfälle vorwiegend durch die Aufnahme der entsprechenden Reize ausgelöst werden.

Diese Vergewisserung beeinflußt wesentlich die Orientierung in der Umwelt. Wer beispielsweise vorwiegend

- durch *riechen* seine Umgebung begreift und beurteilt, ist auf die Wahrnehmung ätherischer Stimulanzien besonders eingestimmt, denen bestimmte Qualitäten zwischen Blütenduft und Pesthauch anhaften, wie: frisch, aromatisch, erdig, chemisch, gekocht, gebraten, gegrillt, vertrocknet, verbrannt, verwest,
- durch *sehen* seine Umgebung begreift und beurteilt, ist auf die Wahrnehmung ästhetischer Kriterien geprägt, denen bestimmte Qualitäten anhaften, wie: Farbe, Form, Oberflächenstruktur, Gestaltung, Größe, Umfang und Durchmesser,
- durch *schmecken* seine Umgebung begreift und beurteilt, ist nicht nur auf die Wahrnehmung der Konsistenz geprägt, wie: fest, flüssig, geschmeidig, wabbelig, weich oder hart, sondern auch auf die Wahrnehmung der Aromastoffe, denen bestimmte Qualitäten anhaften, wie: bitter, salzig, süß, sauer, scharf, frisch oder verdorben,
- durch *hören* seine Umgebung begreift und beurteilt, ist nicht nur auf die Wahrnehmung der melodischen Beschaffenheit der Töne angewiesen, denen bestimmte Qualitäten anhaften, wie: laut und leise, harmonisch und atonal, sondern auch auf die Wahrnehmung des stimmlichen Kolorits, wie: Klangfarbe, Tonfall und Stimmlage,
- durch *tasten* seine Umgebung begreift und beurteilt, ist auf die materielle Beschaffenheit der Dinge geprägt, denen bestimmte Qualitäten anhaften, wie: weich, hart, rauh, glatt, eben oder uneben, kantig, rund, eckig, dick, dünn, flüssig, zäh, groß, klein, biegsam, starr, breiig oder geformt.

Die Unterscheidung, ob eine bestimmte Wahrnehmung spontan Empfindungen von Lust oder Ekel, Abscheu oder Verlangen, Sympathie oder Abneigung, Freude oder Trauer, Begehren oder Angst auslöst, hat damit zu tun, welcher Sinneseindruck das entscheidende Signal aussendet, ob in einer bestimmten Situation Alarmbereitschaft oder Entwarnung angesagt ist und welchem Handlungsimpuls nachgegeben werden soll: Kampf oder Flucht?

Der fünfte Schritt zur Vertiefung der Selbsterkenntnis besteht darin, sich bewußt zu machen, welches die eigenen Favoriten unter den verschiedenen Wahrnehmungskanälen sind, welche speziellen Empfindungen dadurch vorwiegend ausgelöst werden und welche Vor- oder Nachteile für die eigene Erfahrungsfähigkeit daraus entstehen können.

6. *Die Gedanken frei fließen lassen*

Bestimmte Sinneseindrücke lösen nicht nur spezielle Empfindungen aus wie Sehnsucht oder Widerstreben, sie rufen auch spezifische Einfälle hervor. Solche Einfälle entspringen zum Teil der Erinnerung an ähnliche Empfindungen bei früheren Erlebnissen, zum Teil werden dadurch Hoffnungen und Ängste vergangener Tage wiederbelebt. Oft entstehen durch die Verknüpfung von bekannten und neuen Erfahrungen neue Ideen oder vielleicht sogar Visionen und Utopien. Wenn man sich der phantasievollen Erzeugung solcher Einfälle entspannt überlassen kann, entwickeln sich oftmals ganze Gedankenstränge wie von selbst. Eine Ausgangsidee zieht die nächste Vorstellung nach sich, und an einem beliebigen Ende des Gedankenflusses ist man bei Einfällen gelandet, die mit dem Beginn der Gedankenkette nichts mehr zu tun haben müssen. Sobald man sich ohne eine innere Zensur schließlich auf den Weg der freien Assoziation begeben kann, erschließt sich ein tieferer Zugang zur eigenen Innenwelt. Die gedanklichen Sprünge verbinden weit auseinanderliegende Zeitdimensionen wie

- Vergangenheit
- Gegenwart
- Zukunft

zu einer zeitlosen Drehscheibe, auf der wichtige Erkenntnisse über die eigene Lebensführung gebündelt sind, und sie schaffen emotionale Knotenpunkte zwischen bislang vielleicht unverbunden gebliebenen Erfahrungsdimensionen wie

- Hoffnung und Resignation
- Euphorie und Depression
- Lebensfreude und Todesangst
- Lebenshunger und Todessehnsucht

Die Themenbereiche, die dabei gestreift werden, beziehen sich auf

- Liebe und Beziehungen
- Erotik und Sexualität
- Träume und Phantasien
- Glaubens- und Sinnfragen
- Kritische Lebensereignisse wie: Krankheit und Tod in der Familie und im Freundeskreis, Umzüge, Prüfungen, Trennungen
- Alltagserfahrungen wie Haushalt, Beruf und Freizeit- und Urlaubsplanung.

Der sechste Schritt zur Vertiefung der Selbsterkenntnis besteht darin, sich bewußt zu machen, in welche Richtung die Gedanken bevorzugt fließen, welche Themenbereiche sie umkreisen und miteinander verknüpfen, welche Gefühle und welche Handlungsimpulse dadurch ausgelöst werden.

7. Prägende Muster in der eigenen Lebensgeschichte erkennen
Es hat wesentliche Auswirkungen auf den gesamten Lebenslauf, in welche Familienverhältnisse man hineingeboren wird. Für die Entwicklung der Persönlichkeit spielen dabei zwar der soziale Status der Eltern, die kulturelle Einbindung des Landes, in dem man aufwächst, sowie der historische Kontext mit seinen traditionell und aktuell verbindlichen gesellschaftlichen Werten und Normen eine ausschlaggebende Rolle. Die Grundfolie

jedoch, auf der sich das Individuum entfaltet, wird gebildet aus einem einzigartigen Mischungsverhältnis von offenen und unausgesprochenen familiären Erwartungen und Zuschreibungen an das noch ganz unschuldige Kind, die manchmal schon lange vor dessen Geburt als unbewußte Hoffnungen und Ängste in den Seelen seiner künftigen Eltern und Großeltern schlummern. Hier wird gewissermaßen die Ur-Matrix für prägende Muster angelegt, die weit in das Erwachsenenalter hineinwirken.

Neben all den besonderen Erwartungen, die je nach spezifischer Familiengeschichte durchaus unterschiedlich ausfallen können, gibt es einige typische generationen- und kulturübergreifende Erwartungen an den noch ungeborenen Familienzuwachs, wie zum Beispiel:

Dieses Kind soll
- unserem Leben einen Sinn geben;
- es einmal besser haben;
- die Familientradition weiterführen;
- die Familienehre retten.

So unterschiedlich familiäre Zusammenhänge auch gestaltet sind, so typisch sind doch die Rollenzuweisungen oder Zuschreibungen, die einem Kind manchmal schon in die Wiege gelegt werden, wie zum Beispiel:

Dieses Kind ist unser
- Sonnenschein
- Glückspilz
- Sorgenkind
- Nesthäkchen
- Pechvogel
- Sündenbock
- Spiegelbild
- Retter
- Clown . . .

Bei einer Reihe von Geschwistern sind diese Rollen meistens gut verteilt, wohingegen Einzelkinder oft entweder der geballten Ladung gemeinsamer elterlicher Glücksvorstellungen ausgesetzt sind oder von gegensätzlichen mütterlichen und väterlichen Zuschreibungen durchkreuzt werden, wie zum Beispiel der kleine Sohn, in dem die Mutter alle Merkmale eines idealen Partners vereinigt sieht, der Vater dagegen alle seine eigenen Schattenseiten wiedererkennt. Oder die kleine Tochter, bei der der Vater die bezaubernde Weiblichkeit schlechthin verwirklicht sieht, während die Mutter in dem kleinen Mädchen eine gerissene Konkurrentin erblickt.

Durch außerfamiliäre Kontakte erfährt solch ein Zerrbild manchmal zwar eine heilsame Korrektur, dennoch bleiben die Grundzüge des frühen Musters oft noch lange erhalten, und es ist wichtig für die Selbsterkenntnis, sich ihrer bewußt zu werden, um sie zu überwinden oder um sich ihrer sinnvoll bedienen zu können.

Der siebte Schritt zur Vertiefung der Selbsterkenntnis besteht darin, sich bewußt zu machen, welche ausgesprochenen und unausgesprochenen familiären Erwartungen und Zuschreibungen an die eigene Person gerichtet wurden, wie sie die Vorstellung von einem sinnerfüllten Leben geprägt haben und welche Konsequenzen sich daraus ergeben.

8. Das eigene innere Programm erkennen

Die Prägungen durch das früh erfahrene Grundmuster enthalten eine Reihe von Basisüberzeugungen, mit deren Inhalten und Implikationen man sich im Laufe der eigenen Entwicklung durch neue zentrale Erfahrungswerte entweder identifizieren kann oder sich von ihnen distanzieren muß.

Solche Basisüberzeugungen beziehen sich auf einen allgemeinen Orientierungsrahmen, der die Grundlagen des zivilisierten Umgangs kennzeichnet, wie zum Beispiel durch:

- gesellschaftliche Werte und Normen
- religiöse und politische Überzeugungen
- soziale Spielregeln und Umgangsformen
- moralische Maßstäbe
- verallgemeinerungsfähige Rechte und Pflichten

Die je subjektive Verankerung solcher Werte hat immer auch eine ganz persönliche Färbung. Auch wenn nicht jeder immer mit allen Punkten der allgemeingültigen Auffassung übereinstimmen kann, so gibt es doch meistens eine ausreichend große Menge von konsensfähigen Elementen des Gesamtgebildes, die eine Zugehörigkeit zum Ganzen ermöglicht. Sogar diejenigen, die sich mit einer persönlichen Konsensfindung äußerst schwer tun, finden manchmal eine gesellschaftlich akzeptierte Nische, in der sie ihren individuellen Lebensplan unangefochten verwirklichen können, durchaus als Außenseiter oder Eigenbrötler. Wer sich allerdings selbst mit minimalen Übereinstimmungen nicht zurechtfinden kann, steht in der Gefahr, kriminell zu werden oder psychisch zu erkranken.

Da sich das private Leben im öffentlichen Rahmen abspielt, ist es wichtig, sich klar zu machen, auf welchen Modellen und Vorbildern das eigene innere Lebensprogramm fußt, wie beispielsweise die Vorstellung von gelungener:

- weiblicher oder männlicher Geschlechtsidentität
- Partnerschaft
- Elternschaft
- Berufskarriere – Status und Verdienst
- Freizeitgestaltung – Freundeskreis und Hobbies
- Selbstverwirklichung – Begabungen und Neigungen
- Lebensführung – soziale und moralische Verantwortung
- Wertorientierung – intellektuelle und psychische Abhängigkeiten

Erst dann, wenn deutlich wird, woher die Modelle und Vorbilder stammen, die die Eckpfeiler der eigenen Lebensführung maßgeblich beeinflussen, ist es möglich, das eigene innere Programm von unnötigem Ballast zu befreien, es zu stabilisieren, auszubauen oder grundlegend zu verändern. Modelle und Vorbilder werden einerseits durch konkrete Personen verkörpert, wie beispielsweise durch:

- Eltern, Geschwister, Freunde und Nachbarn
- Lehrer, Pastoren und Politiker
- Filmhelden, Bühnenstars, Schlagersänger, Musiker, Schriftsteller und andere Prominente aus Presse, Funk und Fernsehen
- Märchen-, Sagen-, und Romanfiguren
- Heilige und andere biblische Gestalten

Modelle und Vorbilder werden andererseits auch durch ideelle Werte und weltanschauliche Manifeste verkörpert, wie beispielsweise durch die Zugehörigkeit zu:

- einer Religionsgemeinschaft
- einer politischen Partei
- einem Verein
- einer Bürgerinitiative
- einer Künstlervereinigung
- einer scientific community
- einem Berufsverband
- einem exclusiven Club
- einer subkulturellen Ideologie,

sei es als politisch konservativ oder progressiv, antiautoritär oder laissez faire orientiert, gesundheitsbewußt oder sportbegeistert, sei es als Jagdfan, Naturschützer, Anti-Alkoholiker, Vegetarier oder Nichtraucher.

Der achte Schritt zur Vertiefung der Selbsterkenntnis besteht darin, sich bewußt zu machen, in welches allgemein gültige Regelwerk die eigene Lebensführung eingebunden ist, woher die privaten Wertorientierungen stammen und welche Konsequenzen sich daraus für den Erhalt des eigenen inneren Programmes ergeben.

II. Die Steigerung des Selbstvertrauens

Selbstbewußtsein und Selbstsicherheit gründen sich im allgemeinen auf die Gewißheit, daß man mit den unterschiedlichsten Anforderungen des Lebens angemessen umgehen kann, entweder weil man sich auf die eigenen Stärken verläßt oder auf die Unterstützung durch starke Partner. Die eigenen Stärken finden ihren Niederschlag im Erfolg, den man auf den verschiedensten Gebieten erzielen kann, und die Unterstützung durch starke Partner findet ihren Niederschlag in konkreter Hilfeleistung, moralischem Beistand, wohlwollender Rückendeckung oder ermutigendem Feedback. Vor solch einem Erfahrungshintergrund entwickelt sich ein starkes Selbstvertrauen, welches eine der Voraussetzungen für Wagemut und Risikobereitschaft ist, ohne die auch das Vertrauen in das eigene intuitive Gespür blockiert werden kann.

1. Eine wohlwollende Bilanz der eigenen Lebensführung ziehen

Die Gewißheit über die eigenen Stärken erlangt man natürlich am besten, indem man eine wohlwollende Bilanz über die Gestaltung seiner Lebensführung zieht. Dabei ist es hilfreich, sich mit einigen zunächst ganz einfachen Fragen auseinanderzusetzen, wie zum Beispiel:

Was gefällt mir an
- meiner Wohnung
- meiner Wohnungseinrichtung
- meiner Wohnumgebung
- meinem Wohnort
- meinem persönlichen Besitz
- meinem Beruf
- meiner Freizeitgestaltung
- meinem Freundeskreis
- meinen Familienbeziehungen
- meinen intimen Beziehungen
- meinem Lebensalter
- meinem Äußeren
- meinem Verhalten
- meiner Denkweise
- meinem Gefühlsleben

Wenn man alle positiven Antworten auf diese Fragen gewissermaßen als Pluspunkte auf einem inneren Erfolgskonto verbuchen kann, schafft man dem Selbstvertrauen ein besseres Polster, als wenn man hauptsächlich auf all das schaut, was stört oder fehlt und was man in der Zukunft noch erreichen möchte.

Der erste Schritt zur Steigerung des Selbstvertrauens besteht darin, sich bewußt zu machen, womit man zufrieden ist, worauf man stolz ist und was einen glücklich macht.

2. *Die aktuelle persönliche Entwicklungsphase kennzeichnen*
Für die Ausbildung und Aufrechterhaltung einer tragfähigen Identität ist es entscheidend, daß die eigene Existenz als eine möglichst widerspruchsfreie, zusammenhängende Einheit erlebt werden kann. Das bedeutet, daß es einen hochrangigen Sinngehalt geben muß, der die gesamte Lebensspanne übergreifend begleitet. Je nach Lebensalter können durchaus unter-

schiedliche Schwerpunkte gelegt werden, weil dabei auch unterschiedliche alterstypische Entwicklungsaufgaben bewältigt werden müssen.

Das heißt im

- **jungen Erwachsenenalter** vorwiegend die Loslösung vom Elternhaus und die Verwirklichung eines eigenen Lebensplanes und damit verbunden ist die Beschäftigung mit den Fragen: Wer bin ich, und wer werde ich einmal sein, wobei der Schwerpunkt auf den Dimensionen **Gegenwart und Zukunft** liegt. Hier geht es um die **Identitätsfindung**
- **mittleren Erwachsenenalter** meistens die Auseinandersetzung mit der Bewährung im Beruf, in der Partnerschaft, in der Elternrolle und damit verbunden ist die Beschäftigung mit den Fragen: Wer bin ich geworden, wer möchte ich bleiben, wie möchte ich noch werden, wobei der Schwerpunkt auf den Dimensionen **Vergangenheit, Gegenwart und Zukunft** liegt. Hier geht es um die **Identitätsprüfung.**
- **späten Erwachsenenalter** hauptsächlich die Akzeptanz der eigenen Lebensführung, die Aussöhnung mit dem eigenen Schicksal, und damit verbunden ist die Beschäftigung mit der Frage: Wie kann ich derjenige bleiben, der ich geworden bin, wobei der Schwerpunkt auf den Dimensionen **Vergangenheit und Gegenwart** liegt. Hier geht es um den **Identitätserhalt.**

Der zweite Schritt zur Steigerung des Selbstvertrauens besteht darin, sich bewußt zu machen, in welchem Stadium der persönlichen Entwicklung man steht, was man erreicht hat, was man pflegen und beibehalten und was man verändern möchte.

3. Das Erreichte angemessen würdigen

Um sich die eigenen Stärken vor Augen zu führen, ist es zunächst einmal wichtig, zu definieren, was man selber für einen Erfolg hält. Viele Menschen neigen dazu, das Gelungene und das bereits Erreichte für selbstverständlich zu halten und eher auf all das zu schauen, was nicht gelingt und auf das, was noch zu erledigen ist. Ihr Lebensmotto lautet oft sinngemäß so: Was gut läuft, ist nicht weiter erwähnenswert, nur Kritik bringt mich weiter, Eigenlob stinkt, und ein Lob von jemand anders hat immer einen arglistigen Hintergrund oder zieht unliebsame Verpflichtungen nach sich.

Dem Begriff des Lobes haftet allerdings immer ein infantilisierender Beiklang an, man denkt allzu leicht daran, daß Eltern ihre Kinder loben und Lehrer ihre Schüler. Doch auch die Arten der Anerkennung, die erwachsenen Menschen angemessen sind, können recht unterschiedliche Reaktionen auslösen, wie beispielsweise:

- Freude
- Stolz
- Ansporn
- Ermutigung
- Verlegenheit
- Mißtrauen
- Vorsicht
- Nachdenklichkeit
- Regression
- Irritation
- Beschämung
- Überforderungsängste

Die angemessene Würdigung dessen, was im allgemeinen gut läuft, was besonders erfolgreich erledigt wird, was endlich erreicht wird, kann unterschiedlich gestaltet werden. Die Hauptsache dabei ist, daß es als etwas Besonderes im Gedächtnis haften bleibt, wie zum Beispiel dadurch, daß man

- sich eine Belohnung gönnt oder wünscht,
- es anderen erzählt,
- es allein oder mit anderen feiert,
- es dokumentiert.

Der dritte Schritt zur Steigerung des Selbstvertrauens besteht darin, die eigenen Erfolge zu definieren, sie als persönliche Pluspunkte zu sehen und sie durch eine bleibende Verankerung im Bewußtsein zu würdigen.

4. Die eigenen Lebensziele überprüfen

Um ständig die nötige Motivation für die Alltagsbewältigung aufbringen zu können und die Lebensenergie aufrechtzuerhalten, bedarf es kräftiger Antriebsfedern. Ihre Elastizität und Stärke kann sich aus unterschiedlichen Quellen speisen, die ihrerseits beispielsweise genährt werden durch

- Liebe, Freundschaft, Charme, Erotik, Sexualität.
- Gesundheit, körperliche Unversehrtheit, Fitness, Körperkraft, Schönheit und Attraktivität, Arbeits- und Genußfähigkeit.
- Ansehen, Bewunderung, Berühmtheit, Charisma, Applaus, Respekt.
- Schul- und Berufsabschlüsse, Diplome, Urkunden, Zertifikate, Trophäen, Titel.
- Allgemeinbildung, Fachwissen, Erkenntniszuwachs.
- Prestige, Privilegien, Verdienst, Sicherheit.
- Höchstleistungen, zeitüberdauernde Werke.
- Fairneß, Bescheidenheit, Naivität.
- Macht, Einfluß, Gerissenheit, Hintergrundwirken.

Der vierte Schritt zur Steigerung des Selbstvertrauens besteht darin, sich zu vergewissern, welches die wesentlichen Antriebskräfte sind, die die eigene Fähigkeit zur Alltagsbewältigung steuern, welches Schwergewicht sie im eigenen Leben haben und welche den eigentlichen Sinn des Lebens ausmachen.

5. *Prioritäten erkennen*

Unzufriedenheit mit dem eigenen Leben entsteht häufig dadurch, daß kein inneres Zentrum vorhanden ist, um das der Schaffensdrang voller Freude kreisen kann. Daraus resultiert oftmals eine allgemeine Verunsicherung und ein schwaches Selbstwertgefühl. Wer sich in zu vielen Lebensbereichen engagiert, gerät leicht in die Gefahr, sich zu verzetteln. Manchmal stellt sich dann ein Gefühl der Sinnlosigkeit ein, und erst die Entscheidung, sich auf das für einen selbst Wesentliche zu besinnen, schafft neuen Lebensmut.

Prioritäten können auf ganz unterschiedlichen Ebenen gesetzt werden, wie beispielsweise in der aktiven Beschäftigung mit

- Natur
- Sozialen Beziehungen
- Moral und Ethik
- Philosophie und Religion
- Ästhetik, Kunst und Musik
- Politik und Geschichte . . .

Der fünfte Schritt zur Steigerung des Selbstvertrauens besteht darin, das eigene innere Zentrum zu nähren, einen Schwerpunkt bei den eigenen Begabungen, Neigungen, Interessen und Vorlieben zu setzen und engagiert zu verfolgen.

6. Unterstützungssysteme finden

Das Richten der Aufmerksamkeit und der eigenen Kraft auf ausgewählte Lebensbereiche wird oftmals durch die verschiedensten Umstände behindert. Familiäre, berufliche und freundschaftliche Verpflichtungen stehen manchmal im Vordergrund, und nicht selten wird die Verwirklichung der eigenen Lebensziele als rücksichtsloser Egoismus verurteilt und sogar von den nächsten Angehörigen und Freunden mit beleidigtem Rückzug bestraft. Um sich bei der Verfolgung der eigenen Vorsätze nicht nachhaltig beirren zu lassen, ist es wichtig, sich ein gutes Polster gegen ein schlechtes Gewissen, diffuse Schuldgefühle und die Angst vor Einsamkeit zu schaffen, wie beispielsweise durch

- das Zusammensein mit Gleichgesinnten
- die Vertiefung in die entsprechende Literatur
- das Eintauchen in die entsprechende Kultur
- die Verlockung der wichtigsten Bezugspersonen zum Mitmachen
- den klar strukturierten zeitweiligen Rückzug in die Einsiedelei

Der sechste Schritt zur Steigerung des Selbstvertrauens besteht darin, sich aktiv einen geeigneten Unterstützungsrahmen zu schaffen, um die konzentrierte Verwirklichung der eigenen Vorsätze zu ermöglichen und abzusichern.

7. Die Lebensfreude intensivieren

Das Glück kann man zwar nicht erzwingen, aber man kann ihm entgegenkommen, denn es braucht neben einem gnädigen Schicksal auch einen fruchtbaren seelischen Boden, der es aufnimmt, dann erst kann es sprießen und aufblühen. Sich dem Glücksempfinden zu öffnen, JA zu sagen, wenn es sich zeigt, heißt gewissermaßen, die inneren und äußeren Glücksantennen auf Empfang zu stellen. Das geschieht am besten dadurch, daß man bereit ist, sich selbst und anderen gegenüber eine grundsätzlich wohlwollende Haltung einzunehmen.

Sogar unmittelbare Bedürfnisse, die man meistens einfach übergeht, wie zum Beispiel den Drang, frische Luft zu schnappen oder sich zu bewegen, werden dann nicht als Ablenkungsmanöver von korrekter Pflichterfüllung erlebt, sondern als ein Ausdruck der Lebensfreude. Wenn man diesem Bedürfnis nachgibt, sobald es die aktuelle Situation erlaubt, sei es auch nur, indem man sich kurz vom Bürostuhl erhebt oder vom Arbeitsplatz aufschaut, ein Fenster öffnet, vor die Tür geht oder tief durchatmet, fließt neue Lebensenergie.

Und der Fluß der Lebensenergie sprudelt am besten im Hier und Jetzt und nicht, wenn er aufgehalten oder in ein diffuses Dort und Dann umgeleitet wird. Das gilt genauso für die Erfahrungstiefe, die man sich im aktuellen Moment erlaubt und für ihre eindeutigen Ausdrucksformen, wie

- lachen,
- jauchzen,
- seufzen,
- strahlen,
- schwelgen . . .

Auch bei den Verhaltensweisen anderer kann man eine neue Qualität erleben, wenn man ihnen grundsätzlich zunächst einmal eine positive Absicht unterstellten kann. Hier geht es allerdings nicht um eine naive Arglosigkeit gegenüber Fremden, die sich leicht ausnutzen ließe, hier geht es vielmehr darum, im alltäglichen Miteinander zum Beispiel hinter einem Vorwurf auch den verborgenen Veränderungswunsch zu entdecken. Wer etwa klagt: „Nie hörst du mir zu!" sagt damit gleichzeitig auch: „Ich möchte dir etwas erzählen, was mir wichtig ist." Wem es dann gelingt, diesen Wunsch ernst zu nehmen, der ja in der Klage mitschwingt, erntet mit Sicherheit mehr Zuwendung und empfindet dadurch mehr Freude am

Leben als jemand, der den Vorwurf mit einer Gegenklage kontert wie etwa: „Immer mußt du mich stören!" Die Eskalation des gegenseitigen Nörgelns wird allerdings erst dann nachhaltig gestoppt, wenn es einem gelingt, sich darüber bewußt zu werden, wie man auch das eigene Bedürfnis nach Ungestörtheit ernst nehmen und offener zum Ausdruck bringen und außerdem den Wunsch des anderen nach einem ernsthaften Gespräch entgegenkommen kann. Dann fällt es möglicherweise ganz leicht zu sagen: „Im Augenblick möchte ich nicht gestört werden, aber in einer halben Stunde können wir uns unterhalten."

Wer sich von einem diffusen Druck befreit, sich gegen die Erwartungen anderer zu wehren und mit Gegenangriffen zu verteidigen und statt dessen offen und selbstbewußt seine eigenen Bedürfnisse äußert und verwirklicht, steigert seine eigene Lebensfreude und strahlt sie gleichzeitig nach außen.

Lebensfreude zu intensivieren heißt zunächst

- Dem Glück eine Chance geben.
- Die eigenen Bedürfnisse wohlwollend spüren, ernst nehmen und offen zum Ausdruck bringen.
- Anderen Menschen zunächst auch eine wohlwollende Absicht unterstellen zu können.

Auch der optimistische Umgang mit stimulierenden Aufgaben sowie alltäglichen und besonderen Herausforderungen ist ein Element für Selbstvertrauen und Glückserfahrungen. Dazu gehört auch die selbstbewußte Zurückweisung von

- faulen Kompromissen
- unreflektierten Selbstverständlichkeiten
- falschen Rücksichten

Statt dessen ist es wichtig, sich einzulassen auf

- Begeisterung
- Faszination
- Motivation

Dadurch gelingt es leichter,
- sich anrühren zu lassen
- Ängste zu überwinden und zu besiegen
- etwas zu wagen und zu riskieren

Eine größere innere Freiheit, die zu mehr Lebensfreude führt,
liegt auch darin, wenn man
- Verantwortung abgeben, Aufgaben und Zuständigkeiten
  delegieren und vom inneren Druck loslassen kann.

Dazu gehört auch
- Entlastung annehmen
- Hilfe erbitten
- Gefühle und Gedanken mitteilen zu können.

**Der siebte Schritt zur Steigerung des Selbstvertrauens besteht
darin, die eigene Fähigkeit zur Lebensfreude durch eine wohlwollende Haltung sich selbst und anderen gegenüber zu un-
terstützen, Glücksempfindungen im Hier und Jetzt anzunehmen und auszudrücken und sowohl in den alltäglichen als
auch in den besonderen Herausforderungen vorwiegend die
Chancen zu sehen und nicht das mögliche Scheitern.**

8. Spontaneität wagen und trainieren
Als allererste Voraussetzung für den unbeschwerten Umgang
mit den eigenen emotionalen und rationalen Prozessen gilt
das Motto:

Gefühlstabus und Denkverbote gibt es nicht!

Nur derjenige, der es sich innerlich erlauben kann, ausnahmslos alle aufkommenden Gefühle und Gedanken wohlwollend, ohne falsche Scham und Furcht zur Kenntnis zu nehmen, hat die Chance, den Zugang zu seiner Intuition noch mehr zu öffnen und gleichzeitig über die Ausdrucksformen weiterer geistig-seelischer Kräfte zu verfügen, wie zum Beispiel

- Phantasie
- Kreativität
- Improvisationstalent
- Szenisches Verstehen
- Spiritualität
- Beziehungsfähigkeit
- Auftrittssicherheit . . .

Es geht hier zusätzlich auch um eine umfassendere Rationalität, die über die bloße instrumentelle Variante der Vernunft hinausgeht.

Zur Voraussetzung eines spontanen Verhaltens gehört zudem eine innere Haltung, die sich nicht nur darauf beschränkt, abzuwarten, was passiert und passiv die Dinge auf sich zukommen läßt, sondern die Bereitschaft, aktiv in den Verlauf von Prozessen, zumal denen des eigenen Lebens, einzugreifen.

Dazu ist es notwendig, immer wieder im positiven wie im negativen Sinne vorurteilsfrei sämtliche Empfindungen und Handlungsimpulse anzunehmen. Das bedeutet eine Konfrontation mit handlungsleitenden Konsequenzen, die aus dieser unzensierten Wahrnehmungsleistung resultieren, wie zum Beispiel aus

- Sympathie und Antipathie
- Begehrlichkeit und Abscheu
- Angst und Verunsicherung

und die entweder zum blitzschnellen Zupacken oder zur rechtzeitigen Flucht führen.

Beim Training der Spontaneität geht man am besten schritt-weise vor, indem man die aufkommenden Gefühle, Gedanken, Handlungsimpulse, nachdem man sie ernsthaft angenommen hat, zunächst innerlich und nur für sich selbst ausformuliert, später in konkreten Worten, durchaus stichwortartig, auf-schreibt, um sie dann laut auszusprechen und sie gegebenen-falls einer Vertrauensperson mitzuteilen. Die Umsetzung eines speziellen Impulses sollte zunächst in einem angstfreien Rahmen erprobt werden, in welchem vielleicht sogar wieder eine vertraute Person zur Beobachtung oder zur aktiven Teil-nahme bereitstehen und ein wohlwollendes Feedback geben kann. Sobald man sich aufgrund guter Erfahrungen immer weiter vorwagen kann, erkennt man immer besser, welche Auswirkungen die Spontaneität auf das eigene Befinden und auf die Reaktionen anderer hat. So kann man lernen, auch die Spontaneität bewußter einzusetzen.

Der achte Schritt zur Steigerung des Selbstvertrauens besteht darin, sich selbst alle aufkommenden Gefühle, Gedanken und Handlungsimpulse wohlwollend zu erlauben, sie schrittweise an die Oberfläche dringen zu lassen und sie in probeweise in die Tat umzusetzen, so daß der freie Zugang zum intuitiven Potenzial selbstbewußt genutzt werden kann.

Zusammenfassung

Wer sich nun bei den acht Schritten zur Vertiefung der Selbsterkenntnis intensiv damit auseinandergesetzt hat, wie die eigenen Grundüberzeugungen und die zentralen Sinndimensionen ausgeprägt sind, wie und wann sie das eigene Leben beeinflussen und wie und wodurch sie zu pflegen, auszubauen oder zu verändern sind, kann sehr viel bewußter über die Reichhaltigkeit seiner inneren Potenziale verfügen. Das macht es noch mehr möglich, aktiv und voller Lebensfreude auf die Herausforderungen der Umwelt zuzugehen und Chancen zu erkennen, ohne immer gleich das Risiko des Versagens in den Vordergrund stellen zu müssen.

Und wer sich nun außerdem bei den acht Schritten zur Steigerung des Selbstvertrauens intensiv damit auseinandergesetzt hat, wie er das Spektrum seiner Arbeits-, Genuß- und Liebesfähigkeit erweitern und dies in seinen zwischenmenschlichen Bezügen ausleben kann, strahlt soviel mehr Zufriedenheit und Selbstbewußtsein aus, daß auch andere ihm spontan Zutrauen entgegenbringen. Und wer so viele Vorschußlorbeeren erhält, kann sich immer öfter ganz souverän auf seine Intuition verlassen, ohne von Selbstzweifeln erschüttert zu werden.

Die Fähigkeit zur Integration seelischer und körperlicher Befindlichkeiten, emotionaler und rationaler Prozesse, subjektiver und objektiver Daten zu einer übergeordneten Wahrnehmungsqualität in Verbindung mit der spontanen Umsetzung von vergangenheits-, gegenwarts- und zukunftsbedingten Handlungsimpulsen stellt die eigentliche Essenz der Intuition dar.

Selbsterkenntnis, Selbstreflexion, Selbstvertrauen, Wagemut, Spontaneität und Risikobereitschaft sind daher die allerbesten Voraussetzungen für die Entfaltung des intuitiven Potenzials!

Anmerkungen

[1] Michael Balint (1970): Der Arzt, sein Patient und die Krankheit. Frankfurt/Main

[2] Lilo Wollny (1998): Es wird wie ein Kartenhaus zusammenbrechen. Gorleben

[3] Laura Day (1998): P.I. Praktische Intuition. Der Sechste Sinn in Liebe, Partnerschaft und Beruf. München

[4] Uwe Henrik Peters (o.J.): Psychiatrie und Medizinische Psychologie. Wörterbuch. München, Wien, Baltimore. S.279

[5] Laura Day (1998): P.I. Praktische Intuition. Der Sechste Sinn in Liebe, Partnerschaft und Beruf. München

[6] Kurt Tepperwein (1997): Super-Intuition. So entwickeln Sie Ihre verborgenen geistigen Fähigkeiten. Landsberg am Lech

[7] Vgl. zusammenfassend hierzu: Max Schur (1973): Sigmund Freud. Leben und Sterben. Frankfurt/Main S. 332-339

[8] Richard M.Contino (1997): Intuitive Intelligenz. Nutzen Sie die Kraft der Eingebung für Ihren beruflichen Erfolg. Wien

[9] Arnold Gehlen (1940): Der Mensch. Seine Natur und seine Stellung in der Welt. Ders.: (1961): Anthropologische Forschung.

[10] Daniel Goleman (1996): Emotionale Intelligenz. München, Wien

[11] Vgl. Paul Watzlawick et.al. (1967): Menschliche Kommunikation. Formen, Störungen, Paradoxien. Bern, Stuttgart, Wien. S.92f. und S. 244

[12] Ders.: S. 53

[13] Vgl. Böhm, Faas, Legewie (Hrg.) (1989): Angst allein genügt nicht. Weinheim und Basel

[14] Theodor Reik (1983): Hören mit dem dritten Ohr. Die innere Erfahrung eines Psychoanalytikers. Frankfurt/Main

[15] Thomas J. Scheff (1980): Das Etikett „Geisteskrankheit". Soziale Interaktion und psychische Störung. Frankfurt/Main

[16] Vgl. Eva Jaeggi, Walter Hollstein (1985): Wenn Ehen älter werden. München

[17] Vgl. Alfred Lorenzer (1984): Das Konzil der Buchhalter. Die Zerstörung der Sinnlichkeit. Eine Religionskritik. Frankfurt/Main, S. 16